陕西高等学校继续教育
发展研究

2020

许春霞　主编

西北大学出版社

陕西高等学校继续教育发展研究
编 委 会

主　任　许春霞
副主任　胡海宁　高　强　杨　鹏　刘晨晨　刘天宇　赵文科
委　员　（按姓氏音序排列）
　　　　　陈文安　陈跃敏　代革联　邸德海　董勇宏　段　峻
　　　　　樊景博　房长宏　冯小芳　冯小菊　冯小平　付金亮
　　　　　傅承涛　郭　炜　郭富强　韩银锋　洪　波　黄　璞
　　　　　焦东平　孔令军　雷建文　李集合　李景军　李青益
　　　　　李秋全　李夏隆　李映芳　李院红　刘　妍　刘永勤
　　　　　卢　强　罗传江　马保科　马　驰　苗启广　谯延富
　　　　　石　勇　孙忠孝　谈建勤　万媛媛　王　雄　王保安
　　　　　王峰涛　王贵平　王晓华　王亚琼　吴宏梅　徐文静
　　　　　徐　优　薛东前　薛　静　杨国峰　杨建波　杨令平
　　　　　杨玉军　姚继涛　姚艳梅　叶培哲　伊逊智　余德华
　　　　　岳新利　张　昭　张继荣　张近乐　张　坤　张伟利
　　　　　张小嵩　张雄伟　张争伟　赵　华　张宏伟　赵　刚
　　　　　赵堪培　赵丽玲

前言
PREFACE

根据教育部职业教育与成人教育司《关于开展2020年度高等学校继续教育发展报告工作的通知》（教职成司函〔2021〕21号）和陕西省教育厅办公室《关于做好2020年度高等继续教育发展报告编制工作的通知》（陕教高办〔2021〕10号）要求，我省各高校于今年5月向教育部提交了学校的继续教育发展报告。省教育厅于7月编制完成了《2020年度陕西省高等学校继续教育发展报告》。

为了进一步促进高校继续教育交流与进步，提升我省高等继续教育管理水平和人才培养质量，省教育厅决定开展《陕西高校高等学校继续教育发展报告（2020）汇编》编制工作。在省教育厅的指导下，省高等继续教育学会组织各高校，在向教育部提交的8000字报告基础上，经过整理编撰，形成了以3000字篇幅体现学校继续教育办学情况的文稿，编印成《陕西高等学校继续教育发展研究（2020）》。

2020年，全省高校继续教育认真学习贯彻习近平总书记关于教育的重要论述，以提高质量和规范办学为主要任务，坚持继续教育改革与创新，坚持继续教育内涵发展和开放转型，推进继续教育取得新的发展。《陕西高等学校继续教育发展研究（2020）》，概括总结了全省高校继续教育办学基本情况、工作成效、存在问题和今后的工作思路，从不同方面展示了学校继续教育办学情况、办学特色和办学成果，供大家交流借鉴，数据及内容仅供参考。

本书内容是各学校交送的文稿，编委会仅对题目做了统一，去掉了前言、落款和附件，整体内容和数据未做改动。

本书在编印过程中，陕西省高等继续教育学会做了文稿的整理和书稿的统筹工作，西安工业大学做了文稿的收集整理工作，各高校继续教育学院领导和编撰人员为汇编文稿做了大量细致工作，西北大学出版社为《陕西高等学校继续教育发展研究（2020）》编辑出版做出了辛勤努力，在此一并表示感谢。

编印工作疏漏之处，欢迎大家提出指正意见。

编　者

2021年9月

目录
CONTENTS

第一部分　陕西高等学校继续教育发展报告

陕西省 2020 年高等学校继续教育发展报告 / 3

  一、2020 年全省高校继续教育发展基本情况 / 3

  二、2020 年陕西省高等教育自学考试年度发展情况 / 9

  三、陕西省推动高等继续教育发展的主要举措及成效 / 10

  四、继续教育发展存在的问题 / 13

  五、工作思路 / 14

  六、有关建议 / 14

第二部分　2020 年学校继续教育发展报告（摘编）

本科高校

西安交通大学继续教育发展报告 / 19

西北工业大学继续教育发展报告 / 26

西北农林科技大学继续教育发展报告 / 31

西安电子科技大学继续教育发展报告 / 36

陕西师范大学继续教育发展报告 / 41

长安大学继续教育发展报告 / 45

西北大学继续教育发展报告 / 49

西安理工大学继续教育发展报告 / 53

西安建筑科技大学继续教育发展报告 / 57

陕西科技大学继续教育发展报告 / 61

西安科技大学继续教育发展报告 / 64

西安石油大学继续教育发展报告 / 68

延安大学继续教育发展报告 / 72

西安工业大学继续教育发展报告 / 77

西安工程大学继续教育发展报告 / 81

西安外国语大学继续教育发展报告 / 85

西北政法大学继续教育发展报告 / 90

西安邮电大学继续教育发展报告 / 94

陕西中医药大学继续教育发展报告 / 98

西安财经大学继续教育发展报告 / 104

西安美术学院继续教育发展报告 / 109

西安体育学院继续教育发展报告 / 113

西安医学院继续教育发展报告 / 118

陕西理工大学继续教育发展报告 / 123

西安文理学院继续教育发展报告 / 129

宝鸡文理学院继续教育发展报告 / 134

咸阳师范学院继续教育发展报告 / 139

渭南师范学院继续教育发展报告 / 143

榆林学院继续教育发展报告 / 148

安康学院继续教育发展报告 / 153

商洛学院继续教育发展报告 / 157

西安航空学院继续教育发展报告 / 161

陕西学前师范学院继续教育发展报告 / 165

西安培华学院继续教育发展报告 / 169

西安翻译学院继续教育发展报告 / 173

西安外事学院继续教育发展报告 / 177

西安欧亚学院继续教育发展报告 / 181

西京学院继续教育发展报告 / 185

西安思源学院继续教育发展报告 / 189

陕西国际商贸学院继续教育发展报告 / 193

陕西服装工程学院继续教育发展报告 / 197

西安交通工程学院继续教育发展报告 / 200

西安明德理工学院继续教育发展报告 / 204

西安汽车职业大学继续教育发展报告 / 208

高职高专学校

杨凌职业技术学院继续教育发展报告 / 211

陕西工业职业技术学院继续教育发展报告 / 215

西安航空职业技术学院继续教育发展报告 / 219

陕西交通职业技术学院继续教育发展报告 / 227

陕西能源职业技术学院继续教育发展报告 / 231

陕西铁路工程职业技术学院继续教育发展报告 / 234

陕西航空职业技术学院继续教育发展报告 / 239

陕西邮电职业技术学院继续教育发展报告 / 243

宝鸡职业技术学院继续教育发展报告 / 245

咸阳职业技术学院继续教育发展报告 / 250

铜川职业技术学院继续教育发展报告 / 255

渭南职业技术学院继续教育发展报告 / 259

延安职业技术学院继续教育发展报告 / 263

汉中职业技术学院继续教育发展报告 / 267

商洛职业技术学院继续教育发展报告 / 271

陕西机电职业技术学院继续教育发展报告 / 275

西安海棠职业学院继续教育发展报告 / 279

西安医学高等专科学校继续教育发展报告 / 285

成人高校

陕西开放大学继续教育发展报告 / 288

陕西兵器工业职工大学继续教育发展报告 / 292

西安电力机械制造公司机电学院继续教育发展报告 / 296

陕西省建筑职工大学继续教育发展报告 / 301

西安市职工大学继续教育发展报告 / 305

西安铁路工程职工大学继续教育发展报告 / 309

西安开放大学继续教育发展报告 / 316

陕西航天职工大学继续教育发展报告 / 321

陕西省宝鸡教育学院继续教育发展报告 / 325

第一部分

陕西高等学校继续教育发展报告

陕西省 2020 年高等学校继续教育发展报告

2020 年，陕西省高等继续教育以习近平新时代中国特色社会主义思想为指导，主动适应人民群众高质量、多样化学习需求，着力培养职业型、技术型、创新型高素质人才，在体制机制创新、转型发展、服务能力打造等方面取得显著成绩，一些领域和环节取得突破性进展。

一、2020 年全省高校继续教育发展基本情况

（一）高校编制报告情况

2020 年，陕西省参与编制高等继续教育发展报告的高校共 71 所，其中普通本科高校 43 所，普通高职院校 19 所，成人高校 9 所。

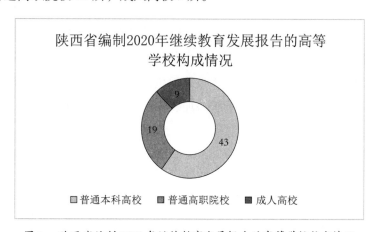

图 1　陕西省编制 2020 年继续教育发展报告的高等学校构成情况

（二）高等学历继续教育办学类型与层次

第一类：成人教育。参加全国成人高考的高等学历继续教育（简称成人教育），包括函授、业余（夜大学）与脱产教育等 3 种形式。办学层次包括高中起点专科、高中起点本科和专科起点本科等 3 个层次。

第二类：网络教育。西安交通大学、西北工业大学、西安电子科技大学、陕西师范大学等 4 所普通高校开展的现代远程教育，实行自主招生，办学层次包括高中起点专科、高中起点本科和专科起点本科 3 个层次。

第三类：开放教育。陕西开放大学、西安开放大学开展的国家开放大学系统远程开放教育，实行测试注册入学，办学层次包括高中起点专科、高中起点本科和专科起点本

科 3 个层次。

(三) 高等学历继续教育学生基本情况

表 1　2020 年陕西省高等学历继续教育学生统计表

办学层次	教育类型	招生人数	在籍人数	毕业生数
本科	成人本科	68442	118020	46173
	网络本科	69995	223839	71659
	开放本科	17628	64956	16694
专科	成人专科	43171	112518	42009
	网络专科	30170	151754	134758
	开放专科	58462	172945	32828
合计		287868	844032	344121

1. 在籍学生数量

2020 年,陕西省高等学历继续教育在籍学生总数为 844032 人。其中:成人教育 230538 人;网络教育 375593 人;开放教育 237901 人。

2020 年,陕西省高等学历继续教育在籍学生总数为 844032 人,比上年减少 35322 人。其中:成人教育 230538 人,比上年增加 34686 人;网络教育 375593 人,比上年减少 307909 人;开放教育 237901 人。

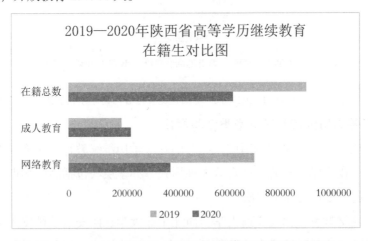

图 2　2019-2020 年陕西省高等学历继续教育在籍生对比图

(1) 按年龄和职业统计情况。2020 年,陕西省高等学历继续教育在籍学生按年龄分层统计结果显示,20 岁以内学生 74422 人,占在籍生总数的 8.6%;21~30 岁的 437715 人,占比为 50.7%;31~40 岁的 275967 人,占比为 31.9%;40 岁以上的 76311 人,占比为 8.8%。

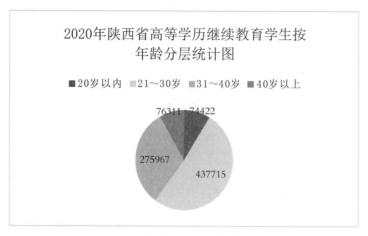

图3 2020年陕西省高等学历继续教育学生按年龄分层统计图

2020年，陕西省高等学历继续教育在籍学生按职业分类统计结果显示，从事行政管理工作的学生有98634人，占在籍生总数的13.1%；从事企业管理工作的有39332人，占比为5.3%；从事专业技术工作的有138707人，占比为18.5%；从事技术辅助工作的有186533人，占比为24.9%；从事服务工作的有87255人，11.6%；一线生产工人有60244人，占比为8.0%；从事其他职业的有139691人，占比为18.6%。

图4 2020年陕西省高等学历继续教育学生按职业分类统计图

（2）按学科统计情况。2020年，陕西省高等学历继续教育学生按专业学科分类统计结果显示，管理学科学生人数最多，有296016人，占在籍生总数的37.23%；其次为工学类，有240570人，占比为30.26%；教育学科有44038人，占比为5.54%；理学类有59926人，占比为7.54%；经济学科38294人，占比为4.82%；医学类有44817人，占比为5.63%；法学类有32381人，占比为4.07%；文学类有26808人，占比为3.37%；农学类有6558人，占比为0.82%；艺术学科有5322人，占比为0.67%；历史学科有359

人，占比为0.045%；哲学类最少，共10人。

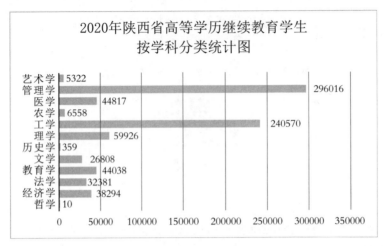

图5 2020年陕西省高等学历继续教育学生按学科分类统计图

2. 招生数量

2020年，陕西省高等学历继续教育共招生287868人，比去年减少41017人。其中，成人教育本专科共招生111613人，比去年减少52人；网络教育本专科共招生100165人，比去年减少117055人；开放教育本专科共招生76090人。

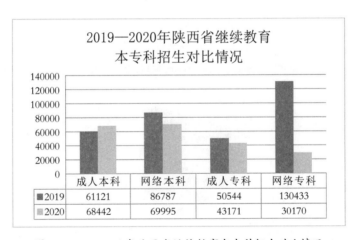

图6 2019—2020年陕西省继续教育本专科招生对比情况

3. 毕业生数量

2020年，陕西省高等学历继续教育本专科毕业生总数344121人，比上年增加92923人。其中，成人教育本专科毕业学生88182人，比上年增加27113人；网络教育本专科毕业学生206417人，比上年增加16288人。开放教育本专科毕业生49522人。

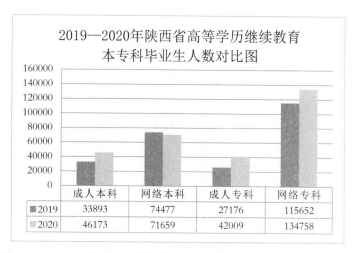

图7 2019-2020年陕西省高等学历继续教育本专科毕业生人数对比图

4. 师资队伍

（1）职称结构统计情况。2020年，陕西省从事高等学历继续教育的专兼职教师和管理人员共有24555人，其中正高级职称2410人，副高级职称7883人，中级职称9995人，初级及以下4267人。

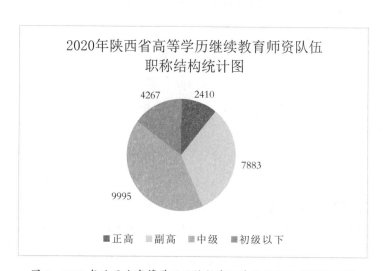

图8 2020年陕西省高等学历继续教育师资队伍职称结构统计图

（2）学历结构统计情况。2020年，陕西省从事高等学历继续教育的专兼职教师和管理人员中具有博士学位的3123人，硕士学位的10009人，本科学历的10906人，专科及以下学历的517人。

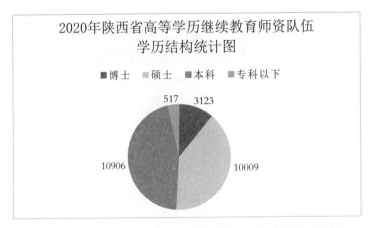

图 9　2020 年陕西省高等学历继续教育师资队伍学历结构统计图

5. 教学点

2020 年陕西高校共设有成人高等教育和网络教育教学点 862 个，其中省内教学点 450 个，占 52.2%；省外教学点 412 个，占 47.8%。

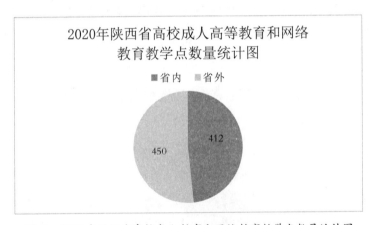

图 10　2020 年陕西省高校成人教育和网络教育教学点数量统计图

（四）非学历教育基本情况

2020 年，陕西省高等学校共开设非学历继续教育 4510 班次，培训学员 983884 人次。

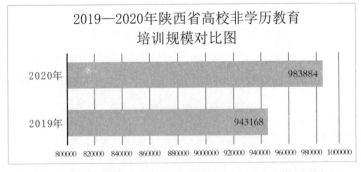

图 11　2019—2020 年陕西省高校非学历教育培训规模对比图

其中，普通本科学校非学历培训391720人次，占非学历教育培训总规模的39.8%；成人高校培训190153人次，占比为19.3%；高职院校培训402011人次，占比为40.9%。

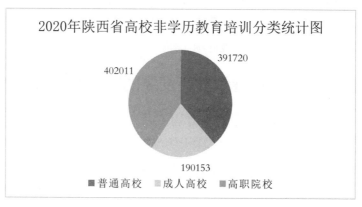

图12 2020年陕西省高校非学历教育培训分类统计图

二、2020年陕西省高等教育自学考试年度发展情况

（一）基本情况

2020年陕西省高等教育自学考试全年报名人数52179人（首次报考14955人）。其中8月报名人数26815人（首次报考9355人），77879科次；10月报名人数25364人（首次报考5600人），67642科次。2020年毕业生人数1646人。目前在籍考生人数1036341人，活跃考生人数75792人。全年共开考68个专业，其中本科33个，专科35个。8月开考课程483科，实考课程456科；10月开考课程499科，实考课程452科。

（二）机构建设情况

陕西省高等教育自学考试工作由省教育考试院负责组织和实施，采取省、市两级管理模式。考试院内设自学考试处、命题处、信息处和考籍处，分工负责自学考试工作。自学考试处负责专业建设、考试组织、试题监印、考务管理、评卷及其他日常性事务。命题处负责试题的命制和监印工作。信息处负责自学考试系统维护、网上评卷技术支持、数据信息管理等工作。考籍处负责考籍档案管理、转考、学历认定、毕业证书办理等工作。各市（区）教育考试机构设立自学考试办公室，负责组织和实施本地区的自学考试工作。

2020年，省教育考试院自学考试共收入378.35万元，共支出615.6万元，其中下拨市（区）177.64万元、上缴教育部考试中心17.99万元，组织命题、制卷、评卷以及技术支持服务等其他费用419.97万元。

（三）主考学校工作开展情况

截至2020年底，全省共有15所主考学校，全部是全日制普通高等学校。主考学校主要职责是制定考试计划、编写省级考试课程的考试大纲、命题、评卷、组织实践性学习环节的考核等工作。

（四）助学机构管理与助学活动指导开展情况

陕西省高等教育自学考试社会助学机构一直由省、市教育行政部门负责审批和管理。2012年之前，教育部考试中心每年底都要求各省教育考试机构登记并上报本省自学考试助学机构情况，2012年之后再未开展此项工作。

三、陕西省推动高等继续教育发展的主要举措及成效

（一）定制度，严格规范继续教育管理

深入贯彻落实国务院学位委员会《学士学位授权与授予管理办法》，出台《陕西省普通高等学校授予高等学历继续教育本科毕业生学士学位实施办法》，不断改进和加强普通高等学校授予高等学历继续教育本科毕业生学士学位工作，切实提高学位授予质量；出台《陕西省教育厅办公室关于加强陕西高等学历继续教育专业设置管理工作的通知》，为做好全省高等学历继续教育专业设置的统筹规划和规范管理，促进各类高等学历继续教育健康、有序、协调发展提供了制度依据；草拟《关于进一步规范和加强高等学校学历继续教育办学管理的通知》，从招生宣传、教育教学、收费制度、考试毕业等方面对继续教育全过程管理提出明确要求，规范办学行为。

（二）提质量，严把站点设置

依照《陕西省高等学校继续教育校外教学站点管理办法》，将继续教育校外教学站点建设作为提升继续教育人才培养质量的必要环节，将校外教学站点年检作为高等学历继续教育规范办学行为、提升教学质量的重要手段。印发《关于开展2019年度高等学校继续教育校外教学站点年报年检工作的通知》，组织在陕设立校外函授教育、现代远程教育、开放教育教学站点的主办高校开展年检工作，并在站点自检、主办高校年检的基础上，组织专家开展站点年检复核，确定合格站点420个、不合格站点27个、限期整改站点6个（经整改检查，确定4个为合格站点，2个为不合格站点），向社会公布，要求整改站点的主办高校按照整改意见，制定整改方案，反思自身在站点管理中存在的问题，指导所辖整改站点稳步开展招生办学，确保整改要求落实到位。不合格站点直接予以撤销，并指导主办高校要做好撤站工作，为现有在籍学生完成学业提供条件，直至学生毕业。印发《关于开展2020年新增高等继续教育校外教学站点申报工作的公告》，组织高校开展新设校外教学站点申报，经省教育厅资格审查、省内专家会评，共备案校外教学站点26个。

（三）助振兴，深入贯彻落实乡村振兴战略

持续推动陕西省高等继续教育助力脱贫攻坚、服务乡村振兴，认真贯彻落实《陕西

省农民工学历与能力提升行动计划——"求学圆梦行动"实施方案》《陕西特色产业高校扶贫培训计划实施方案》，依托西安交通大学等34所高校，依托陕西省11个深度贫困县（区）的55个农民培训基地，以深度贫困地区产业发展对人才的需求为出发点，以着力提升当地农民学历层次、技术技能及文化素质为落脚点，大力开展学历继续教育和非学历教育培训，各类教育培训覆盖了全省所有贫困县（区）。9月，召开陕西省高等继续教育助力脱贫攻坚服务乡村振兴交流研讨会，组织全省设有农民培训基地的高校分管领导、继续教育学院院长，设有首批农民培训基地的县区教育局局长等工作人员参会；成立陕西省高等继续教育学会教育扶贫与乡村振兴专业委员会。

如西北农林科技大学成功举办了陕西省人大代表助力脱贫攻坚促进乡村振兴专题培训班，成立了陕西退役军人农创学院，针对不同类型不同层次农业农村干部和高素质农民分级分类开展精准教育培训，培养更多知农爱农新型人才，为助力脱贫攻坚服务乡村全面振兴做出了突出的贡献。

（四）建专业，不断优化专业结构调整

印发《陕西省教育厅办公室关于加强陕西高等学历继续教育专业设置管理工作的通知》，依托省高等继续教育学会设立高等学历继续教育专业设置评议专家委员会（以下简称专家委员会），从继续教育专业设置条件、设置程序等方面，指导高校培养具有较高综合素养、适应职业发展需要、具有创新意识的应用型人才。严把高校专业申报质量，要求各高校严格控制增设专业的数量，每年增设专业不超过4个；首次设置招生专业或恢复举办连续停止招生3年及以上的专业均视为增设专业，由专家委员会进行集中评议并出具详细评审意见。鼓励本省高校通过校际合作、校企合作等方式共建共享高等学历继续教育的优质教学资源。鼓励各高校引入专门机构或社会第三方机构对学校高等学历继续教育专业办学水平和质量进行评估。

印发《陕西省教育厅办公室关于做好2020年高等学历继续教育拟招生专业申报工作的通知》（陕教高办〔2020〕4号），经省教育厅评审、教育部备案，共新增高等学历继续教育专业50个。

（五）强服务，大力推进非学历教育

打造终身学习品牌。创建省级社区教育实验区7个、示范区2个；以精品社区文化为基点，树立全民终身教育文化品牌。全省共认定"陕西省百姓学习之星"49人，"陕西省终身学习品牌项目"20个，5人被教育部认定为"全国百姓学习之星"，5个品牌被教育部认定为"全国终身学习品牌项目"。举办2020年全民学习活动周陕西总开幕式。

如延安大学充分依托党中央在延安十三年所形成和留下的丰富红色资源，面向全国党政机关、企事业单位和高等院校干部、职工、青年学生开展理想信念、革命传统和延安精神教育培训，2020年非学历继续教育培训班65期3635人。其中教育部等国家部委主体班次 1 期 32 人，占培训班总比 1.5%；全国高校 27 期 1239 人；企事业单位 37 期 2364 人。培训学员覆盖了全国 15 个省市自治区，其中省内 25 期 1799 人，省外 40 期 1836 人。

（六）助交流，促进"一带一路"倡议合作深入发展

支持鼓励高校积极探索国际交流与合作。西安交通大学于 2020 年 3 月组织召开并技术支持西安交大第一附属医院和意大利那不勒斯海洋医院远程视频会议；还通过联合国教科文组织国际工程科技知识中心（IKCEST）"中泰丝路工程科技人才在线培训"平台，为泰国瓦莱拉大学本科教学无偿提供了大量在线课程，并应邀积极联系 7 门课程的专业教师，为瓦莱拉大学学生开展跨国界远程直播教学。西北大学国际教育学院、国际汉唐学院与澳大利亚职业教育联盟开展合作，全年开展多期汉语进修班，累计培训国际交流生 229 人。西安开放大学扩大对外交流传播的教育功能，依托西安汉唐文化网络学院，完善"丝路·语言·文化"系列专题讲座及"逛西安说汉语""跟我学""跟我做""跟我看"等地域特色微课程系列，多途径、多方式展开宣传。目前汉唐网上注册人数 6400 余人，学习行为约 12000 余次，更好地传播了中国文化，讲好西安故事。

（七）组队伍，支持第三方组织建设，发挥行业管理作用

省教育厅积极指导省高等继续教育学会根据我省新冠肺炎疫情防控状况，调整工作内容，创新工作方式，认真履行学会职能，加强服务管理，积极开展各项工作。目前，共有单位会员 71 个、个人会员 378 个。其中，2020 年新增单位会员 4 个、个人会员 27 个，终止单位会员资格 2 个、个人会员资格 1 个。

2020 年，召开了学会第二届理事会第三次会议、2 次会长工作会议、2 次学会第二届常务理事会会议；印发了《关于学会教改项目研究经费划拨事项的通知》《陕西省高等继续教育学会规章制度汇编（2014—2020）》，编撰出版《陕西高等学校继续教育发展报告》；评选 2020 年陕西省高等继续教育优秀教学成果奖一等奖 4 项，二等奖 9 项，优秀奖 4 项；一等奖论文 10 篇，二等奖论文 14 篇，优秀奖论文 17 篇；确定 16 个会员单位为 2020 年陕西省高等继续教育优秀继续教育学院、19 个校外教学站点为 2020 年陕西省高等继续教育优秀校外教学站点、25 位同志为 2020 年陕西省高等继续教育先进工作者，对促进教学研究成果交流、树立工作榜样、推动继续教育改革必将发挥积极作用。

（八）战疫情，开展线上教学应对疫情时代教育教学新挑战

坚决打赢新冠肺炎疫情防控阻击战，高校贯彻落实"一校一策，停课不停教、停课不停学"原则，开展了有史以来课程门类最全、覆盖范围最广、受众学生最多的线上教学。西安开放大学推出了《防疫学习两不误，只争朝夕正当时——西安电大喊你来听课》系列内容 25 期，以"防疫工作不松懈，居家学习不停歇，学习资源不断线，周到服务不打烊"为主题，持续推出了医学知识、传统文化、幼儿音乐等系列微课和"新时代、新思想、

新技能"思想政治教育教学大练兵课程，25 篇微课文章累计阅读量达到 32603 人次。陕西开放大学在资源库首页设立疫情防控专栏，引进《新兴冠状病毒防控课程》在线课 40 讲，播放数 7.6 万人次。

四、继续教育发展存在的问题

（一）办学定位不明晰

高等学历继续教育是建设学习型社会、促进全民终身学习的重要办学类型之一。一是个别高校将继续教育边缘化，将继续教育作为全日制普通高等教育的边缘形式，对继续教育办学思想上不重视，制度建设、教师队伍、学生管理的水平均有待提高；二是个别高校将继续教育利益化，没有准确处理好发扬本校办学特色、面向社会需要、迎合考生提升需求的关系；三是个别高校将继续教育"普教化""职教化"，照搬全日制普通高等教育、职业教育办学模式，缺乏学历继续教育的独特之处与办学特色。

（二）教育特点不明确

继续教育对象以社会在职人员为主，按需学习，注重实效，但部分高校继续教育人才培养方案、专业建设、课程设置并未紧密结合继续教育特点，忽视了成人学生的学习特点，人才培养方案照搬照抄全日制普通本专科方案，精品课程数量少、开放程度较低，专业建设的理论研究、政策设计跟不上，专业设置盲目性与滞后性并存，人才培养供给不足与供给过剩并存，专业同质化问题突出，内涵建设优势特色不明显，不能满足当前经济社会发展对人才培养的需求。

（三）站点质量不稳定

日常管理中发现，部分高校招生宣传策略不科学，网络上继续教育虚假宣传现象仍然存在，损毁了我省高等继续教育形象。教学管理中，个别高校对学生管理松散，未严格落实相关教学标准，对站点的教学管理存在监管盲区。如网络教育方面，对学生学习监管不够，过度依赖平台的技术手段管理学生学习；函授教育方面，不按培养方案落实相应面授辅导课时，仅开展单一的网络教学，缺乏对学生平时自学的管理和服务，存在"变卖文凭"的现象。

（四）自学考试不充沛

高等教育自学考试在完善陕西省高等教育体系、造就培养专门人才、服务陕西经济社会发展、实现高等教育大众化等方面做出了重大贡献。但是随着近年高考录取率的逐年提高、成人高考的竞争、民办高校退出自学考试主阵地、远程教育和网络教育迅猛发展，各种高等教育形式之间的竞争越来越激烈，高等教育自学考试逐渐缺乏吸引力。同时，由于学分互认、多元化评价制度不够健全，服务面不够广泛等因素，导致生源大幅下降。

五、工作思路

今后,我们将坚持问题导向,进一步加大对高等继续教育工作的引导、管理和监控力度,努力推进我省高等继续教育高质量发展。具体从以下几方面入手:

(一)持续完善继续教育质量监控体系

推动建立政府管教育、高校办教育、社会第三方评教育的良性互动机制。一是教育行政部门从制度层面建立地方继续教育办学的监督机制、质量评价机制,加强年报年检、质量评估与监控等工作。二是高校自身细化继续教育质量评价指标,建立健全校级教学质量评价监控体系,客观有效地开展自身继续教育的评价与监管工作。三是充分发挥第三方——陕西高等继续教育学会的质量评价和监测作用,从师资队伍建设、课程设置、培养目标、教学手段几方面入手,制订科学而切实可行的继续教育评估指标体系。

(二)加强建设继续教育线上管理系统

充分利用信息化手段,依托西北工业大学开发陕西省高等学历继续教育线上统计系统,完成包括学历继续教育在陕校外教学站点备案及自检、主办高校年检、办学信息(招生人数、教材使用、教师情况、办学条件等)等管理功能,及时发布陕西高等学历继续教育政策动态,掌握高校及站点继续教育实施情况,通过线上系统实现省内高等学历教育的全过程、全方位监督指导。

(三)协同打造继续教育优良办学秩序

扭住站点管理这个牛鼻子,直击关键、敏感关节,以检查、清理、年检和评估为主要手段,实行教育厅、高校、陕西高等继续教育学会多管齐下,久久为功。特别是对在陕各类校外站点实施的全覆盖、拉网式评估,产生较大影响。落实高等主体责任,严查办学权、招生权和教学权转移、下放、外包等不规范行为。

(四)联合推动继续教育行业管理

支持陕西省高等继续教育学会建设和独立行使职责。指导学会通过购买服务的方式,充分发挥学会在人才、信息、资源和研究方面的优势,委托学会承担了专题调研、政策咨询、检查评估、专业建设、教学改革等多方面的工作,促进管办评分离改革。

六、有关建议

当前是经济社会发展的重要时期,也是继续教育发展工作发展的重要机遇,高校继续教育发展,既要依赖自身内部机制的改革,也需要国家政策环境的支持保障,基于此,提出以下建议:

(一)颁布完善继续教育法律法规

继续教育是关乎行业发展、社会进步的重要事业,在构建终身教育体系中,高校继续教育是重中之重，但是，当前我国尚无关于高等继续教育方面的法律法规，来保障继续教育的健康发展。建议应该加快完善继续教育的相关法律法规，就其办学的定位与指导思想、地位与作用、任务与目标、投入与经费保障、规范化管理与制度建设、办学体制与各类继续教育融合、人才培养模式与质量保证体系、学历继续教育招生改革、专业与课程体系改革、资源建设与开放共享、教育手段现代化与信息化建设、师资队伍建设、统一学制等问题，进行高等继续教育顶层设计。一方面为高校在终身教育中的角色做合理定位，充分发挥高校的主观能动性，把继续教育工作落到实处。另一方面规范继续教育工作，制定继续教育培训标准，加强继续教育办学监管和质量评估，为继续教育提供法律保障，使高等继续教育能以全新的面貌参与到学习型社会建设和终身教育体系构建之中。

（二）多渠道确保继续教育投入

当前继续教育经费在普通高校的统筹计划之中占比相对小，国家对成人高校继续教育又没有专项资金投入，继续教育目前处于自力更生的窘境。有限的积累只能维持低水平的运行，影响从事继续教育的师资队伍建设，阻碍继续教育的发展。为确保继续教育健康发展，为继续教育服务社会发挥更大的作用，建议建立长效的教育投入和保障机制、固定的投入机制，各个高校也应有一定的投入，形成国家、学校、社会、个人共同投入的多渠道筹资机制，保证继续教育的办学需要。

（三）持续加强继续教育理论研究

国家和地方应加大对继续教育工作的研究力度，进一步明确继续教育的办学定位，进一步明确继续教育的办学定位和培养质量标准，更好地服务于终身学习体系。一是加强继续教育人才培养质量标准的研究制订工作，制订继续教育教学质量评价办法和指标体系，明确开展由政府监管、专家组织、学习者和社会各方面参与的教育质量评价，评价结果以适当的形式向社会公布，接受社会监督。二是根据学校类型，学校的教学资源以及师资数量，通过设置继续教育的生师比，围绕"质量第一"的理念，把继续教育的办学质量放在首位。三是发展和规范继续教育培训服务，统筹扩大继续教育资源。鼓励高校、科研院、企业、社会培训机构协同创新，共同组织发展继续教育，为实现大众创新、万众创业以及国家的现代化建设提供有力的人才支撑。

第二部分
2020年学校继续教育发展报告（摘编）

西安交通大学继续教育发展报告

一、学校情况

（一）学校继续教育工作办学定位

继续教育学院是学校办学主体的重要组成部分，是以服务国家建设终身教育、学习型社会战略为目标，履行社会服务职责的重要平台窗口，同时，通过提供高端优质便捷的教育服务，传播学校先进文化思想知识，满足社会公众教育多样化需求，为地方经济社会发展不断贡献交大力量。

（二）学校继续教育办学体制、管理机制

继续教育学院是学校开展继续教育的办学主体，代表学校承办现代远程教育、成人高等教育和非学历培训教育。西安交通大学社会教育管理处代表学校对继续教育学院进行归口管理和办学业务指导。

二、专业设置

2020年现代远程教育和成人高等教育共计开设高起本、高起专、专升本3个层次60个专业方向，其中高起专9个专业，高起本10个专业，专升本41个专业方向。2020年，减少了专科层次专业7个、高起本层次专业10个。

三、人才培养

（一）学历继续教育情况

1. 总体规模

截至2020年底，我校成人高等学历继续教育在籍学生25605人，现代远程学历继续教育在籍学生139367，各类在籍学生总规模为164972人。

2. 针对新冠疫情，不断创新人才培养模式，切实保证培养质量

我校积极响应教育部"停课不停教、停课不停学"的号召，发挥信息技术优势，完善从入学到毕业全过程质量监控体系。成人高等继续教育2020年共开展线上教学455门。

3. 开办陕西省劳模工匠学历提升班,探索继续教育内涵发展创新之路

2020年初省总工会和西安交通大学签署战略合作协议,从全省近7000名省部级劳动模范中选拔45名参加本次学习。

(二)非学历继续教育情况

1. 严守政治、财务及审计底线,克服疫情影响,积极复工复产,坚持线上教育与线下教育相结合

2020年总计完成非学历培训29923人次。其中面授17611人,网络培训12312人。

2. 加强制度建设,推进专业化、规范化管理,防范办学风险

①制定了《继续教育学院培训项目管理办法》等文件规范、指导培训业务的实施。②统一使用经学校法务办审核批准的培训协议模板,规范了培训协议审批备案流程。

(三)坚持立德树人,持续加强思政课教育

我校继续教育始终坚持立德树人的办学宗旨,党政领导亲自讲解交通大学的西迁精神内涵及优秀的校园文化传统,把西迁精神、校史校规、总书记视察讲话等内容,制成短视频课件,作为"零学分必修课"。

四、质量保证

（一）不断完善和细化各项管理制度

2020年，我校继续教育根据国家相关政策和多年继续教育办学经验，制定了《西安交通大学成人高等教育函授教育辅导站设置及管理办法》《西安交通大学继续教育学院预防与处理毕业论文学术不端行为管理办法（试行）》。

西安交通大学院处函件

西交继〔2020〕9号

关于印发《西安交通大学成人高等教育函授教育辅导站设置及管理办法》的通知

（二）持续加强师资及管理支持服务队伍建设与保障

1. 师资队伍情况

2020年，我校继续教育的授课教师共计703人，其中专职教师272人，兼职431人，副高级职称以上人57.61%，博士、硕士以上学历占64.01%，年龄50岁以下占73.83%；辅导教师共计1369人。

2. 师资培训情况

深入学习贯彻习近平总书记关于"思政课是落实立德树人根本任务的关键课程"等重要论述，采用线上线下相结合方式，召开了"课程思政纲要设计与实施"专题培训，组织线上线下170余人参加培训。

（三）拓展合作，实现优质资源共建共享

2020年度共新录制了342门课件。截至2020年底，所开发制作的用于全年上线使用的优质课件共计793门，还完成了19门新课程题库、教学大纲的制作。

（四）全面规范合作办学，严格校外教学站点建设和管理

1. 校外教学站点建设

截止 2020 年底，我校继续教育在全国 29 个省市、自治区共计设立 167 个校外学习中心、函授站（其中现代远程教育校外学习中心 75 个，函授站 31 个，与公共服务体系共建共用的校外学习中心 61 个）。

2. 运用信息化手段定期评估考核，全面规范校外学习中心和站点管理

通过管理平台、微信群、qq 群等对函授站管理人员资格审查，对招生、教学、学生支持服务等各环节进行全方位定期评估考核监控。通过后台数据对各专业学生线上学习频率、学习习惯进行监督。

3. 疫情期间，坚持召开成人高等教育视频会议，增强交流，25 位与会代表、130 多位线上代表参会进一步加强站点管理

（五）不断创新学习支持服务手段和方式

1. 在学院官网设置专门网页，推出"西安交通大学成人高等教育"栏目

实时发布我校成人高等教育招生、教学、考试、学位申报等通知及资料表格下载，动态掌握学生需求，及时更新页面内容。

2. 不断丰富现代远程教育支持服务手段

通过官方微信公众号，新浪、腾讯微博、微信投票系统等新媒体工具为学生主动推送各种学习资料、助学导学帮助、线上评优选秀等信息。

（六）获得全国高校远程教育协作组多项荣誉

2020年先后荣获全国高校远程教育协作组颁发的"停课不停学突出贡献奖""2020网络与继续教育抗疫先进单位"等荣誉称号。薛莹、吴亮亮等5名同学荣获"现代远程教育试点20周年优秀学生奖"。

五、社会贡献

（一）继续教育服务国家战略、行业及经济社会发展与学习型社会建设情况

1. 服务西部地区，加强陕西省急需人才培养

2020年，各类学历继续教育招生总数为45520人，其中在陕招生33063人，占当年招生总人数的72.63%。毕业生总计66276人，其中的陕籍30843人，占当年毕业生总人数46.54%。

2. 联合陕西省纪检委、人社厅、退役军人事务厅积极开展非学历继续教育

继续积极开展陕西省纪检委干部培训、人社厅公务员和专业技术人员非学历继续教育网络培训、军转干部非学历加技能继续教育培训等。

3. 疫情期间勇于担当，主动作为，大力协助学校教务处开展全日制本科生、研究生课程直播、答疑

疫情发生以来，继续教育学院积极响应国家号召，在做好远程教育停课不停学正常开展网上教学工作的基础上，勇于担当，主动投身到学校教务处本科生、研究生在线教育当中。

（二）继续教育资源面向校内、社会开放情况

1. 录制新冠病毒大家谈科普课件，免费服务大众抗疫

2020年2月，继续教育学院主动配合医学部邀请40位医学领域专家录制《新冠病毒大家谈》中文课程36讲英文课程25讲。

2. 免费共享教学资源，助力贵州大学医学院"停课不停学"

疫情期间，我们收到贵州大学医学院协商函，希望我校在平台资源方面给予支持，继续教育学院已最快速度建立了在线学习平台并提供了10门医学专业课程，保障了贵大医学院全日制本科生疫情期间的停课不停学工作。

（三）对口支援、教育帮扶情况

2020年，我校继续推行圆梦计划和爱心助学项目，在广东省录取圆梦计划学生247人。通过爱心助学项目，对39名基层护理的学员进行了学费的减免及优惠。依托建立在安康市农民培训基地，进行农民培训445人次。

六、特色创新

（一）实践特色与模式创新

我校现代远程教育在业内首先自行研发了"网络智能感知系统"，以人脸生物识别+电子签到为手段针对入学考试、课程考试、论文答辩等环节全面采用"人脸识别"技术。

（二）针对新冠疫情蔓延，不断加强国际交流与合作

2020年3月，继续教育学院组织召开并技术支持西安交大第一附属医院和意大利那不勒斯海洋医院远程视频会议。

（三）教育教学研究成果成绩突出

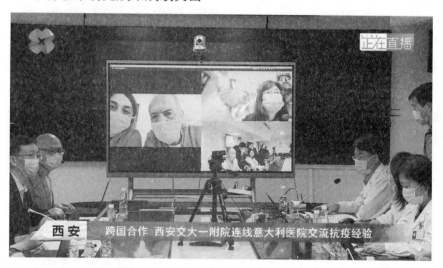

2020年第三届陕西省高等继续教育优秀论文评选《翻转课堂在成人高等学历教育中的应用研究》《新时代提高成人高等学历教育质量探析》获一等奖。"知识森林个性化智能导学技术及其重大应用"获得中国自动化学会技术进步特等奖。

西北工业大学继续教育发展报告

一、学校继续教育总体情况与办学定位

2020年度学校继续教育秉承"公诚勇毅"校训，弘扬"三实一新"校风，牢固树立"以学生为根，以育人为本，以质量为要，以责任为重"的办学理念，坚持立德树人、为国育才，按照"有教无类、因材施教、规范管理、开拓创新"的办学准则，确立了"面向成人高等教育，提升学生能力素质，服务全民终身学习"的办学定位。

按照学校确立的"稳定发展学历继续教育，大力发展非学历继续教育"的思路，坚持"提高质量、突出特色、调整结构、控制规模"的原则，积极落实教育部"网络教育18条"要求，主动降低招生规模，不断优化人才培养目标和培养方案，探索继续教育办学新途径，创新继续教育发展新模式。

二、学历继续教育专业设置情况

学校学历继续教育涵盖理工类、管理类、经济类、法学类等专业。依托学校优势学科和特色专业，2020年网络教育开设了11个专升本专业，10个专科专业，11个高起本专业；成人高等教育开设8个专升本专业，1个专科专业，5个高起本专业。

2020年，机械设计制造及其自动化、土木工程、工商管理3个专业被列入陕西高等继续教育特色专业建设计划。

2020年，网络教育高起本层次撤销了工业工程专业，专科层次撤销了应用化工技术、计算机信息管理、国际经济与贸易、法律事务等4个专业；成人高等教育高起本层次撤销了电气工程及其自动化、法学专业。

三、人才培养

（一）学历继续教育情况

总体规模：学历继续教育包括成人教育（函授、业余）和网络教育，2020年共招生16439人，现有在籍学生78064人。

2020年学历继续教育总体规模表

层次	招生人数	在学人数	毕业人数
高起专	10718	42759	22141
专升本	5180	34018	46489
高起本	541	1287	2
合计	16439	78064	68632

（二）非学历继续教育情况

1. 总体规模

2020年非学历继续教育举办培训班55班次，参训总人数2591人次。

行业类别	培训对象	班次	人次
政府机关、事业单位	机关干部、事业单位领导	25	1795
保密系统	涉密人员	1	50
行业系统及大中型企业	中高层管理人员	5	300
小语种培训	西工大在校生	24	446
合计		55	2591

2. 培训模式

依托"三航"学科优势，创新"校地、校企"培训模式，形成"中心+N模块"培训体系和"实践+理论+反馈"有效闭环，提升了培训的针对性、时效性和培训效果。

四、质量保证

（一）制度建设

学校不断完善制度管理体系。2020年成立了"西北工业大学继续教育教学指导委员会""西北工业大学继续教育教学工作委员会"；制定了《疫情防控期间教育教学工作方案》，确保"停课不停教，停课不停学"；制定和完善了《继续（网络）教育学院学生手册》《继续（网络）教育学院文化建设方案》等9项制度和办法。

（二）资源建设

2020年，组织编写的规划教材《管理信息系统》获评陕西省继续教育优秀教材奖。数字图书馆馆藏6000余册。

（三）校外学习中心管理

学校继续教育严格执行校外学习中心在当地省级教育行政部门报备制度，建立了学习中心自检、主办高校年检、各省市教育厅年审相结合的3级评估机制。2020年，对11个省份的40个学习中心、教学站点进行了年检，年检合格率95%。

2020年，新建校外学习中心3个，终止与学习中心进行合作合同9个，责令2个不规范学习中心进行整改。

（四）信息化建设

为了提高管理水平和工作效率，让学生能够享受到更加优质的教学资源与平台服务，2020年学校继续教育启动了一体化综合管理平台建设工作。

（五）经费保障

学校继续教育的学费全额纳入学校财务管理。2020年，学校持续加大继续教育教学条件和设施建设力度，70%的学费收入用于继续教育办学，通过预算拨付，保障了管理运营、资源建设、平台系统维护等经费需求。

国家级基地建设经费使用规范，中央财政资助的专项经费在学校财务单独设立项目进行核算和管理，专款专用。

五、社会贡献

（一）继续教育人才培养取得成绩

近10年来，学校继续教育面向企业培养各类岗位人才1.34万余名，人才培养成绩突出。一大批继续教育优秀毕业生在企业中担任技术要职，多人获得企业劳动模范、能工巧匠、技术标兵等荣誉称号，为航空企业的发展增添了力量。

（二）服务国家战略、行业及经济社会发展与学习型社会建设

一是依托学校"三航"学科优势，建设了5个"国家级专业技术人员继续教育基地"和5个"省级干部培训基地"；二是围绕行业企业发展需求开展"校地、校企"合作，为航空工业成飞集团等10余家企业单位主动送教上门；三是面向各级政府机关、事业单位等开展干部教育培训和定制化培训；四是面向各地企业及行业举办了装备制造产业发展、航空发动机技术、无人机应用技术、制造技术和工业互联网与先进工艺技术等急缺人才培训班。

（三）资源开放服务

通过爱课程网站、学校继续教育网站向社会开放《机械制造基础》《电路分析基础》等国家级精品课程；通过学校继续教育网站将数字图书馆向校内外开放；将"陕西省脱贫攻坚双百工程推广项目大鲵养殖技术"等课件向社会开放；数字资源专业录播室面向校内单位的教师开放使用。

（四）对口支援帮扶情况

学校继续教育坚持面向广西融水、陕西城固、安康等地开展教育帮扶，充分利用互联网开展教育精准扶贫。开展的主要教育扶贫活动有：举办乡村干部培训班16期，培训1989人次；举办村医医疗技术培训班3期，培训198名人员；举办贫困村创业致富带头人培训班，培训95名人员；举办乡村教师培训班，培训959名教师；教师跟岗培训9期，培训222人次。继续教育学院获得了学校"脱贫攻坚先进集体"。

六、特色创新

（一）实践特色与模式创新

一是依托学校"三航"学科优势，大力发展特色鲜明的继续教育；二是互鉴共享教育资源，促进继续教育和非学历教育融合发展；三是落实立德树人根本任务，创新思政教育网络育人新模式。

（二）国际交流与合作

1. 国际资格证考试考点建设成效显著

按照教育部考试中心雅思机考考点建设要求，顺利完成了西北工业大学雅思机考考点建设工作，2020年12月15日举行了西北首家西北工业大学雅思机考考点揭牌仪式。荣获教育部考试中心及英国文化教育协会颁发的全国雅思最高奖项"特别贡献奖"。

2. 举办多场各类海外考试

2020年，共举办各类海外考试共计263场，参加考试人员15014人次。其中，雅思（UKVI）考试116场，考生累计12240人次；ACCA考试81场次，考生累计2498人次；ICAEW考试7场，考生累计58人次；A-Level考试52场，考生累计160人次；俄语等级考试3场，考生19人次；CAAT考试4场，39人。

（三）教育教学研究与成果

学校高度重视继续教育理论研究，积极开展人才培养模式创新与教育教学改革实践研究工作。2020年，学校继续教育承担陕西省社会科学基金《"学校+云校+平台"线上教育高质量发展创新研究》等科研项目11项，发表学术论文8篇，为推进学校继续教育教学改革和提高人才培养质量提供了理论支撑和实践指导。

2020年，学校继续教育被评为全国网络教育"教务管理先进单位""教育扶贫突出贡献奖"，获得中国高校继续教育优秀成果及特色案例奖2项、陕西省思想政治工作研究优秀成果二等奖1项，陕西省高等继续教育优秀教学成果二等奖1项、优秀论文一等奖1项、二等奖2项；继续教育学院被评为学校"先进基层党组织"。

七、问题挑战

（1）招生数量锐减带来新的问题。2020年学校主动降低招生规模，持续增大本科招生比例，减少专科比例。招生计划的锐减，给部分学习中心带来运营困难，加大了网络教育的办学风险。

（2）人才培养方案有待完善。现有培养方案时间已久，人才培养体系、质量保障体系尚不能满足当前人才培养的需求。

（3）优质教学资源供给和质量保障有待加强：面对新时代的新要求，课程体系、课程资源、师资队伍建设迫在眉睫。

（4）非学历继续教育尚未形成有影响力的品牌。

八、对策建议

（一）发展思路

（1）坚持以质量为核心，不断提升人才培养水平。

（2）合理控制规模，推进内涵式发展。

（3）加大培训力度，打造培训品牌。

（4）构建"三位一体"发展模式，促进现代与传统教育的融合。

（二）目标和举措

（1）以特色办学为引领，进一步明晰办学方向和思路。

（2）以提升网络教育质量为核心，优化人才培养体系。

（3）加快资源整合与更新步伐，促进网络教育高质量发展。

（4）积极开展校园文化活动，培养学生家国情怀和对学校的归属感。

（5）大力发展非学历教育，努力形成教育培训品牌。

西北农林科技大学继续教育发展报告

2020年，西北农林科技大学全面贯彻党的教育方针，以习近平总书记给全国涉农高校书记校长和专家代表的"回信"精神为指引，扎实履行强农兴农的历史重任，加快建设中国特色世界一流农业大学。学校始终把继续教育作为教育事业的重要组成部分，人才培养的重要类型，社会服务和文化传承的重要途径，宣传提升学校影响力的重要窗口，升级版大学推广模式的重要延伸。学校设立成人教育（继续教育）学院，既是学校继续教育管理部门，也是办学单位。全面负责学校继续教育管理，制定学校继续教育发展规划，引领和指导各学院继续教育工作。

一、基本情况

（一）成人学历教育情况

2020年，我校在学学生总人数9621人，其中当年招生2824人。在学学生涉及3个层次42个专业，其中包括高起专层次13个专业、专升本层次18个专业、高起本层次11个专业。学校共设有14个函授站，涉及11个省（区）。

在开展成人学历教育中，全面贯彻党和国家的教育方针，坚持社会主义办学方向。在制订人才培养方案时，注重将思想政治课程纳入其中，各专业公共课程均设有马克思主义理论课程模块；培养中严格按照方案执行。非常重视"课程思政"在非学历培训教育中的应用和推广。

修订13个函授教育专升本专业人才培养方案。积极围绕新时代国家乡村振兴战略需要，对标农业现代化建设新要求，注重质量内涵，突出特色优势，加强实践环节，更好满足新时代现代农业发展和乡村振兴战略对高素质、高能力、实用型农业人才的需求。

人才培养模式以"自学+面授"相结合培养模式为主，突出新型农业应用型人才培养目标，在教学过程中注重理论与实践相结合，加强实践教学环节落实，按培养方案全年总开课1022门。在自学、面授、实验实践、考试考核以及毕业论文答辩等教学关键环节加强指导，进一步有效提高了函授教育教学水平和人才培养质量，为行业培养了大批实用新型农业科技人才。

依托各专业学院教学资源，针对招生规模较大函授专业，建设了一批专门的网络课程教学资源。自建在线课程49门，其中26门为主干课程，主要涉及农学、法学、动物医学、动物科学、园林、水利水电工程、会计学等12个专业。

（二）非学历继续教育情况

2020年在校内共举办各类培训班171期，培训学员13774人次。

学校时刻不忘全国唯一的农业农村干部教育培训高校基地使命担当，坚持把学习贯彻习近平新时代中国特色社会主义思想摆在教育培训首位。立足中西部、面向全国，针对不同类型不同层次农业农村干部和基层人才分级分类开展教育培训，打造农业农村干部教育培训品牌和高校涉农培训标杆。不断聚焦国家战略、对标行业需求、服务地方发展，按照"围绕中心、服务大局"原则，开发了人大代表培训、工会代表培训、退役军人系列培训、三产融合发展与乡村振兴等31项特色培训项目。围绕"四库"即课程库、师资库、教材库和现场教学站点信息库，加强培训基本能力建设。打造一批干部教育培训好课程、培训名师、优秀教材及特色现场教学点。在实践中不断探索，研究干部培训教育规律，提升培训质量和水平。干部教育培训工作受到各级好评。成立农业农村干部教育培训研究所等研究机构。在研省部级研究项目4项、校级重点研究项目3项，院内自设研究项目36项。出版全国首套"三农"教育培训方案精选本2部，填补了国内农业农村干部培训研究空白。编写出版《乡村振兴陕西实践》教材。出版《陕西农村致富带头人风采录》1部。获陕西省教学成果一等奖1项。获陕西省高等继续教育优秀教学成果奖一等奖1项，优秀奖1项；优秀论文3篇。发表论文7篇。新开发6门案例教学课程并投入使用。

在做好自身工作的同时，主动与部门、行业、企业对接，自觉发挥国家级基地示范引领作用。2020年9月，举办了陕西省高等继续教育助力脱贫攻坚专题交流研讨会，全面交流总结了全省继续教育在助力脱贫攻坚和促进乡村振兴方面取得的成绩。2020年9月，发起成立陕西省高等继续教育学会教育扶贫与乡村振兴专业委员会。2020年9月，成立陕西退役军人农创学院。2020年11月，发起召开全国部分农林高校继续教育研讨会，探讨农林高校继续教育"十四五"规划。2020年11月，承办了中国高等教育学会自学考试分会2020年会员大会，探讨自学考试如何更好服务国家人才强国战略。

学校践行使命担当，助力脱贫攻坚。培训项目、培训主题增加脱贫方面内容，80%以上培训班次主题与精准脱贫及乡村振兴相关、80%学员来自西部贫困地区。培训向贫困县基层人员倾斜。面向贫困县举办培训班23期，培训学员3700余人。紧密结合学校扶贫工作，深入合阳、紫阳、镇巴、城固等定点扶贫县田间地头，完成学校下达定点扶贫任务。围绕横山、绥德等地当地农业特色产业举办培训班，培训学员200余人次。培训教育成为学校助力脱贫攻坚、服务乡村振兴战略重要的切入点和一大亮点。

二、质量保证

制度建设。2020年，学校继续以提高教学质量为目标、以完善教学质量监控体系为核心，出台《西北农林科技大学成人高等函授教育辅导站建设和管理办法（试行）》，进一步健全函授教育教学管理制度体系。修订完善了培训教育教学方面8项规章制度，形成了较为完备的教育培训管理制度体系，涵盖了继续教育教学及管理全过程，建立起一整套适应新时代培训教育的管理制度和业务流程体系。

师资保障。成人学历教育由各专业学院师资力量做支撑，选派和聘请教学经验丰富、理论水平高和实践能力强的中高级以上职称教师授课。非学历继续教育按照专家教授、领导干部、一线先进典型"三结合"的原则，建立了一支500余名专兼职相结合的师资队伍，能够完全满足培训规模和培训质量要求。建立动态调整机制，及时遴选和增补教师。

资源建设。成人学历教育依托各专业学院教学资源，针对招生规模较大函授专业，建设了一批专门的网络课程教学资源。非学历教育整合校内外教学资源，以"四库"为抓手，加强培训基本能力建设。研究开发人大代表培训、工会代表培训、退役军人系列培训、三产融合发展与乡村振兴等新项目31项。建立了500余名教师的培训师资库，开发新的现场教学基地25个。承担了云南省市厅级干部、全国农业农村部门负责人轮训等高层次培训班。合作办学及校外学习中心（校外教学站点）。成人学历教育方面，2020年新建苏州信息职业技术学院函授站。非学历继续教育方面，积极谋划，充分对接，获批成立陕西退役军人农创学院、陕西生态卫士学院，牵头成立陕西省高等继续教育学会教育扶贫与乡村振兴专业委员会。新设农民发展学院分院2个，农业农村干部学院分院1个，陕西退役军人农创学院分院1个。

内部外部质量保障。健全制度，保证继续教育各项工作有规可依、有序运行。认真贯彻和落实《继续教育培训服务术语》《继续教育培训组织服务通则》《继续教育培训工作者服务能力评价》等三个国家标准。建立"七大制度机制"保证质量管理，一是建立了培训需求调研制度；二是建立培训方案论证和审批制度；三是建立教师授课通知单制度；四是建立授课教师动态调整机制；五是建立专职班主任管理制度；六是建立质量动态监控和培训质量评价机制；七是函授督导管理制度，定期赴各函授站督导检查。

信息化建设。全面推进继续教育信息化建设。一是在教育教学中全面推行信息化手段应用，线上线下教学同步推进；二是全面启动学校继续教育信息化综合平台建设，非学历教育培训班全过程实现网络审批；三是稳步运行微信公众平台，创新展示内容及形式，提升平台关注度；四是开展线上培训，开设"农作物植保员"网络培训。开办西农—合阳、西农—镇巴乡村振兴学堂。积极探索农村干部和基层人才线上线下融合发展的培训模式。

经费保障。学校按规定收取继续教育学费和培训费，做到专款专用。主要用于学历教育和非学历教育的教学资源建设、教学支出、教学研究、学员食宿费用等支出。另外，学校筹措1.5亿建设培训学员宿舍和餐厅，支持继续教育事业发展，经费保障充足。

三、特色创新

1. 形成农业农村干部培训"西农模式"

结合农业农村干部数量大、类型多、培训需求多元化的特点，基地边实践边研究，不断创新培训理念、探索培训方法，优化管理模式，形成农业农村干部培训"西农模式"。

一是创新培训理念，形成共识：主题根据时代定、方案按照需求做、培训方法求实效、培训管理全程化、训后服务到一线。

二是充分发挥学校产学研紧密结合的办学特色优势和地处国家杨凌农业高新技术产业示范区的区位优势，突出现场教学为特色。

三是不断优化，总结凝练形成了"讲实际、重实用、求实效"的农业农村干部培训管理流程。

2. 创建了基层人才教育培训体系

学校边开展培训实践、边研究总结，不断创新培训理念、构建培训体系和建立培训机制，形成了"12345"基层人才教育培训西农体系。"12345"体系主要内容：围绕中心服务大局"一条主线"，遴选培训主题分级分类确定培训目标；系统化、模块化"两个原则"，不断优化培训内容；训前、训中、训后"三个步骤"，制定和完善培训方案；精品课程、培训名师、优秀教材、特色现场教学基地"四项工程"，保障教学；专题讲授、研讨交流、现场教学、案例教学、经验分享"五元一体"，优化培训方法。

3. 创新"基地＋学院·基地＋分院"的双重协同机制

探索建立形成了"基地＋学院·基地＋分院"双重协同机制，上接部委下连地方，使优质培训资源下沉，把基层人才培训落地落实。一是合作建立国家级培训基地。对接国家需求，共同研究开发培训项目，积极承担培训任务，助推国家政策的宣传和落实。二是成立实体学院，保证高效运行。三是建立农业农村干部学院分院、农民发展学院分院。与地方优势互补、资源共享，将培训向基层、向贫困地区延伸，更好地服务地方经济社会发展。四是采取"请进来、走下去、搬上网"相结合模式将优质培训资源向基层延伸。

4. 积极探索与地方合作举办中长期培训机制

为了将学校人才、科技资源深度融入地方经济发展中去，基地积极探索与地方合作举办中长期培训机制。通过"五个结合"（目标上业务提升与理论修养结合，内容上产业发展与乡村振兴结合，教学方式上课堂教学与实践实训结合，培训模式上集体教学与导师指导结合，管理服务上一次培训与长期服务结合），为地方装上人才驱动器。

四、问题对策

随着脱贫攻坚的胜利，进入巩固拓展脱贫攻坚成果同乡村振兴有效衔接阶段，随着全面推进乡村振兴加快农业农村现代化、加快推进乡村人才振兴的新形势、新要求，还存在三个方面不足：一是面向市场的开拓能力和应变能力不足；二是信息化建设进展缓慢；三是在经济全球化的大背景下，高等继续教育越来越国际化，学校国际化培训进展缓慢。

下一步，学校继续教育校以习近平新时代中国特色社会主义思想和党的十九大精神为指导，全面落实立德树人根本任务，结合"十四五"规划，贯彻新发展理念、认真落实学校"双一流"建设目标和"12345"发展战略，以为农业强、农村美、农民富提供人才和智力服务为使命。推进高质量发展，建设现代化涉农继续教育体系。

办学目标：推进学历和非学历教育同步发展，实现传统教育和网络教育融合发展，办好全国农业农村干部教育培训基地和农民发展学院，建设特色鲜明、国内一流、行业领先的涉农继续教育体系。

工作举措：实现管理机构专门化、管理队伍专职化、研究人员专业化、办学场地专用化。突出"一条主线五个重点四项举措"，即以跨越发展为主线，以质量提升、品牌建设、市场拓展、信息化、国际化为重点，以党建引领、机制创新、文化建设、后勤保障等四项为保障，打造高校涉农继续教育标杆。

西安电子科技大学继续教育发展报告

一、学校概况

西安电子科技大学是以信息与电子学科为主，工、理、管、文多学科协调发展的全国重点大学，直属教育部，是国家"双一流"建设学科高校，国家双创示范基地之一。经过90年建设，学校现建有两个校区，有全日制在校生3.6万余名、在籍网络和函授教育学生101662人、专任教师2300余位。设有研究生院和17个学院，为国家输送了31万余名电子信息领域的高级人才及21.8万继续教育毕业生，产生了120多位解放军将领，成长起了24位院士，10余位国家副部级以上领导，为国家建设和社会进步做出了重要贡献。

二、人才培养

学校全面贯彻党和国家的教育方针，逐步构建和完善全日制本科生教育、研究生教育、继续教育三位一体的人才培养体系。网络与继续教育学院是学校继续教育的办学实体和归口管理部门，已形成较为完善的继续教育办学运行机制。

（一）学历继续教育情况

学校构建了以电子信息学科为主、特色鲜明，工理管文多学科协调发展的继续教育专业体系。网络教育设有高起专专业13个、专升本专业14个、高起本专业14个；成人函授教育设有高起专专业5个、专升本专业15个、高起本专业15个。2个专业为陕西高校高等继续教育特色专业。

2020年网络教育和成人函授教育共招生34081人，本科占61%；年底在籍学生101662人，其中网络97165人，函授4497人。

优化本科专业布局，逐步减少专科招生，本科比例逐年增加；坚持立德树人，启动14个本科专业人才培养方案修订；开展课程思政改革，将思政教育贯穿于高等继续教育人才培养体系。

（二）非学历继续教育情况

学校坚持面向国家发展战略、陕西区域经济建设和行业发展需求，创新网络教育教学模式，打造"面授+网络""线上+线下""理论+技能"的混合教学模式，开展培训业务。2020年在教育、工程、经济、会计等四大行业开展网络培训13万余人次；教育扶贫线上线下融合培训490人次；面向全日制本科生线上开展思政课程培训1531人次。

三、质量保证

（一）制度建设

1. 管理制度不断建立健全

不断修订完善各项管理制度，新增《站点综合考核办法》《优秀校外站点评选办法》等，形成较完备的继续教育制度体系。

2. 管理流程和环节监控力度不断强化

将管理制度流程化，更新《学习中心工作手册》《函授站工作手册》，并开展专题培训，通过服务平台监控各站点规范办学。

3. 内控管理日趋规范

严格执行三重一大议事规则，重大事项经过学院党政联席会议集体决策。2020年考核优秀。

（二）师资保障

1. 师资队伍情况

现有授课教师185人，本校教师占97%，教授占比22%。聘有校内辅导教师277人，校外辅导教师1408人。

2. 完善教师选聘机制

明确聘任条件，通过教指委推荐、学院审核，方可担任课程主讲教师。辅导教师队伍由学校聘请的专职辅导教师和学习中心聘请的兼职辅导教师组成。

3. 加强继续教育教材建设

成立继续教育教材工作组，负责教材的规划、立项、编审、评奖、备案等。

（三）资源建设

以网络教育精品资源共享课为引领，推动优质数字化教学资源建设，已开发网络教育课件310余门，其中4门入选国家视频公开课和精品资源共享课；完成10门大学MOOC建设，促进继续教育与普通高等教育资源优势互通互补；将8门特色学历教育课程共享至陕西省继续教育网，促进学历与非学历教育资源共享；更新300余门课程题库，支持在线考试业务。

（四）合作办学及校外学习中心

校外站点建设严格按教育部要求和学校建站标准、程序执行。2020年新建校外学习中心7个，撤销2个，在全国24个省（市、自治区）建有111个校外教学站点。

（五）内外部质量保障

1. 严把招生入口关

规范招生宣传，审查报名资质，严格入学考试，保证生源质量。对于冒名宣传现象，学校主动澄清事实。

2. 严格站点管理

修订站点管理制度，通过年会开展思政教育和业务培训，校外站点均经过年检。深圳学习中心获"全国高校现代远程教育优秀校外学习中心"称号，瑞德函授站、宇翔函授站被评为"陕西省高等继续教育优秀校外教学站点"。

3. 发挥教指委作用

继续教育教指委负责对教学工作重大问题的决策指导，如：培养方案修订、优秀教师推荐、教学制度审议、教学过程评价、毕设把关、项目评审等。

4. 严格学籍管理

督促各站点按教育部及学校要求，提醒学生按时注册，定期清退学籍过期学生，完善学籍异动流程，及时审批报备。

5. 教学管理智能化

克服疫情影响，组织在线考试67万人次，线上毕业答辩8089人，通过信息化手段对考试和答辩进行监督。

6. 提升毕业质量

自2020年秋，所有毕业论文增加查重环节；成立毕业生审核小组，严把"出口关"；修订学位授予条件，授位率为4.7%。

7. 提升服务意识

开展教学效果满意度调查，学历教育学生满意度96.88%，站点满意度96.63%；非学历教育服务全省130余万专技人才，获省人社厅好评，学员满意度达90.8%。

8. 培训手段多样化

依托电子信息优势，创新培养方式，运用大数据、人工智能等技术，深度分析、制定个性化学习方案，提高学习效率；数次升级改造陕西省专技平台，实现全过程数字化管理、智能化监控，提升培训质量和学员满意度；注重学习平台网络运行安全，签署《网络安全承诺书》；学院获"现代远程教育试点20周年培训工作突出贡献奖"。

（六）信息化建设

以学生为中心，学校、站点和学生"三位一体"，从人工智能角度升级继续教育支撑服务平台，实现了学生的双重管理和服务升级；学习轨迹和管理操作有迹可循，学习过程和考试环节全方位管控与反馈；学习考试灵活，缓解工学矛盾，提升教师和平台管理者的工作效率。

四、社会贡献

（一）继续教育服务国家战略、行业及经济社会发展与学习型社会建设情况

学校在省专技学习平台开设 2 门公需课和工程、会计、经济、教育等 4 个行业专业课程，在线培训 13 万余人次；大力推进"互联网＋专业技术人员继续教育"，优化平台功能，丰富网络课程资源，提升运维能力，累计注册学员 130 万余人，人事单位 1.3 万余家；助力广东省"圆梦计划"，招收学员 50 名，减免学费 9 万元。

（二）继续教育资源开放服务情况

1. 向全日制本科生开放、共享资源

面向本科生开设 14 门继续教育网络课程，培训 1531 名本科生，共同推进育人工作。

2. 发起并推动高校金课联盟资源共享

作为中国高校培训金课联盟副理事长单位，积极推动校际培训资源共享，促进产教协同，助力国家人才培养，提升学校线上培训水平和社会服务能力。

（三）对口支援、教育帮扶情况

1. 助力乡村振兴

创新培训模式，线上线下结合，开展"蒲城县首届新型职业农民素质提升研修班"，培训 490 人。

2. 继续教育学费减免

对全省 29 个贫困县区专技人员实行培训学费半价优惠政策。实施"一村一名"免费大学生资助计划，为 187 名学生免除学费。

五、特色创新

（一）实践特色与模式创新

1. 引领电子信息领域 MOOC 的发展，扩大我校社会影响力

建设西电 SPOC+eMOOC 一体化平台，面向 10 万＋学生提供教育信息化服务，打造云上课堂、探索 AI＋教育教学新模式；利用 MOOC 资源和 SPOC 平台的智能化功能模块，引领电子信息领域 MOOC 发展，进一步彰显高校社会服务职能。

2. 创新教育方式，建好研学基地

采取"硬件帮扶、智力帮扶、技术帮扶"等措施，推进高等教育与农民培训有机结合；资助 10 万元在蒲城建立"西安电子科技大学农民培训远程教育研学基地"。

3. 探索兴村路径，创新培训方式

打造"农学结合、工学交替"人才培养模式，创新教学组织形式，坚持送教上门，线上线下相结合，开辟高校助力人才振兴新模式、新典范。

（二）国际交流与合作情况

校内多部门合作，为来自 14 个国家和地区的 192 名学生开展国际留学预科学生汉语语言培训，同时为 31 名海外 CCN 学生开设线上汉语课程。

（三）教育教学研究与成果等情况

积极开展教改研究，承担省级教改项目 4 项；在全校设立 34 项继续教育教改项目，资助 51 万元；获地市级以上奖励 11 项。

六、形势与对策建议

新时代高等教育高质量发展和服务全民终身学习的终身教育体系构建，对继续教育提出了新的要求。学校直面挑战与机遇，坚持立德树人，发挥电子信息学科优势，稳步发展学历教育，大力发展非学历教育，努力打造继续教育品牌，服务学校事业发展和国家终身教育体系构建。

1. 稳步发展学历继续教育，提高人才培养质量

稳定招生规模，加强站点管理，深入开展教学改革，以质量提升为抓手，强化师资选聘、加强课程思政建设，人工智能助力，防范办学风险、提升人才培养质量。

2. 大力拓展非学历继续教育，树立西电继续教育品牌

依托学科优势，大力发展基于网络学习的非学历继续教育，把教育办在社会中，探索非学历与学历教育结合、职业教育与继续教育衔接、线上线下学习融通、公益性事业与市场化机制双赢的新型运营模式，树形象、创品牌，提升办学能力、拓展服务职能、承担社会责任。

3. 助力我校"人工智能+教育"标杆大学建设

拓展建设西电 SPOC 和 eMOOC 平台，打造面向全校学生和电子信息特色高校联盟的"互联网+智能教育"平台，提供全方位的教育信息化服务。推进信息技术与高等教育深度融合，以学生为中心，实施智慧教学，进一步提升教育教学质量，助力"人工智能+教育"标杆大学建设。

陕西师范大学继续教育发展报告

陕西师范大学是教育部直属、世界一流学科建设高校，是国家培养高等院校、中等学校师资和教育管理干部以及其他高级专门人才的重要基地，被誉为"教师的摇篮"。学校有六十多年的继续教育办学历史，是西北地区普通高等院校中最早设立成人教育机构的学校。

学校聚焦教师教育办学特色，坚守"为西部服务、为中小学教师服务、为全民终身学习服务"的初心和使命，以改革创新为动力，以完善终身教育体系、服务全民终身学习为目标，自觉服务国家发展战略和地方经济社会发展需要，主动适应人民群众高质量、多样化学习需求，着力培养职业型、技术型、创新型高素质人才。

学校继续教育管办分离，设有管理部门教师教育办公室、办学机构远程教育学院和教师干部教育学院。远程教育学院主要负责高等学历继续教育和非学历远程培训，教师干部教育学院主要负责教师干部职后教育。

一、学历继续教育整体情况

（一）专业设置

2020年学校学历继续教育分为三个办学层次，采取三种学习形式，涉及53个专业，比2019年减少4个专科专业。其中网络教育高中起点专科专业12个，高中起点本科专业9个，专科起点本科专业21个；函授教育本科专业5个；业余教育本科专业6个。所开设的53个专业中，33个教师教育类专业，占比62%。

（二）人才培养

2020年学历继续教育招生共计14394人。其中网络教育招生14186人（省内11463人、省外2723人），函授业余教育招生208人。截至2020年底，学校学历继续教育在籍生共计59323人。其中网络教育58245人（省内35130人、省外23115人）；函授业余教育1078人（省内977人、省外101人）。

二、非学历培训整体情况

全年承担非学历培训161项。

开展教育部创新平台项目1个，国培计划项目8个，省培项目3个，市培项目1个，区域远程项目4个，短期面授项目2个，线下转线上项目2个。全年累计为陕西、河南、青海、甘肃等省份培训中小学幼儿园教师 3.5 万余人次。全年累计开展同步在线培训 80 余场次，组织团队/骨干/坊主集中班 19 个班次，线下集中活动 20 余次，在线主题研修活动 100 余次。

开展高校教师培训项目 7 项，教育管理干部培训项目 28 项，中小学师资培训项目 47 项，学前教育师资培训项目 30 项，社会项目培训培训 18 项，党政干部培训项目 10 个。全年累计开班 136 班次，培训学员 11426 人。

三、质量保证

通过制度规范、统筹调配、项目平台引领、办学新合力凝聚，进一步推进全面质量管理提质增效，构筑了继续教育质量保障牢固防线。

（一）制度建设

学历教育完善了《高等学历继续教育本科毕业生学士学位授予实施细则》、非学历教育出台了办学学院有关培训效果评估、质量监控、后勤服务、消防安全以及疫情防控等多个制度，完善了高等继续教育全面管理架构，初步构建了高等继续教育治理体系，提升了治理能力。

（二）师资保障

2020 年网络教育聘请授课教师 457 人，辅导教师 86 人；函授业余教育聘请授课教师 84 人；学历教育授课教师中学校教师的比例达到 90% 以上。学历继续教育教学教务管理人员共计 120 名。非学历培训聘请的授课教师均为国内知名教授专家。

（三）资源建设

持续更新学历教育课程资源，不断完善非学历培训资源，有效整合基础教育名师直播课程资源，积极构建支撑继续教育高质量发展资源体系。学历教育新建课程 11 门，完成 8 门课程移动端改造，遴选《刑事诉讼法》和《毕业论文写作略说》两门课程，开展 6 次线上直播教学。截至 2020 年底，学历教育课程资源建设共开发 545 门课程。

非学历培训资源建设按照学校基础教育资源建设年度规划，研发基础教育专题和案例资源 694 个，完成"三区三州"信息技术能力提升双师课堂和"陕西教育扶智平台"名师直播课堂资源 220 个。结合信息技术 2.0 项目中覆盖 30 个能力点课程的总要求，开发 1+4 资源包 275 个。

（四）合作办学及校外学习中心

制定了稳定生源、确保学历继续教育健康发展的具体措施，提出了强化网络教育内涵发展的建议和设想。完成陕西省 50 个教学站点的年报年检工作，完成山东省、上海市等 10 余个省市，20 多个校外学习中心年报年检工作。学校申报的"安康职业技术学院""上海数字化学习中心"在全国高校现代远程教育协作组联合《中国远程教育》杂志社开展"2020年全国高校现代远程教育优秀校外学习中心"评选活动中，被授予"2020年全国高校现代远程教育优秀校外学习中心"称号。

（五）内部外部质量保障

始终坚持以"质量提升"为导向，采取切实有力的措施，加强内外部质量监控，形成了推动继续教育高质量发展的保障体系。

强化网络教育教学过程管理，严把入口管、过程关、出口关。完成14394名新生入学资格复查，取消入学资格19人；全年毕业学生46024人，毕业率为70%；授予学士学位976人，学位授予率为8%；加大课程考试信息化建设力度，累计完成110632人次的479176科次的线上考试；注重教学实践环节管理，实现毕业论文（设计）和调查报告的全过程线上管理。加强论文查重系统应用，持续加大对毕业生论文质量的审核力度，坚持查重率不超过30%的标准不降低，对所有毕业生实施全覆盖；通过在线客服、电话、短信和微信等方式完善服务、加大督学促学力度，提升学习支持服务能力。

狠抓函授业余教育面授教学和直播教学管理。选聘和鼓励优秀教师参与面授教学工作，强化学生面授和直播教学学习过程管理，建立科学合理的面授和直播教学教师评价反馈机制，保障教学质量。

严格执行教育部及校外站点所在地教育行政主管部门的政策和规定，切实加强对校外学习站点的日常检查督导，积极配合教育部及各地教育厅的质量检查评估、各类年报年检工作。

（六）信息化建设

承担了"基于互联网的教育精准扶贫"项目——"陕西教育扶智平台"的建设任务，为助力陕西教育脱贫攻坚、推动基础教育优质均衡发展提供了重要支撑。建成了中小学教师信息化能力提升2.0培训平台，为陕西乃至西部提高教育信息化水平发挥了积极作用。完成了基于BYOD的互动教学系统——"锌课堂"在"教学反思、个性化互动和跨平台应用"等方面的功能升级，并应用于培训教学中。

四、社会贡献

（一）服务国家战略、行业及经济社会发展与学习型社会建设情况

2020年，通过学历继续教育为社会培养各类人才46024人，非学历培训中小幼教师和管理干部44673人，绝大多数毕业生和培训学员战斗在基础教育一线，彰显了教师教育的特色，获得单位及社会的高度认可。

（二）资源开放服务情况

积极响应教育部疫情防控"停课不停学"的号召，通过教师教育MOOC平台——积学堂（http://www.jixuet.net/），为全国一线中小学教师及社会学习者免费提供200余门优

质教师教育课程及专题讲座;把学校培训专题资源向青海省中小学教师义务开放,受益教师高达8800多人。2020年获得教育部全国高校现代远程教育协作组颁发的"资源共享工作先进奖"和"培训工作突出贡献奖"。

(三)对口支援帮扶情况

与中国国际文化交流基金会再度教育帮扶合作,开展了甘肃靖远县中小学优秀校长培养项目;围绕对口帮扶云南景谷县、陕西三原县、甘肃"三区三州"教育帮扶项目实施,培训中小学校长、教育管理干部近300人。紧抓教育部中小学名师领航工程项目实施推进,对口帮扶怒江州民族中学及怒江州泸水市第一完全小学。

依托陕西教育扶智平台,实施了"名师+""名校+""名教研员+"结对帮扶工程,完成了名师直播公开课290节,点播公开课366节,参与活动教师累计55425人次。坚持以高水平科学研究推动高水平教育精准帮扶,启动了"陕西基础教育网络扶智应用专项研究课题",助力贫困地区教师成长,2020年获得教育部全国高校现代远程教育协作组颁发的"教育扶贫突出贡献奖"。

五、特色创新

(一)实践特色与模式创新

《以考试安全为突破口全方位构建考试信息化体系》和《依法治校背景下学籍学历管理实践探索》两个案例入选教育部全国高校现代远程教育协作组评选的"中国高校远程与继续教育优秀案例库"。"基于互联网的教育精准扶贫建设项目"荣获陕西省委网信办2020年智慧民生优秀成果和最佳实践案例。

陕西教育扶智平台秉承"互联网+教育扶贫"的思路,弘扬西部红烛精神,打破时空限制,探索形成了城乡强弱校之间"双师共教、学生共学"的"双共"创新型教学模式。教育部官网,中国教育报、陕西日报、陕西省教育厅官网等多家媒体都对基于互联网教育精准扶贫结对帮扶促进陕西基础教育优质均衡发展进行了多次宣传与报道。

(二)教育教学研究与成果

2020年,坚持继续教育教学理论与实践研究,《现代远程教育校外学习中心管理模式研究》和《成人教育学硕士"双导师制"创新培养模式》分获陕西高等继续教育教学成果二等奖和优秀奖。《"未来学校"背景下的成人学习方式的变革——基于知识观重构的视角》论文发表于《中国成人教育》期刊。

面对建设教育强国的新使命,面对新时代对继续教育的新要求,面对人民群众对优质继续教育的新期盼,我们将在打造高水平师资队伍、建设高质量课程资源、创新信息化服务体系、营造高品位育人文化方面进一步研究和探索。

长安大学继续教育发展报告

一、总体情况

（一）学校概况

长安大学直属教育部，是教育部和交通运输部、自然资源部、住房和城乡建设部、陕西省人民政府共建的"211工程"重点建设大学，"985工程优势学科创新平台"建设高校，国家世界一流学科建设高校。建校70年来，长安大学秉承"工科优势突出、理科基础深厚、文科繁荣发展"的学科布局，逐步发展成为我国交通运输、国土资源、城乡建设三大行业领域高层次人才培养、高水平科学研究、高质量社会服务的重要基地，已为国家培养各类毕业生30万余人。学校设有23个教学院（系），6个国家级重点学科，26个部省级重点学科，现有全日制学生36000余人，专任教师2100余人。学校从1962年开始举办成人高等教育，曾荣获国家教委"全国成人高等教育优秀学校""全国高等教育学籍学历管理工作先进集体"，是陕西省人社厅专业技术人员继续教育基地、陕西高校农民培训基地、交通运输部西部培训项目指定高校、交通运输部安委办认定的交通运输从业人员安全素质教育培训高校和陕西省退役军人培训联盟理事单位等培训基地。

（二）总体规划与办学定位

学校坚持以习近平新时代中国特色社会主义思想为指导，落实立德树人根本任务，以实施全日制高等学历教育为主，适当开展继续教育等其他形式的高等教育，服务全民学习、终身学习。

学校根据社会需求，稳步发展以函授教育为主体的学历继续教育，积极推进现代远程教育，不断发展非学历教育培训，持续提升学校继续教育人才培养质量和服务社会能力，为建设学习型社会、构建终身教育体系做出积极贡献。

二、专业设置

（一）学历继续教育专业设置情况

学历继续教育专业设置符合教育部《高等学历继续教育专业设置管理办法》要求，所有本科专业均为普通高等教育已开设专业。2020年，学历继续教育设置招生专业36个，其中本科9个、专科6个、专升本21个，主要涉及工学、管理学和法学3个学科门类，其中工科类专业约占80%。专业设置坚持以行业需求为导向，发挥学科优势特点，强化专业特色建设，为在职和从业人员更新知识、增强技能、提高素质、提升学历服务，为搭建终身学习立交桥、建设学习型社会服务。

（二）学历继续教育专业调整情况

2020年，根据学历继续教育专业建设与发展规划，结合办学实际，比去年增加专升本专业1个。

三、学生情况

（一）总体规模

2020年，学历继续教育函授招生1974人，其中本科108人、专科181人、专升本1685人；省内招生1003人，省外招生971人。在校生3053人，其中本科624人、专科306人、专升本2123人。2020届毕业生1607人，其中本科92人、专科78人、专升本1103人。

（二）生源分析

学历继续教育生源来自全国18个省市，分布在29个函授站、30个专业，其中本科专业7个、专科专业4个、专升本专业20个。绝大多数来自交通、地质、建筑及管理类行业。

四、质量保证

（一）制度建设

2020年，学校修订完善了非学历教育培训相关管理办法和规定7项，现有涵盖招生、教学教务、质量保障、信息化建设和非学历培训等方面32项规章制度。

（二）师资保障

2020年，学历继续教育聘任教师973人，其中授课教师742人、辅导教师231人；高级职称626人，中级347人。教师队伍中，本校授课教师38人，辅导教师30人，高级职称23人，中级45人。函授站授课教师704人，辅导教师201人，高级职称508人，中级397人。本校授课教师由相关二级学院选派；函授站授课教师由各站遴选推荐，学校统一聘任。

（三）资源建设

学历继续教育不断加强信息化教学资源建设，2020年，网络课程总数达到76门，较上年度增加3门，基本覆盖了主干专业培养计划中设置的公共基础课、专业基础和专业课。其他专业培养计划中的规定课程，全部有配套的电子课件，通过网络或多媒体技术用于课堂教学。

（四）设施设备

继续教育学生与日校生平等共享学校图书馆、实验室、自习室及其他公共教学设施。继续教育学院现有办公面积 $1050m^2$，$90m^2$ 教室 3 个，$60m^2$ 教室 2 个，$60m^2$ 多功能录播教室 1 个，教学实验仪器 82 台。

（五）学习支持服务

学历继续教育采用混合式教学模式，提供在线学习平台、课程教学资源、个性化学习通道；提供移动学习服务、在线辅导答疑、主动支持服务，方便学生自主灵活学习，有效缓解工学、家学矛盾。在日常管理过程中，通过官方网站、微信公众号、QQ 群、服务电话和电子邮箱等方式，与函授站和学生进行双向交流沟通，及时发布教学相关信息，及时处理学生诉求，实现教学过程管理和学习支持服务的有机统一。

（六）内部质量管理

坚持以人才培养为中心，建立健全教育管理规章制度和教学质量监控评价体系。完善培养方案，优化课程设置，突出职业性、应用性和实践性特点；严把教师遴选关口，精心选聘优秀教师，打造高水平教师队伍；严格执行教学计划，加强教学环节检查；规范课程考核，严肃考风考纪，稳定考试秩序；落实函授站建设管理规定，开展核心课程抽考巡查；召开函授站工作会议，听取意见、解决问题。

（七）外部质量评估

学历继续教育每年接受各地各级教育行政主管部门年审、年检。2020 年校属函授站办学情况外部质量评估全部为合格。

陕西省专业技术人员继续教育基地通过了陕西省人力资源和社会保障厅年度考核；学校农民培训基地接受陕西省教育厅监督与考核。

五、教育培训

（一）总体规模

学校积极搭建非学历继续教育培训平台，推出岗位培训、资质认证培训和"定制式"特色培训等后继续教育项目，为公路交通、国土资源与环境、城乡建设三大行业的发展培养出了大批杰出专业技术人才。

2020 年开展非学历培训班 45 班次，培训学员 5553 人次。培训对象涉及党政干部、行业管理干部、行业技术骨干、农村基层干部等，其中公路交通类培训 16 班次，培训学员 1679 人次；城乡建设 16 班次，培训学员 2239 人次；对口扶贫类培训 8 班次，培训学员 1380 人次；党政干部类 5 班次，培训学员 255 人次。培训类别分为政府委托培训、企业单位委托培训、事业单位委托培训和其他类培训。共聘请教师 105 人，高级职称 101 人，专职讲师 4 人。其中外聘 41 人，高级职称 37 人，专职讲师 4 人。

(二)培训模式

培训模式包括面授、在线授课两种形式,面授方式包括校内培训和校外培训两种。

(三)服务社会

长安大学始终坚持"立足陕西、面向全国、服务行业、服务地方"的办学方针,坚持在服务中求支持,在贡献中求发展。为行业和企业提供了人才培养支撑,发挥学校教育资源优势助力脱贫攻坚和乡村振兴,全方位开展联合办学,服务地方经济发展,服务行业发展,通过"走出去,请进来"模式,为专业技术人员开阔视野,更新知识结构。

六、特色创新

(一)实践特色与模式创新

继续教育紧密结合国家"交通强国"战略和"一带一路"倡议,充分发挥学科优势和行业特色,全面加强校企、校地合作,积极对接高职高专院校办学,探索新的办学途径,深化联合培养,服务社会发展需求。

(二)科学研究与成果等情况

2020年,学校继续教育层次两本教材获得陕西省普通高等学校优秀教材。在研项目5项,在教育现代化等刊物发表论文3篇。

七、问题与对策

(一)存在的主要问题

学生主要为三大行业在职和从业人员,工学、家学矛盾突出、主动学习意识不强、工作单位支持力度不够等,影响了学历继续教育的办学质量;受高等教育大众化、普及化、办学模式单一等社会因素的影响,学历继续教育招生规模出现萎缩态势,缺乏有效政策支持;现代信息技术尚未完全融入继续教育教学、管理和支持服务之中,教育资源开放共享程度和信息化建设水平与社会发展需求不相适应。

非学历继续教育品牌作用不够突出,非学历教育资源欠缺,校内培训硬件条件不足,培训项目的模块化、信息化和制度化建设还有待加强,产教研用协同机制的前瞻性、创新性和开放性有待提升。

(二)发展对策

以习近平新时代中国特色社会主义思想为指导,认真贯彻落实习近平总书记关于教育的重要论述,落实立德树人根本任务,坚持终身教育理念,立足学校学科优势和专业特色,加强内涵建设,发挥在线教育优势,完善教育供给机制,创新教育模式,提升服务水平,推动建设高质量继续教育体系,实现学历继续教育与非学历继续教育协调发展,提高继续教育教学质量和办学社会效益。

西北大学继续教育发展报告

一、总体情况

（一）学校概况

西北大学肇始于1902年的陕西大学堂和京师大学堂速成科仕学馆。现为首批国家"世界一流学科建设高校"，国家"211工程"建设院校、教育部与陕西省共建高校。在长期的发展历程中，西北大学形成了"发扬民族精神，融合世界思想，肩负建设西北之重任"的办学理念，汇聚了众多名师大家，产生了一批高水平学术成果，培养了大批才任天下的杰出人才，享有良好的学术声誉和社会声望，被誉为"中华石油英才之母""经济学家摇篮""作家摇篮"。继续教育学院依托西北大学多学科的综合优势，近年来，积极开展网络远程教育学习支持服务，改革教学内容与教学形式，以多领域、多层次、多形式的继续教育服务于区域经济建设和社会发展中，累计为地方、行业、企业培养培训了各类专门人才近十万人次。现为教育部高等学校继续教育示范基地，陕西省继续教育学会副会长单位。

（二）继续教育总体规划与办学定位

继续教育是西北大学人才培养和服务社会的重要组成部分，是全日制大学教育的有益补充。坚持"以质量求生存，以特色求发展"的办学理念，根据学校的学科与专业优势，围绕社会需求，以学历继续教育为主线，以非学历继续教育为重点，以人才培养质量为核心，立足省内，辐射省外，稳定招生规模，为服务地方经济建设提供人才支撑，更好地服务区域经济社会发展，努力构建服务全民的终身学习体系。

（三）继续教育办学体制与管理机制

我校继续教育办学实行学校为主体、社会力量参与的办学体制。由学校统一领导、统筹规划全校继续教育工作。学校继续教育学院承担学历继续教育的具体办学，统一管理全校的非学历继续教育，校内其他二级院系、培训基地亦有开展非学历继续教育。形成了以继续教育学院为主导，专业院系为主体的继续教育管理运行体系。

二、专业设置

（一）学历继续教育专业设置情况

截至2020年12月，学历继续教育专业共计50个，包含1个省级特色专业。其中"专升本"层次 31 个,"高起本"层次 3 个,"高起专"层次 16 个。涵盖了文史类、经济管理类、理工类、法学类、中医药类、艺术类等六大科类。学校积极响应国家政策,主动适应经济社会发展的需求变化,适时调整专业设置。2020 年没有新增专业,淘汰了与经济发展不相适应、社会需求不足的专业,停止图文信息处理、应用电子技术等 2 个专科专业,取消了专升本层次会计学专业的业余学习形式。学历继续教育开设的专业均为我校普通高等教育开设的专业。经过调整,专业结构更加合理。

(二)人才培养方案制定及调整情况

优化了成人高等教育课程体系,力求培养目标和课程设置符合社会需求。修订了所有专业的教学计划,统一每个专业公共课所开课程的名称,用一些符合当下社会需求、新引进的课程资源代替了老旧课程。将每个学期分布的课程数量进行了调整,尽量每个学期均匀分布。进一步加大网络课程资源匹配力度,对所有专业线上教学课程与学时进行了调整,线上学习覆盖面大幅提升,在保证教学质量的前提下,有效解决了学生的工学矛盾。

三、学生情况

截止到 2020 年 12 月底,我校学历继续教育招生 9592 人,其中:专科起点本科层次 6955 人,高中起点本科层次 188 人;高中起点专科层次 2449 人。2020 年我校学历继续教育各类在籍学生 12000 人,毕业生 2318 人。我院学历继续教育学生以专升本为主,约占在籍总人数的 70%,专科人数逐年减少。在籍学生中女生占比 60.37%,男生占比 39.63%,女性对学历的需求远远高于男性;在籍学生平均年龄 28 岁,20 岁及以下占比 2.96%,21~30 岁占比 68.80%,31~40 岁占比 26.03%,40 岁及以上占比 2.21%。在籍学生 21~30 岁占比高于三分之二,说明年轻在职人员对学历继续教育需求强劲。

四、质量保证

(一)制度建设

我校继续教育管理规范、制度健全。目前制订了《西北大学函授教育管理文件汇编》《学位申请指导手册》《西北大学学历继续教育教学过程实施细则》,从学生入学、学籍管理、教学质量监控到毕业证的领取,做到各个环节的管理都有章可循。2020 年学校继续教育学院重新编印了《西北大学关于举办非学历教育的管理规定》《西北大学继续教育学院规范对外合作举办非学历教育管理办法》《西北大学继续教育学院培训工作制度汇编》等制度文件,进一步完善了继续教育管理规章制度体系。

(二)师资保障

学历继续教育采用线上线下混合式教学模式,线上课程主要由西北大学依托校内各院系教师进行主讲，其他教师由校外教学站点就近从高等院校、科研院所选聘两种模式。2020年校内授课专兼职教师52人，辅导教师4人，管理人员12人。授课教师教授18人，副教授19人，高级工程师2人；线上课程辅导教师均由中级职称以上教师承担。校外教学站点聘请专兼职辅导教师321人，其中专职辅导教师139人，兼职辅导教师182人，专兼职管理人员79人，其中专职管理人员50人，兼职管理人员29人。

（三）校外教学站点管理

学校坚持"稳定、规范、提高"为继续教育办学总体基调，学校对所有校外教学站点进行了年度集中检查，查找教学站点中存在的问题。终止了两家校外教学站点的合作办学，确保各校外教学站点严格执行上级文件精神和学校各项管理规章制度。教学站点管理方面，一是继续规范办学行为，加强日常管理，进一步细化了校外函授教学站点监督考核工作，将站点落实完成主办院校各项工作和响应执行情况作为重要指标进行考核；二是强化校外教学站点人员配置，要求各校外教学站点均需配备专职的招生宣传、教学教务，学生管理等工作人员。人员数量的配置能够满足在籍生规模；三是逐步形成权责明晰的管理模式，根据《陕西省高等学校继续教育校外教学站点管理办法》要求，进一步明确了各校外教学站点履行站点教学管理第一责任人的要求。

五、教育培训

（一）总体规模

我校非学历继续教育办学主体呈多元格局。现有7个国家级培训基地、23个省级培训基地、多个校企合作培训基地和校内培训基地，分属不同院系和单位管理。我们与国家部委、省市党政部门、群众团体、中央大型企业和省级骨干企业、非政府组织和非营利组织均建立了广泛的人才培训合作关系。为深入实施专业技术人才知识更新，进一步加强服务陕西地方经济社会发展，2020年12月获批陕西省人力资源和社会保障厅第六批"省级专业技术人才继续教育基地"。

（二）培训项目及班次

逐步构建了特色明显、立足陕西、面向西部、辐射全国的办学体系，形成了能源开发与化工、党政管理干部、文化与文博产业、企业经营管理、知识产权、高校与中小学教师系列等六大品牌培训项目。2020年度总计开班309期，培训52549人次。

六、特色创新

学历继续教育方面，以"互联网+继续教育"为契机，学校进一步加大了对继续教育信息化基础设施和教育信息资源建设的力度。完善教务管理平台和网络教学平台建设，整合校内外资源，打造精品课程，现有课程资源873门，网络教学覆盖率大幅提升，进一步缓解成人学员的工学矛盾。非学历继续教育围绕历史文化、红色文化、经济文化等方面建立了多处实践教学基地,采用课堂教学和实践教学相结合,以互动式、案例式、体验式、讨论式等多种教学方式,以需求为导向准确的呈现教学内容,充分调动学员的学习主动性。

七、问题与对策

(一)存在的主要问题

学历继续教育方面:一是聚焦社会需求和行业特点还不够,在发挥综合性大学举办学历继续教育优势上缺乏一定的竞争力;二是教学内容单一与学习者的期望有一定差距;三是与校内各院系协同办学机制尚不完善,校内各院系对继续教育专业优质师资的支持还不够。

非学历继续教育方面:一是各岗位人员配备严重不足,员工疲于带班及日常工作,业务提升精力和时间有限,已严重制约培训工作健康发展;二是体制机制灵活性不高、不够健全,工资体系虽体现多劳多得,但考核机制落实还存在问题,奖励机制欠缺,培训项目的管理、运行和服务能力总体还较为薄弱;三是培训课程体系和资源建设能力需要进一步提高,尤其是在师资开发和培养方面不够,特色和实效性加强;四是对外宣传和市场拓展力度不够,主动寻找市场的措施和思路不够开拓。

(二)发展对策

学历继续教育方面:进一步明确学历继续教育办学任务,主动适应国家战略和经济社会发展需要,着力把继续教育纳入学校整体发展规划与人才培养体系中,对接社会需求和行业需求;进一步优化完善人才培养方案,优化课程设置与教学内容,以满足新时代继续教育人才培养的需求;学校将加强师资库建设,加强与各院系的联系和沟通,探索将继续教育教学学时纳入教师学期教学考核及职称评定体系中,鼓励本校教师积极参与到继续教育教学服务中。

非学历继续教育方面:着眼于继续教育服务学校"双一流"建设大局,深化国内、国际交流与合作,引导和鼓励举办非学历教育的院系开发具有市场适用性和竞争力的培训项目,实施"一院一品"战略,逐步打造我校高层次培训品牌,实现社会效益和经济效益双丰收。

西安理工大学继续教育发展报告

一、学校情况

西安理工大学是中央与地方共建，陕西省重点建设的高水平大学，是国家中西部高等教育振兴计划——中西部高校基础能力建设工程实施院校，陕西省"国内一流大学建设高校"。2020年7月，学校成为工信部、陕西省共建高校。学校是我国西北地区水利水电、装备制造、印刷包装行业高级专门人才的重要培养基地和科研中心之一。学校建有金花、曲江、莲湖3个校区和1个大学科技园。有教职工2600余人，其中高级职称940余人。西安理工大学成人高等继续教育始办于1958年，是承担成人高等继续教育较早的院校之一。

二、专业设置

学校高等学历继续教育有函授、业余两种学习形式，设有高起专、高起本、专升本三个层次。共有61个专业，其中高起专专业16个，高起本专业22个，专升本专业23个。专业设置突出学校机械、电气、土木、水利水电、印刷包装、管理工程、计算机等专业特色。

积极布局人工智能、大数据等战略性新兴产业相关专业，淘汰不适应经济社会发展的专业，使专业建设有章可循、健康发展。2020年我校继续教育获批新增专业4个，分别是软件工程（专升本）、网络工程（专升本）、软件工程（高起本）、网络工程（高起本）。

三、人才培养

（一）学历继续教育情况

截至2020年底，学校继续教育在学人数共24842人，其中函授24587人（高起本1454人，高起专17226人，专升本5907人），业余255人（高起本82人，高起专17人，专升本156人）。专业分布：法学310人，占比1.25%；理学125人，占比0.50%；工学20577人，占比82.83%；管理学3707人，占比14.92%；艺术学123人，占比0.50%。

2020年，学校继续教育共招生10009人，其中函授教育招生共9833人（高起本427人，高起专5716人，专升本3690人），业余教育招生共176人（高起本26人，专升本150人）。陕西省内招生7866人，省外招生2143人，省内外招生比例为3.6∶1。

2020年，学校继续教育毕业生共有6061名，其中函授5829人（高起本105人，高起专 4810 人，专升本 914 人），业余 232 人（高起本 54 人，高起专 57 人，专升本 121 人）。全年授予学士学位 93 人。

（二）非学历继续教育情况

2020 年，我校举办了"略阳县天津职业技术教育中心学校教师职业能力提升培训班"，承办了"2020 年平利县退役军人创业技能提升培训班"。

另外，继续教育学院下半年积极开展培训工作调研学习及合作洽谈，积极联系相关行业单位培训项目。同时，主动开发、更新非学历继续教育项目，形成新的培训工作手册，为下一步非学历继续教育培训的发展创造条件。

四、质量保证

（一）制度建设

学校建立了完善的继续教育办学、教学与管理制度体系，有效地规范了继续教育的办学行为，确保教学管理的规范化。2020 年，我校继续教育教学指导委员会成员进行了补充调整，17 名教师组成新一届西安理工大学继续教育教学指导委员会。

（二）师资保障

2020 年，我校审核了函授站上报的辅导教师、任课教师资质，聘任专兼职授课、辅导教师共 1964 名，其中正高职称 56 人，副高职称 443 人，中级职称 1147 人，其他 318 人。共有教学管理人员 253 人。

（三）资源建设

2020 年，学校继续教育在线学习平台充分发挥优势，2019 级、2020 级学生全部利用在线学习资源学习。同时，学校新选定 27 门精品课程开始线上资源课建设，不断完善和丰富学校数字化课程资源。

（四）校外教学站点建设和管理

学校新站建设和站点管理严格执行《陕西省高等学校继续教育校外教学站点管理办法》和我校函授站建设有关规定。根据学校发展需要，学校对 2020 年申请建站的合作单位进行了严格审查和现场考察。经学校研究同意并报陕西省教育厅、广东省教育厅审核批准，我校获批本省 3 个函授站和广东省 1 个函授站。

（五）内部外部质量保障

加强招生工作的规范管理，制定了《西安理工大学继续教育学院招生管理办法》，并与各函授站签订规范办学承诺书，对各函授站的招生工作进行监控和指导。

加强教学过程管理，认真做好教学检查、指导工作。严格考试纪律，制订考试工作安排，成立考试巡查工作组，加强试卷保密工作。

加强毕业资格审核、学位申请资格审核工作，程序规范公开，未发生违规发放毕业证书、学位证书问题。

聘请继续教育管理经验丰富的专家担任质量督导专家，聘请专业院系专家教授组成新一届学校高等继续教育教学指导委员会，加强对继续教育教学工作的指导。

坚持党的教育方针，坚持立德树人，实现全员全程全方位育人，指导函授站党建与学生思想政治教育结合，将思想政治教育融入课堂教学中，做好学生的思想政治教育和安全稳定工作。

陕西省教育厅分别于2010年、2016年进行了全省继续教育校外教学站点检查评估工作。我校继续教育工作得到省教育厅的肯定，两次检查均为合格。2020年，我校所有函授站均通过当地教育主管部门的年检和备案工作。

五、社会贡献

学校继续教育注重行业与企业需求，并与国家发展战略需求相结合，积极服务"一带一路"，服务"中国制造2025"，服务国家经济社会发展。

2020年，继续教育学院积极参与扶贫工作，先后3次到汉中略阳何家坪村开展精准扶贫入户慰问工作；支持陕西高校农民培训基地建设，积极开展教育扶贫，举办了略阳天津职业教育中心教师综合能力提升培训班；全年为扶贫帮扶工作投入物资及资金支持总计3万余元，其中为对接帮扶户提供产业扶持资金5500元。

六、特色创新

（一）2020年疫情期间，我校积极努力工作，保证了招生规模稳定

一是积极开展省内外新建函授站工作，新增4个函授站；二是学院领导亲自督促走访，推动招生宣传工作；三是做好招生咨询，热情为考生服务；四是加强和函授站点的联系，做好站点的招生工作指导。

（二）推进"线上+线下"混合教学模式改革

不断总结改进在线教育平台的建设和管理，为广大成人学生提供了随时随地可学的丰富在线课程资源。2020年疫情期间，在线平台发挥优势，有效地保障了教育教学工作顺利开展。

（三）积极开展教育教学改革项目研究工作

2020年完成省教育厅高等教育教学研究改革项目开题3项；完成省高等继续教育学会项目开题1项。

七、问题挑战

（一）继续教育管理模式亟待创新

随着函授站点的增多，学生规模扩大，继续教育教学等管理任务增加，质量保障压力加大，传统的函授站管理模式遇到挑战，亟须创新管理模式，实行精细化管理，提高管理效率，为学生提供更好的支持服务。

（二）非学历教育培训仍然是学校继续教育发展的短板

一方面，学校进行非学历教育培训的场地等培训条件不足，另一方面，学校对特色行业培训项目开发不足，限制了非学历教育培训的发展。

（三）"线上+线下"混合式教学的管理存在一些问题，仍需完善

在线教育平台的支持服务仍要改进，课程资源需要不断完善和更新。

八、政策建议

（一）发展思路和举措

1. 稳定招生规模，加强内涵建设、质量建设

今后主要目标是在稳定招生规模的基础上，优化生源结构，优化函授站布局，加强继续教育质量建设，推进管理模式创新，通过规范化、科学化、信息化、精细化管理，确保继续教育的稳定发展。

2. 开阔思路，争取非学历教育培训的突破发展

通过积极开发具有我校特色的培训项目、改善办学条件、积极开拓市场，探索合作新模式，努力使非学历教育培训形成规模和体系。

3. 加强在线教育平台建设和课程资源建设

一方面，继续完善在线教育平台教学和管理服务功能，使在线教育学习和管理制度化；另一方面，做好我校的在线课程资源建设，重点是我校专业特色的课程体系建设，提高我校在线教育课程资源的质量和水平。

4. 加强交流与合作，提高办学竞争力

紧跟继续教育发展的形势，加强与各院校之间的合作，通过调研学习，努力拓宽办学思路，探索教育教学新模式，为继续教育发展注入新的活力。

（二）政策建议

建议尽快推进继续教育招生制度和办法的改革。现在多种招生方式并存，极不公平也不利于成人教育的发展，建议在高等继续教育招生中实行分类招生，多元化录取的方式，"宽进严出"，各类成人招生实施统一的政策，促进高等继续教育健康发展。

西安建筑科技大学继续教育发展报告

一、学校情况

西安建筑科技大学1956年由原东北工学院、西北工学院、青岛工学院和苏南工业高等专科学校的土木、建筑、市政系整建制合并而成。现有20个学院，65个本科专业面向全国第一批招生，现有全日制本科生19000余人，研究生7800余人，留学生近100人，继续教育在籍学生11430人。

西安建筑科技大学于1957年开始创办高等继续教育，现已形成多层次（高中起点专科、高中起点本科、专科起点本科）、多形式（函授、业余）、多规格的高等继续教育体系。学校在全国各地设有30余个函授站，开设40余个专业，同时开办有自学考试辅导及各种类型的职业培训等。

二、专业设置

2020年学历继续教育高起本专业为14个，专升本专业为15个，高起专专业为16个。专业设置与社会需求相适应，以工程学科为主体，以建筑、土木类学科为特色，兼有管理、机械、电气、冶金等学科。

三、人才培养

（一）学历继续教育情况

学校学历继续教育办学规模与办学能力相适应，学习形式分为函授和业余两种，培养层次分为本科、专科和专升本三个。2020年学历继续教育招生4257人，省内招生1808人，省外招生2449人，其中本科153人、专科467人、专升本1251人；2020年，继续教育在籍学生11431人，其中本科153人、专升本1251人、专科467人。

（二）非学历继续教育情况

学校构建了针对不同行业、不同层次、不同专业需求的，"按需定制"的线上线下混合式培训模式，提供高品质、全场景、个性化的学习体验，同时校企共建实训基地，共享科研成果，做到了优势互补、资源共享、互惠互利、合作共赢。

四、质量保证

（一）制度建设

为进一步规范学校成人高等教育教学过程，提高教学质量、规范办学过程，修（制）定了一系列管理文件。2020年修订了《西安建筑科技大学成人高等教育学生学籍管理实施细则》等7个规章制度，同时在日常管理过程中认真落实并执行。

（二）师资保障

依托于学校的师资力量与资源优势，继续教育学院不断强化高等继续教育师资队伍建设，建设了一支以专职教师为骨干、兼职教师为辅助相对稳定的、与高等继续教育办学规模相适应的专兼职教师队伍。2020年学校选派55余名教师到省内外函授站授课，专业涉及土木工程、工程管理等。

（三）资源建设

学校共有四种网络课程资源形式。一是学校自主开发的网络课程，有土木工程制图、电工学等200余门网络课程。二是学校购买和租赁的网络课程，有青书在线学习平台、尔雅网络平台、智慧树网络平台、清华大学教育课程资源、中国高等学校教育资源网等。二是学校共建共享的网络课程，学校参与了"现代远程教育工程""大学数字博物馆建设工程"项目。四是其他网络教学资源，包括：教育部IT网络课件、MYOOPS影像课程、开放式课程、数据库资源、电子期刊、电子图书等。

继续教育学院主编了《工程经济与项目管理》等9部普通高等教育工程应用型系列规划教材，学院李慧民教授主编了《西部农村基础设施建设》等4部新型城镇化建设工程系列丛书，这些教材应用于教学实践中，效果良好。

（四）合作办学及校外教学站点建设和管理情况

学校与中国冶金科工集团有限公司合作办学，成立中冶集团人才学院，为中冶集团培训高级管理人才。与北京首钢建设集团、华北冶建、十三冶等企业合作办学，满足冶金企业员工提升学历的需求。与陕西建设技师学院、陕西铁路工程职业技术学院、安徽建工技师学院、新疆建设职业技术学院等学校合作办学，为地方经济建设培养人才。

（五）学习支持服务

学校设有学习支持服务机构：宣传与网络中心、远程教学中心、远程注册中心，设置专职人员，专门负责学习支持服务系统建设。学校健全网上和网下结合、实时与非实时结合，全方位、立体化的学习支持服务体系。

（六）内外部质量管理

坚持课堂教学质量评价工作。每学年给学生和授课教师发放教学质量评估表和教师自查表，了解学生和教学情况，不断提高教学质量。2020年因新冠疫情影响，上半年的会议是以线上为主，全年召开了 1 次函授站长会议、1 次教学管理人员会议，5 次教学督导组会议，安排部署教学改革和建设工作。

每年我校在指导并协助完成函授站点年检工作的同时，还要参与函授站所在省教育主管部门的评估。2020 年，圆满完成了陕西、安徽、甘肃、河北、新疆、湖南、江苏等省级教育主管部门对我校 21 家函授站进行的年检年报备案工作。

（七）信息化建设

我校信息网络中心管理有 60 间多媒体教室，拥有容纳 240 多人的网络机房，新技术实验室、网络教学直播机房及建筑数字博物馆研究制作室等特色场所。学校网络教学平台以青书网络在线学习课程为主，其他类型的教学平台和教学资源为辅。建有继续教育学院网站。中国西部开发远程学习网（CDDLN）陕西远程学习中心设在我校。

（八）经费保障

2020 年学费收入 630.08 万元，学费上缴学校金额 163.82 万元。

五、社会贡献

（一）继续教育服务国家战略、行业及经济社会发展与学习型社会建设情况

我校主动服务国家战略，为地方经济发展提供高质量的人才供给，举办了乡村振兴战略下的特色小镇培训、人才强国战略下的首钢高管培训、西部大开发战略下的环境保护培训、"一带一路"倡议下的互联网＋推动经济新发展等培训班。

（二）继续教育资源面向校内、社会开放服务情况

积极组织学生参加执业资格考试培训、全国计算机等级考试、全国普通话水平测试。面向政府职能部门和企事业单位，开展陕西省干部教育培训、企业定制培训、建设行业执业资格培训，积极参与地方和行业建设，服务社会经济发展。

（三）对口支援、教育帮扶情况

开展文化共建帮扶活动，助力打赢脱贫攻坚战。积极做好神木市中小学艺术类教师、心理健康教师的培训工作，为神木市乡村振兴工作提供方案，向神木市高家堡镇小学图书室捐赠图书，助力当地脱贫攻坚。

六、特色创新

（一）实践特色与模式创新

积极推进专业建设，打造优势特色专业，进一步完善人才培养方案，促进人才培养与行业及区域经济社会发展的对接。优化"线上"+"线下"的混合教学模式，实现学历教育与技能提高的融合发展，进一步提升服务区域经济社会发展的能力。

（二）国际交流与合作情况

在国际合作领域，学校先后与美国、英国、西班牙、马来西亚、韩国、新西兰、澳大利亚、台湾地区多所高校缔结为友好合作院校，并与这些高校在师生交流、联合培养、科技信息、文化交流等领域建立了多渠道、多层次、多方位的合作。

（三）教育教学研究与成果等情况

学校积极组织教师申报参与陕西省教育厅、陕西省高等继续教育学会教育教学研究项目，项目涉及继续教育国际化水平研究、继续教育人才培养模式研究、继续教育混合式实验教学模式研究等内容。

七、问题挑战

成人教育面临高等教育扩招、报名人数减少、教育成本上升、远程教育兴起、现代教育技术更新、学生多样学习需求等挑战，需要我们创新办学理念，加强招生宣传，采用现代化教学手段、实现在线互动学习，引导学生自主学习，同时，顺应老年教育、休闲教育、国际合作交流等需求，应加强合作办学，开发中高端培训，扩大办学的社会效益。

八、对策建议

（1）成人学历教育面临生源规模持续缩减的压力，需从根源上调整电大开放教育、远程网络教育、自学考试等教育形式的规模比例。

（2）成人高等教育相比其他教育形式，需要参加全国成人高考，入学门槛偏高，宜公平竞争，建立宽进严出的注册入学制度。

（3）成人高等教育地位偏低，影响学习型社会的构建，需要政府和社会更多的政策和舆论支持。

陕西科技大学继续教育发展报告

按照《陕西省教育厅办公室关于做好 2020 年度高等继续教育发展报告编制工作的通知》（陕教高办〔2021〕10 号）要求，对我校 2020 年度高等继续教育发展目标、办学结构调整、继续教育转型发展等方面进行了总结，报告如下。

一、学校概况

陕西科技大学是我国西部地区唯一一所以轻工为特色的多科性大学，是国家"中西部高校基础能力建设工程"建设高校，是"十二五"期间陕西省重点建设的高水平大学，是陕西省"国内一流大学建设高校"，是陕西省人民政府与中国轻工业联合会、中国轻工集团公司共同建设的重点高校。学校创建于 1958 年。学校设有包含教育学院（继续教育学院、职业技术学院）等 16 个学院（部），有博士后科研流动站 3 个，博士学位授权一级学科 4 个、二级学科 20 个，硕士学位授权一级学科 19 个、二级学科 88 个，本科专业 63 个。在近六十年的发展历程中，陕西科技大学培养了 15 万名优秀人才。

继续教育学院是陕西科技大学成人学历教育的主办单位，依托学校雄厚的教学资源，从事成人全日制、夜大、函授等学习形式的本科、专科、专升本学历教育，拥有学士学位授予权，涵盖理工、文史、管理、艺术等多学科 57 个专业，同时联合开展远程教育，承担陕西省自学考试两个专业的实践环节考核。继续教育学院校本部建筑面积 1972 平方米，办公面积 970 平方米，多媒体教室 3 间，教室 9 间，微格教室 3 间，机房 5 间（252 台），报告厅 1 间。至今已培养本、专科类成人高等教育毕业生 2 万余名。

我校继续教育学院作为一个二级学院，在学校授权范围内自主管理，统筹协调学校各专业面向社会服务。我校继续教育学院提出的十三五规划目标是："十三五"期间，继续教育每年举办行业培训五期，各类短期培训班三期，培训能力 450 人，组织国家社会考试两次，参加考试人数突破万人。继续教育以行业培训、网络培训、自学考试为主渠道，横向发展。构建职业教育与继续教育融合，体现终身教育理念，符合时代特征，多元立交的发展格局。

二、学历教育

按照我校高等继续教育发展规划，妥善处理规模、质量、效益之间的关系，认真分析成人学历教育趋势，规范教学管理以保证教学质量和学校声誉。我校积极调整发展方向的同时于 2015 年开始暂停了高等继续教育招生工作。截至 2020 年底，我校高等继续教育在籍学生 208 名，其中本科 118 名，专科 79 名，专升本 11 名，分布于陕西、广东深圳、新疆、安徽、宁夏和内蒙古等地。

我校高等继续教育严格执行上级有关文件，规范管理，保障我校在籍学生的教学质量和个人权益，严格执行学费收缴财务制度。学院针对教学管理工作设立多项研究课题，创新探索非学历教育培训模式、课件资源和在线教学平台开发，结合我校专业特色研究探索继续教育新模式。

三、非学历教育

我校继续教育学院依托各二级学院专业特色服务社会，充分利用我校中职骨干教师国家级和省级培训基地平台，按上级要求承担国家级和省级培训，同时拓展培训服务面，承接各类地方单位培训任务，开展委托和对口扶贫培训，通过这些培训实现了依托自有资源自主开发培训项目的尝试，各项培训工作组织得力，效果良好，获得上级单位、委托单位及学员的一致好评。2020 年共计培训 445 人。培训班次见下表：

2020 年非学历教育培训项目汇总表

班级	专业	人数	学生对象
专业带头人领军能力研修	机电一体化	60	省内高职院校
"双师型"教师专业技能培训	计算机应用技术	30	省内高职院校
全国职业院校教师创新团队建设体系化课题研究	新能源与环保技术创新团队	160	国内七家大专院校
铜川市印台区英语教师专业素养基础能力提升培训	英语教师专业素养提升	109	印台区中小学英语教师
铜川市印台区专业技术人员继续教育（教师）专业课培训	信息技术应用	86	印台区中小学教师
		445	

积极申请并获批陕西省专业技术人员继续教育基地。《陕西省人力资源社会保障厅关于公布第六批省级专业技术人员继续教育基地的通知》（陕人社函【2020】516 号）文件授权我校为第六批省级专业技术人员继续教育基地。我校结合专业特点开展相应的专业技术人员培训工作，密切联系科研生产一线，逐步形成自身培训优势和培训特色。

四、社会贡献与改革创新情况

做好已有各项服务工作。强化自学考试主考院校的服务意识，认真完成上级安排的各项工作；精心组织全国计算机等级考试，保持年报名考生5000人左右；细心做好学历教育在籍学生教学服务，确保学生正常学习；做好与西交大合作的远程网络教育学生各项管理服务；不断加强硬件投入，完善计算机等级考试软硬件环境，确保计算机等级考试顺利进行，促进继续教育顺利转型。积极推进省级两项继续教育教改项目的研究工作，促进省级高等继续教育特色专业建设。

积极推进学历教育向非学历教育的转型。探索非学历教育模式的社会培训，2020年度培训5项，共计培训445人。我校非学历教育工作依托国家级中职骨干教师培训基地，创新培训模式，开展"模块化、专题型"的职业学校教师培训。以提升职业学校教师教学能力为核心，推进专项培训试点，以信息技术应用、专业技能提升、专业教学法等培训为切入点，实施"小班化、多元式"培训，形成信息技术应用，专业技能提升，专业教学法，班主任工作等多个专题培训模块。同时加强培训研究，化解工学矛盾，延伸培训链，积极开展在线网络培训试点，打造专业培训团队，形成一批优势培训项目，扩大我校非学历教育规模和提升学校服务社会的声誉。

五、问题与对策建议

高等继续教育伴随我国经济高速发展，目前面临问题：（1）如何改革教学模式以满足快节奏经济社会人们零星时间学习需求。（2）如何利用学校专业优势资源，为企业、社会、地方提供所需的技术培训服务。

我校高等继续教育工作思路是谋划发展创新，推进学历教育向非学历教育的转型，加快内涵建设，丰富培训平台资源。今后工作重点有以下三点：（1）持续关注陕西省高等继续教育学历教育改革情况，做好自学考试专业相关工作，稳定社会考试规模，强化非学历教育模式探索。（2）探索校企合作，创新社会培训，适应新技术发展需求，依专业学院特色，理清我校行业优势，推动非学历教育培训模式创新，建设服务于学历教育、非学历教育培训的网络教学平台，扩大培训基地建设。

在学校党委、行政的正确领导和相关学院的积极配合下，继续教育学院教职员工共同努力，一定能够抓住机遇，克服困难，应对挑战，使我校的高等继续教育工作更上一层楼，为社会和地方经济做出应有贡献。

西安科技大学继续教育发展报告

一、学校情况

西安科技大学是应急管理部和陕西省人民政府共建高校、教育部卓越工程师教育培养计划实施高校、国家建设高水平大学公派研究生项目实施高校、国家特色重点学科项目实施高校、国家中西部高校基础能力建设工程实施高校、陕西省高水平大学建设高校、陕西省"一流大学、一流学科"建设高校，2020年7月，学校工程学学科进入ESI全球排名前1%。学校现有6个博士后科研流动站，7个一级学科博士点，25个一级学科硕士点，6个工程硕士专业学位类别及工商管理硕士、会计硕士、应用统计硕士、翻译硕士、工程管理专业学位授权点，60个本科专业，形成了以地矿、安全及其相关学科为特色，以工科为主体，工、理、文、管、法、经、艺协调发展的办学格局，全日制在校生2.3万人。

学校继续教育工作始于1960年，60余年来，学校不断适应社会经济和行业发展需求，坚持"办好继续教育，加快建设学习型社会，大力提高国民素质"的总体要求，在《西安科技大学章程》中明确提出要"大力开展继续教育"，学校办学规划与定位为：立足陕西、面向西部、服务社会，积极适应"终身教育"发展趋势，不断提高继续教育质量，培养适应安全、应急、煤炭等行业和区域经济社会发展需要的应用型技术人才，形成特色鲜明的现代化继续教育体系，不断提升继续教育服务社会的能力与水平。

二、专业设置

经过多年发展，学校基本形成了专业门类齐全、专业特色突出的高等学历继续教育办学体系。现有本专科专业52个，其中高起本专业19个，专升本专业22个，专科专业11个。学校的特色本科专业有安全工程、采矿工程、机械电子工程、土木工程、电气工程及其自动化、会计学、工商管理等，特色专科专业有煤矿开采技术、机电一体化技术、测绘工程技术、城市轨道与交通运营管理等。

2020年学校加大对继续教育专业结构的调整力度，重点加强对本科专业的申报和建设。经过深入调研和认真分析，申报并获批能源化学工程专业（高起本和专升本），停止了电子信息工程等2个专业的招生。调整后继续教育本专科专业达到52个，其中本科专业41个（同一专业高起本、专升本按两个专业计），专科专业11个。本科专业占比明显提高，较好地满足了煤炭行业和区域经济的发展要求。

三、人才培养

1. 学历继续教育情况

学校学历继续教育的学习形式主要为函授教育,包含高起专、专升本和高起本三个层次,2020年各专业学历继续教育招生9845人、在学人数20195人、毕业8468人。

学习形式主要通过学校建立网络在线学习平台开展函授教学工作,采用线上学习+线下辅导(实习实验)、即"线上+线下"相结合的混合式教学模式。尤其是在疫情期间,网络在线学习平台体现出了很大的优势。学校率先开展了学位英语考试工作,严格按照人才培养方案教学大纲开展教学工作,严把考试管理和毕业答辩关,保证人才培养质量。

2. 非学历继续教育情况

学校依托安全监察监管学院(西安)、全国煤炭行业教育培训基地、陕西省专业技术人员继续教育基地和陕西高校农民培训基地等平台,面向各级政府应急管理系统、煤炭行业产业链和地方特色产业持续开展应急管理干部专业能力提升、煤矿主体专业技术人员能力提升、专业技术人员继续教育和地方特色产业扶贫等培训项目。培训采取委托招生,通过在校集中面授与送教上门相结合的培训方式提升相关行业人员专业技术能力。受"新冠肺炎"疫情影响,2020培训班次与人次较2019年分别减少20期与1433人次,共开展各类培训30班次,培训学员2487人次。

四、质量保证

1. 制度建设

学校建立了完善的继续教育教学和管理体系,形成了《西安科技大学继续教育管理制度汇编》,2020年制定了《西安科技大学学历继续教育工作指南》《西安科技大学继续教育学院工作流程》等制度和办法。通过这些规章制度,对学校继续教育的管理体制、运行机制、办学行为、考核内容等方面进行了规范和界定,有力地保障了继续教育工作健康有序运行。

2. 师资保障

学校继续教育具有相对稳定且质量较高的教师队伍,坚持面向社会、开门办学的原则,在学校现有师资力量的基础上,从大型企事业单位、职业院校等聘任了一批高水平的技能专家、教学能手和专家学者,遴选加入学校教师队伍,保证函授教育各项教学工作顺利开展。目前学校有专任教师近1400人,继续教育学院有专职管理人员19人,函授站专兼职管理人员有300余人,管理人员队伍相对稳定。

3. 资源建设

学校共有MOOC、SPOC网络课程132门,建设了优质教学资源共享平台,整合了视频公开课、精品资源共享课、微课等优质教学资源，课程资源达到1000门以上，总课时数达到3万课时。学校自建国家级精品资源共享课程1门，省级精品资源共享课程（精品课程）67门。学校2020年建设精品课程2门次，开设网络直播（录播）课程13门次，继续教育资源建设取得了较大进展。

4. 校外教学站点建设情况

学校继续教育秉承"团结、勤奋、求实、创新"的优良校风和"励志图存、自强不息"的学校精神，锐意改革、开拓创新，学校将函授站点作为服务社会、支持区域经济发展的桥梁和纽带，不断加强函授站点建设；突出学校地矿专业特色，坚持校企合作、校校合作，同部分大型煤炭企业和学校建立了稳定友好的合作关系，发展了一些有实力、有活力的单位和学校开展合作办学。目前，我校在陕西、宁夏、青海、甘肃、新疆、内蒙古、四川、重庆、贵州、云南、山东等11个省（自治区、直辖市）招生，建有20余个函授站，形成了以陕西为中心、面向西北、辐射全国的高等继续教育办学格局。

5. 质量保障

学校始终把提高继续教育办学质量作为所有工作的核心，建立了一系列规范制度，不断完善质量保证体系。自从2019年学校成立继续教育教学委员会以来，每年召开教学委员会会议2-4次，研究学校继续教育教学工作中存在的重大问题，进一步规范和完善学校继续教育工作，促进教学管理与决策的科学化、规范化，不断提高教学管理水平，保证人才培养质量。2020年，校外教学站点均通过所在省级教育主管部门年检。

五、社会贡献

学校继续教育以服务社会为宗旨，坚持学历教育和非学历教育并举，以安全监察监管学院（西安）、煤炭行业人才培训基地、专业技术人员继续教育基地、安全技术培训中心等培训基地为依托，服务国家安全生产监管干部轮训、精准扶贫和煤炭行业专业技术人员能力提升。为社会各类成员提供了多层次、多形式、高质量的终身学习服务，取得了良好的社会效益，为我国学习型社会建设做出了积极的贡献。

学校以特色产业培训和农民培训基地为依托，结合结对帮扶地方的特色产业发展需求，先后在陕西长武县、镇安县开展了农村电子商务和农产品种植与养殖系列培训8期，培训学员552人，助力脱贫攻坚，以技术支撑地方特色产业发展。

六、特色创新

1. 构建"以需求为导向"的培训机制

学校非学历教育培训坚持以社会需求为导向，依托学校学科专业优势，突出服务煤炭行业的品牌特色，为解决长期以来困扰煤炭行业继续教育的"工学矛盾"问题，积极开展集中面授和"送教上门"相结合的培训。因应"新型肺炎"疫情防控,探索线上培训教学。

2. 牢固树立服务理念,不断加强继续教育教学改革

学院开展了以服务教师、服务学生和服务函授站为主要内涵的"三服务、三评价"活动,针对成人学员边工作边学习的特点,持续推进学校继续教育工作信息化建设,进一步缓解成人学生的工学矛盾;学院提出了以提升函授教学质量为主题的教学改革研究,通过调研、走访、座谈等形式,重点解决影响学生学习效果的关键问题,不断深化教育教学改革,提高人才培养质量。

七、问题挑战及发展措施

1. 问题与挑战

特色专业服务区域不足,优势发挥有待进一步加强;"新冠疫情"对继续教育工作冲击较大,疫情期间继续教育事业发展存在一定的困难,培训市场拓展难度较大;网络教学侧重知识讲授、弱化线下互动,对人才培养质量的保证存在一定难度。

2. 发展措施

进一步明确继续教育定位,充分发挥学校办学优势,稳定成人学历教育规模;进一步优化和调整专业设置,加强教学管理,全面提高教学质量,不断扩大学校优势品牌专业和特色专业的社会影响力;整合学校培训资源,持续建设与学校特色优势学科相关的行业培训基地,加强培训对外合作,创建品牌化的培训基地。

西安石油大学继续教育发展报告

一、学校基本情况

（一）继续教育工作的总体规划与办学定位

总体规划：加强学历继续教育办学监管，规范办学行为，切实加强教材建设和教学管理，提高办学质量，稳步提升办学规模，未来五年内将办学规模稳定至8000人。进一步完善培训基地软硬件设施，推进标准化、精品化、示范化建设。以基地建设为依托，开展多元化培训业务，年举办培训班稳定至120期。

办学定位：坚持规模与质量并重、发展与效益兼顾，实现学历继续教育与非学历继续教育协调发展，努力建成省内一流、功能齐全、特色鲜明，集干部教育培训、行业培训及各级各类培训为一体的中高级继续教育基地。

（二）继续教育办学体制与管理机制

我校继续教育办学实行校领导分管、继续教育学院归口、其他专业学院支持和协助的办学体制。学校明确继续教育要坚持"以质量为核心，以需求为导向"的办学理念，正确处理规模、质量、结构和效益关系，扎实推进从数量向质量、从重学历教育向学历教育与非学历教育并重、从粗放式管理向精细化管理和精准服务转型。

二、专业设置

（一）学历继续教育专业设置情况

截至2020年底，我校高等学历继续教育专业设置情况为：高起本共有7个专业（学制5年）；专升本共有20个专业（学制2.5年）；高起专共有10个专业（学制2.5年）。

（二）学历继续教育专业调整情况

2020年，我校高等学历继续教育新增专升本专业2个：汉语言文学、软件工程，已于2020年开始招生；高起本和高起专专业较2019年分别进行了调整：高起本由14个减少至7个、高起专由16个减少至10个，仅保留了需求较大、生源较好的相关专业。

三、人才培养

（一）学历继续教育情况

1. 学历继续教育的年度招生人数及当年毕业生人数

2020年，我校共招收高等学历继续教育学生1868人，其中函授1842人、业余26人；高起本26人、专升本954人、高起专888人；2020年共毕业701人，其中函授685人、业余16人，层次为高起本45人、专升本168人、高起专488人。

2. 人才培养模式与教学基本情况

学校不断完善高等学历继续教育人才培养机制，根据行业、地区经济与社会发展的需求，合理设置高等学历继续教育专业、层次，明确培养目标和培养路径，建设适应成人在职学习的教学内容与课程体系。

在专业培养方案的实施过程中，学校紧抓教学质量，大力加强教学过程的监督和管理，要求各函授站点严格执行专业教学计划，积极引导和督促学生开展学习，形成线上教学和线下面授相结合、导学与自主学习相结合的教学模式，使学生达到培养目标的要求。

（二）非学历继续教育情况

1. 总体规模

2020年举办各级各类培训班85期4318人次，其中举办石油石化企业培训班16期，开设干部专题研讨及研修培训班6期，承办教育干部培训班25期，完成其他行业及社会培训38期。

2. 培训模式

主要以理论授课、案例教学、实践教学、研讨交流和访谈等形式开展教学。

四、质量保证

（一）制度建设

学校继续教育2020年制定或修订的规章制度有：

《西安石油大学成人高等教育本科毕业生学士学位授予工作实施细则》。

（二）师资保障

高等学历继续教育教学主要依托我校各专业师资力量，2020年高等学历继续教育共聘请教师132人。其中校内教师95人，占我校专任教师总人数的7.4%；其中正高级职称6人，副高级职称39人、中级职称50人；校外教学站点聘请教师37人，占聘请教师总数的28%。

非学历继续教育在依托高校基地联盟师资共享的基础上，坚持"走出去，请进来"择优聘请相关行业领域、政府机关的专家学者为培训学员授课，核心师资库内的"专兼结合"教师已达到 200 余人，2020 年为 26 位专家教授颁授了基地客座教授证书。

（三）资源建设

积极拓展合作范围，与远程教育服务机构签订合作协议，共享网络课程与电子教材资源库，目前在用网络课程资源数 300 余门。新建高等学历继续教育网络课程 3 门，新建非学历继续教育干部培训网络课程 12 门。新增西安市新城区第四党员政治生活馆、延安市黄龙县黄龙山干部学院、宝鸡市高新区 3 个实践教学培训基地。

（四）合作办学及校外教学站点建设和管理情况

2020 年，我校新增了 4 个校外函授站，其中陕西省 3 个、新疆维吾尔自治区 1 个。因连续招生人数较少，2020 年，经过陕西省教育厅组织专家审核，我校撤销了 2 个在陕校外教学站点。我校现已经建成了一套规范的建站流程，并严格按照要求设立和管理校外教学站点。

（五）内部质量管理

坚持"质量第一"的办学原则，学校每年对校外教学站点进行不定期检查，对站点教师聘任、教学实施、课程统考等环节进行督导，并对站点管理人员、教学设施、信息技术环境等信息进行综合评估，严格履行备案程序，规范管理。

（六）信息化建设

完成培训管理系统二期建设，进一步提升培训管理水平和工作效率。学院现有远程教育教学 App 客户端、"西安石油大学继续教育"微信订阅号、远程教育管理系统、培训管理系统、财务管理系统、酒店管理系统、短信群发系统。

五、继续教育社会贡献

（一）服务国家战略、行业及经济社会发展与学习型社会建设情况

学校积极发挥资源优势，通过完善教学设施、创新人才培养方案、拓宽校企合作模式等方法，支持国家人才战略、服务社会经济发展。主动承担社会责任，积极服务学习型社会建设。

（二）资源面向校内、社会开放服务情况

学校继续教育坚持走联合办学、开放办学、信息化办学的道路，年内先后走访了苏州大学、江南大学、扬州大学继续教育学院，接待了山东大学、延安大学、西安财经大学继续教育学院的来访，积极与兄弟院校开展继续教育办学经验交流，相互学习；依托学校优势学科，进行继续教育资源开发，对全部函授站点开放；与函授站点及社会积极进行继续教育资源共享共建，并注重成人学历教育和非学历教育融合发展，实行更好的对外开放。

（三）对口支援、教育帮扶情况

全年为脱贫帮扶县培训技术人员3期105人次，并与商南县东正化工有限责任公司设立"西安石油大学东正化工农民培训基地"，与企业合作共同创办培训教学基地。

六、特色创新

秉持学习、创新、协调、超越的发展理念，坚持思维创新、理念创新、方法创新及管理创新。一是牢牢把握继续教育未来发展方向，结合干部培训新的理念、新的导向，大力发展多种形式的非学历继续教育。二是积极开展教育教学研究，借鉴先进培训机构经验，加大破冰导学、微论坛等新教学模式比重，不断加大实践教学比重，在借鉴中不断创新。三是通过市场竞争机制引进专业化服务队伍，使主干业务"轻装上阵"，极大地提高了工作效能。四是规范办学，注重质量，形成办学品牌，持续提升办学形象；五是紧跟国家、行业、区域经济社会发展需要，紧贴市场，注重特色，及时调整学科专业和培训项目；六是开门办学，加强合作，倡导资源共享，减少重复建设。

七、问题挑战

随着成人教育的不断发展，参与高校增加，生源竞争日益激烈。许多办学单位重规模、轻质量，重招生、轻教学，存在"劣币驱逐良币"的现象，办学质量难有大的提升。

八、政策建议

（一）发展思路

对标国家一流大学继续教育办学模式，建立积极稳健的激励政策，稳增规模，凝练特色，树立品牌，提质增效。依托学校自身的办学条件和优势，加强与地方政府、行业、企业、高校合作，整合各种资源，以高等学历继续教育为主线，以非学历继续教育为重点，保持我校成人高等教育规模稳定和继续教育工作协调稳步发展。以人才培养质量为核心，培养服务石油石化行业和区域经济发展的专业人才。

（二）目标和举措

继续解放思想，凝练教育品牌，增强竞争意识，完善基础设施，加快师资库建设与课程研发，大力推进中高级继续教育基地建设。加快师资库建设与课程研发，积极开展与政府部门、兄弟院校和社会机构交流合作，建立科学的继续教育评价体系，加强网络教学平台和教学资源的建设完善。

（三）政策建议

建议改革全国成人高考，建立统一的高等学历继续教育招生考试录取方式。对本科院校举办专科学历继续教育，不实行一刀切。适当提高成教收费标准，增加办学投入。

延安大学继续教育发展报告

一、总体情况

延安大学是毛泽东同志亲自命名、中国共产党创办的第一所综合性大学。现为陕西省人民政府与教育部共建大学、陕西省属重点大学、陕西省高水平建设大学。

继续教育学院是延安大学成人高等学历教育的办学与归口管理的职能部门。学院从1982年开始举办成人在职培训和非学历教育，30多年来，为国家和社会培养各级各类人才10万余人。近年来，学院坚持"规范办学、提升质量"的办学思路，统筹办学规模、结构和效益协调发展，深化教学改革，持续加强专业建设，开展教学改革研究，探索实施"在线教学＋集中面授"混合式教学模式；完善管理制度机制，多措并举扩大招生宣传覆盖面，加强对校外函授教育辅导站的建设与监管，办学质量稳步提升，为区域经济社会发展提供了有力的人才支持。

二、专业设置

学历继续教育专业设置数量多、层次全、覆盖面广。本专科专业共62个，其中高起专11个，高起本12个，专升本39个，临床医学专业和汉语言文学专业是省级特色建设专业。

非学历继续教育依托党中央在延安十三年丰富的红色资源，以党性、党风、党纪和延安革命传统教育为主要内容。思政课程主要包括：中国共产党延安13年局部执政的历史经验；延安精神和延安学的理论研究和实践；马克思主义中国化的成果；习近平新时代中国特色社会主义思想研究；梁家河知青文化研究等。

三、人才培养

2020年学历继续教育各专业共招生4254人，其中省内招生4123人，省外青海函授站招生131人。至2020年底，学历继续教育在籍学生11353人。2020年非学历继续教育培训班65期3635人。其中教育部等国家部委主体班次1期32人，占培训班总比1.5%；全国高校27期1239人；企事业单位37期2364人。培训学员覆盖了全国15个省市自治区，其中省内25期1799人，省外40期1836人。

四、质量保证

（一）制度建设

（1）《延安大学继续教育学院管理制度汇编》：主要包括上级政策、院校文件、教学管理、学籍管理、站点管理和学生管理等有关制度。

（2）《延安大学继续教育学院学生手册》：主要包括学员从报到入学、学籍注册、学籍异动、学位考试、毕业信息采集、毕业学籍审核和学生日常管理等相关管理制度。

（3）《延安大学高等学历继续教育本专科专业教学计划》：所有课程的开设全部依据专业人才培养计划进行。

（4）"集中面授+在线学习"混合式教学模式等实施办法等。

（二）师资保障

我校校内继续教育教学工作均由各学院负责，授课教师均系本校专业教师，师资力量雄厚。管理人员系各学院专职管理干部。校外授课除站点依托办学单位教师外，各函授站外聘兼职教师须经我校考核、培训合格后方可上岗。我校根据各站点实际情况，同时选派本校教师进行授课（见表一：教师构成统计表）。

表一：教师构成统计表

类别		专业技术职务				学历情况				年龄情况		
		正高	副高	中级	初级及以下	博士	硕士	本科	专科及以下	35岁以下	36~50岁	51岁以上
授课教师	专职	158	371	407	30	367	476	126	0	198	583	185
	兼职	131	258	19	22	52	98	280		31	253	146
辅导教师		0	0	43	20		61	2		55	8	
管理人员		25	35	58	30							

（三）资源建设

我校学历继续教育采取"集中面授+在线学习"的教学模式，与苏州青颖飞帆有限公司（简称青书）合作，利用了该公司的线上学习平台，开展在线学习，主要是视频课件，覆盖62个本专科专业，近1000门次课程。同时，为推进成人高等教育向网络信息化发展，购买成人教育网络化所需设备，3台服务器，1套在线学习管理平台，1个成人教育学籍管理软件平台等。

（四）合作办学及校外教学站点建设和管理情况

我校主要利用地域资源优势，开设石油工程等专业，与延长石油开展校企合作办学。目前省内外共有教学站点11个，省外1个。各教学站点均在教育厅备案，资质齐全。

我校每学期派专人赴各站点开展定期和不定期督查和检查，并实施课程抽考制度。为禁止和杜绝站点乱收费，在新生录取通知书上标明应收费用项目等，多措并举加大站点监管力度，近年来，我校校外教学站点办学较为规范。

（五）内外部质量保障

我校继续教育对校内的实施寒暑期或节假日组织面授和统一考试，面授和考试期间，我校继续教育学院组织有关人员检查教学和考试情况；校外教学站点实施定期不定期检查和抽考制度，实施效果良好。

我校继续教育校外教学站点一般每三年接受省教育厅组织专家正式检查评估一次，一般每年接受省教育厅抽查年检一次，对不符合指标要求的要求限期整改，促进了我校校外教学站点的规范办学。校内同时组织有关专家去各教学单位开展检查和指导工作。

五、社会贡献

学校继续教育主要立足陕北，辐射陕西各地市基层卫生、教育系统等专业技术人员。同时，积极整合革命圣地的各种红色资源，不断发挥学校自身优势，凸显学院自身办学特色，努力面向全国党政机关和学校、企业等企事业单位以及社会各界提供多层次多门类的培训项目，认真开展干部教育培训工作的理论研究，不断为干部教育管理部门提供咨询服务。

六、特色创新

（一）实践特色与模式创新

1. 探索并实践"集中面授＋在线学习"教育教学模式

集中面授在寒暑期和节假日通过一定时间组织教学和考试。在线学习：学员在权限内凭账号和密码登录，进入在线学习平台后，点击相关专业课程进行学习。学习时间为全年，学生要按照在线学习平台的评分要求进行观看课程视频、电子教材、完成课程作业等学习活动，各学院负责督促检查，确保学员取得课程合格分数。

2. 课程评分与考核

每门课程总评分数＝在线学习总分×30%＋面授学习总分×70%。

（二）教育教学研究与成果等情况

目前，通过科研立项的方式，我校已开展高等继续教育教学改革研究专项196项，其中专项1项，重点项目58项，一般项目137项。2020年立项29项。在项目引领和带动下，促成了一批研究成果：我校推荐论文《以"精准培训"助推"精准扶贫"—高校在教育扶贫中应担的责任》《高等继续教育怎样在教育扶贫中精准发力》《基于成人体育教育中学科核心素养培养的教学改革与实践》分别获2020年陕西省高等继续教育优秀论文一等奖、二等奖、优秀奖；《基于MOOCs的高等学校继续教育混合式教学系统研究与实践》获2020年陕西省高等继续教育优秀教学成果二等奖。

七、问题与对策

（一）存在主要问题

（1）整体重视不够。普通高等学校普遍有重普教轻成教的问题，对继续教育在人力、财力和物力等方面投入不够。

（2）工学矛盾问题突出。学员普遍存在急功近利的思想，上学的动机就是"混文凭"，所以不能认真处理好工作与学习的关系。

（3）继续教育规范化办学不够。继续教育规范化办学和可持续发展办学理念不够。普遍认为继续教育，尤其是学历继续教育已经到了寿终正寝的时候了，只追求短期的经济效益，而忽略了规范化办学和对办学质量的保证，更谈不上可持续发展。

（4）继续教育的转型、发展和质量问题。传统的单一的重视学历继续教育，不重视非学历继续教育已不适应当今社会发展需求；传统的教学手段和方法不适应信息化社会发展的需求。

（二）对策建议

1. 发展对策

（1）突出继续教育办学在学校整体发展中的地位，有明确的发展规划；加大继续教育人财物的投入力度，尤其是师资队伍、办学条件和软硬件设施建设、课件资源建设等方面。

（2）在人才培养方案和专业设置方面，充分考虑学员的真正需求，为其在工作能力和效率提升方面提供帮助，变被动学习为主动学习；统筹考虑学员学习精力和时间问题，采取线上线下相结合的教学模式，切实解决工学矛盾问题。

（3）转变传统教学模式，推广"混合式教学模式"，将线上与线下相结合，分散自主学习与集中学习相结合，理论学习与实践学习相结合，个人自主学习与集体讨论相结合，院校教师与行业专家相结合，让学习真正落到实处，让学员保质保量完成学习任务。

2. 政策建议

建议实施"成人招生制度改革"，放低入学门槛，试点推行免考注册入学制度，提高毕业门槛，"宽进严出"。

在教育信息化背景下，高校面临的主要问题是实现资源共享，建议国家教育行政部门积极出台政策，提供交流互通共享平台。现代远程教育已经进行了18年，完成了大量的制度创新，建立了技术、平台、资源、管理、服务等好的经验，应该汲取其中成功经验，为高校继续教育转型服务，避免重复投入和重复开发。

以人才培养为核心，以提高教学质量为目标的"三教融合"是未来继续教育的主要形式，也是改变当下唯学历的不良风气，提高文凭含金量的重要契机。三教融合不是简单的融合，而是应该在信息化主导下的融合，不是用网络教育代替夜大、函授，而是淡化教学手段，倡导高校向信息化主导下的混合教学模式转型，转向"线上与线下、课堂与实训、院校教师与行业专家等相结合"的自主学习与受控学习相结合的混合教学模式。

西安工业大学继续教育发展报告

西安工业大学继续教育学院坚持以习近平新时代中国特色社会主义思想为指导，全面落实全国思想政治教育大会和全省、我校教育大会精神，以立德树人为根本任务，以党建为引领，以"改作风、抓落实、促发展"为抓手，聚焦国际化办学和不断提高教学质量目标，以市场需求为驱动，凝练办学定位、推进综合改革，实现了继续教育办学质量、规模、特色协同发展。

一、整体情况

（一）推进学院党的建设，加强学生意识形态教育

学院党支部全面加强党的建设，以"我承诺你监督"提高党员思想觉悟，以"我工作你评价"形成互促互进机制，以"行不行看党员"带领群众形成推动整体工作的局面；在党政配合下，完成了学院信息化建设和西安工业大学继续教育服务体系全新布局。其次，党建引领促进函授站党支部建设，党建工作极大地促进了学历教育的发展，办学质量明显提高，招生人数整体得到倍增。实现了案例可培育、可复制计划。

（二）聚焦军工企业，服务地方经济和二级学院

2020年我校举办了涉及省市校三级有关部门的含"军民融合"在内的5个非学历教育项目；9月完成与西北兵工局对接，开展面向西北相关军工企业"党政工团"干部及技术培训；完成3类面向二级学院师生及社会人员的通识类、技术类等培训筹建；与西安市茶商协会合作完成茶艺培训的基础建设，面向学校师生和社会开展服务；形成我校继续教育培训体系。其次，引入学校紧缺的学科，分别与江南大学等签署学习中心协议，同时解决了我校学生辅修专业（非学历）的需求。

二、专业设置

（一）继续教育专业设置情况

截至2020年，学院高中起点专科、高中起点本科、专科升本科三个培养层次共有44个专业，其中成人高等教育高中起点本科专业15个，专科升本科专业21个，高中起点专科专业11个。学校目前共有全日制本科专业57个，成人继续教育专业全部涵盖在学校专业范畴内，占学校普通专业比例为77.2%。

（二）学历继续教育专业调整情况

2020年根据学校专业设置和社会需求情况，增补"英语"（业余）、"数学与应用

数学"（函授）等高起本和专升本层次 4 个专业（形式），目前已经开始招生。

（三）专业人才培养方案制定及调整情况

2020 年 3 月，依据学院办学定位和人才培养目标修订培养方案，加强了政治理论课程，落实创新与实践结合，开设专业导论等课程，提高学生的创新意识与创新能力。将培养方案植于企业的生产全过程，依据实际情况设计教学内容，设计教学环节，重点突出学生的实践创新能力。7 月完成了培养方案的全面修订，突出意识形态教育，优化教学内容和教学环节，突出对学生的创新精神和实践能力的培养，10 月完成与教学计划相配套的全部课程的教学大纲的全面修订。

三、学生情况

（一）学历继续教育情况

1. 总体规模

学历继续教育面向全国 7 个省范围内符合条件的在职、从业人员和社会其他人员进行业余和函授招生。截至 12 月 31 日，学校共有学历继续教育在籍学员 10755 人（不含毕业人数），其中高起本 1141 人，专升本 4474 人，高起专 5140 人；2019 年毕业人数 2211 人，录取人数为 6924 人。

2. 生源分析

从 2020 年成人专升本上线比例来看我校首次超过 80%，陕西仍然为主要生源地，职业主要集中在从事视觉传媒、土木工程、机械制造、汽车维修、酒店管理等行业。

（二）非学历继续教育情况

1. 总体规模

2020 年我校举办了涉及省市校三级有关部 11 个非学历教育项目，校内（含教师、学生）139 个班次，校外 8 个班次（教育扶贫 2 个班次），共培训 10512 人次（校外 312 人次）。

2. 培训行业类别、对象

依托学校军工学科背景，针对兵工企业党政工团和专业技术人员开展培训；精准教育扶贫的定制培训，既有农民工高端定制领域积极探索，也有乡村农作物、牲畜种植、养殖的实地精准教育扶贫；语言培训，针对在校师生的包括普通话等级测试在内的多层次的汉语、雅思培训，涵括了出国留学、就业等人员的不同长短班次；服务学校二级学院，面向全校师生开展继续教育专项培训，主要针对全校教师和部分学生。

四、质量保证

（一）制度建设

学校坚持依法依规办学，高度重视教学质量保障体系建设，坚持目标管理与过程控制相结合，形成了完善的教学管理规章制度。《西安工业大学继续教育学院制度汇编》（2018版）系统完整地反映了继续教育学院多年来在制度建设方面取得的成绩。2020年4月，在线上学习背景下，修订、制订了若干教学质量监控的业务制度，使学院教学管理制度更加完备。

（二）师资保障

1. 学校聘请的授课教师情况

学校承担继续教育教师总人数为225人（含外聘教师68人），14个教学团队，其中教授16人，副教授32人，讲师85人，分别占师资总数的7.1%、14.2%和37.7%，具有高级职称或博士学位的教师占42.3%。

截至2020年12月，全国目前有函授站16个，含远程教育在内，每站平均有任课教师或论文导师29.7人，外聘教师符合《西安工业大学继续教育学院企业兼职教师管理办法》。

辅导教师采用双方共管，开展辅导教学工作。辅导教师的学历均为本科以上，中级及以上职称或研究生学历的辅导教师比例为73%以上。

2. 管理与服务队伍

学院现有专职管理人员27名，兼职1名，学历层次均为本科以上。截至2020年12月，全国16个函授站专职管理人员站均6.5名。

（三）资源建设

1. 数字化资源

西安工业大学建设的教学资源符合成人高等教育教学规律，具有较强的实用性、实践性，录制专业课程、微课等教学视频578个，IT技能培训课程资源350余门及上千门名校公开课，涵盖理学、工学、文学、管理学等13个学科，课程资源总量2TB。

2. 设备设施

总教室座位总数32876个，其中多媒体教室和语音室座位数26010个，各类教室齐备，满足了各专业各课型教室需求。

（四）内部质量管理

1. 教学坚持以面授、辅导、自学相结合的原则

教师根据成人特点组织教学，并加强基本理论、基础知识、基本能力的辅导，突出重点，解决难点。

2. 考核考试

继续教育学院全程督导，各考点及校内各院系按照学院安排组织考试。

3. 教学督导与检查

学院制定了"教学督导办法""教师评学实施办法"等，并成立了教学督导机构；

同时，每年召开 1 次学生座谈会，学生参与率很高。

4. 毕业论文（设计）

学院成立了毕业论文领导小组，所有本、专科学生按教学计划开展毕业论文撰写并组织部分本科毕业论文答辩，学生归属感强。

五、特色创新

（1）开创"党支部联动"模式，打造"一站一品"，打造精品课程、亮出特色专业，同时，将优秀函授毕业生融入校聘优秀校友队伍，体现"同校同质同价"。

（2）开创"兵工定制"模式，突出继续教育课程思政建设，思想政治课为引领，意识形态进课堂，送培训上门，增强继续教育的针对性和实效性。

（3）编制我校"继续教育学院 2020 年度工作一览"。

六、问题与对策

（一）存在的主要问题及原因

（1）在继续教育学院编制没有变化的情况下，近几年来学院在校生人数和收入实现倍速增长，由于审计要求事业单位不允许发放奖福金，职工收入停滞不前，将会对学院的可持续性发展产生严重的不良影响，建议教育部对学校开源项目出台相应的激励政策。

（2）不知道何种原因从 2019 年起取消专科外省招生，2020 年省外教育厅又限制省外高校在该省设站本科的招生专业。

（3）原来继续教育跨学科或交叉学科的非本校专业被取消，新能源、新工科背景的专业，学校也是刚刚招生，由于没有毕业生，社会急缺的专业申报不了。

（二）对策建议

（1）如何保证良好的教学秩序和较高的培养质量，无论对高校还是教育行政部门都是一个考验。建议：建立统一的质量评价标准。

（2）对网络学历教育和开放大学采取限制性招生政策。开放专科外省特色专业招生计划。

（3）实施继续教育行业品牌发展战略，加强继续教育专业认证，从学历教育、培训特色、树立自己的品牌形象、形成独有的品牌文化等方面入手，指导学校建立起继续教育品牌。

（4）建议教育部对学校相类似继续教育开源项目出台相应的激励政策。

西安工程大学继续教育发展报告

一、学校情况

西安工程大学是一所办学历史悠久、办学基础雄厚、办学特色鲜明的综合性高等学校，是我国西部地区唯一以纺织服装为特色的高校。我校继续教育坚持"一体两翼"协同发展的办学定位，将继续教育学院建成培养应用型本、专科人才、参与高层次人才培养、开展继续教育和中外合作办学的"学历+技能"型人才教育基地。力争在"十四五"末，把学校的继续教育发展成为在省内继续教育办学领域具有一定影响力和知名度的教育品牌。

二、专业设置

我校高等学历继续教育办学层次有高中起点专科、高中起点本科、专科升本科三个层次，可招生专业共70个，其中高起专19个，高起本24个，专升本27个专业。2020年度我校适当调整了部分省份的函授招生专业，同时新增视觉传达设计（专升本、高起本）、化学工程与工艺（专升本）3个专业。目前已初步实现我校继续教育"线上+线下"的混合式教学模式的转变，同时着手启动新一轮继续教育人才培养方案修订工作。

三、人才培养

（一）学历继续教育情况

截至2020年12月我校高等学历继续教育在学人数为791人，2020年1月新招生人数644人，省内招生595人，省外49人。目前在校生中，男生439人、女生352人；省内692人、外省99人；法学24人、工学380人、管理学97人、艺术学215人，2020年毕业生人数214人。

（二）非学历继续教育情况

受疫情影响，2020年上半年未开展培训业务。下半年开展"服装制版与工艺""教师资格证""计算机等级考试（二级）"培训各一期，共计培训100余人，均为面授形式，充分发挥学校服务社会的职能。

四、质量保障

（一）制度建设

2020年学校继续教育学院重新编印了《西安工程大学高等继续教育管理文件汇编》，主要包括上级政策、院校文件、教学管理、学籍管理、站点管理、学生管理和招生管理等。通过开展质量检查、函授站评估、监督等工作，保障各项规章制度的顺利执行。

（二）师资保障

我校校本部继续教育教学工作由本校专业教师承担，管理人员为继续教育学院专职管理干部。校外函授站的授课由我校继续教育学院指导监督，授课教师除依托合作办学单位教师外，严格聘请具有多年教学经验的优秀专业教师，在各教学单位进行授课。我校根据各函授站实际情况，同时选派本校教师进行授课。

（三）资源建设

我校重视信息化教学资源建设，2020年与西安弘成教育科技有限公司合作，利用该公司线上学习平台，开展在线学习，主要为视频课件，除艺术类相关专业外，基本覆盖了各专业教学计划中的公共基础课、专业基础课和专业课。本年度涉及24个本专科专业，300余门次课程。

（四）合作办学及校外教学站点建设和管理情况

我校在陕西、广东、四川、宁夏等省共设立6个函授站，分别为：广东职业技术学院、四川省服装艺术学校、西安航天工业学校、宁夏师范学院、铜川耀州高级职业中学和校本部。根据《西安工程大学高等函授教育教学管理文件汇编》等制度（文件）进一步加强对各校外教学站点的规范管理，稳定了教学秩序，促进了人才培养质量的提高。

（五）内部质量管理

我校在高等学历继续教育招生工作过程中，严格按照上级主管部门的要求，遵纪守法，实事求是地进行招生宣传，并要求各函授站认真学习贯彻国家有关高等学历继续教育招生政策，规范招生宣传，不得有虚假承诺；建立函授站教学工作阶段性（开学初、学期中、学期末）报告制度，加强督导教学，不定期进行教学检查，包括教师资质、课件及学生考勤情况等，保证教学质量。

（六）外部质量评估

按照省教育厅的文件要求，学校有专人负责，积极做好省内校外函授教学站点的年报年检工作。同时监督和协助省外函授站根据各函授站所在省教育行政部门的相关文件和要求，按时参加当地教育行政部门组织的年检或评估，督促并要求各函授站认真组织教学活动并按照要求完成年检工作。

（七）信息化建设

学校开展多方调研，从超星、奥鹏、知金等众多网络教学平台中分析利弊，最终选定弘成网络教学平台，采用远程搭载服务器模式，节省成本、方便使用。学校对授课教师和各站点教学管理人员进行了网络教学平台使用培训，包括教学教务管理、教师在线辅导、答疑、学生在线学习、答疑、作业等环节等，有效保证函授教育教学环节的顺利开展。

（八）经费保障

2020年高等学历继续教育学费总收入93.4万元，全额上缴学校。其中，教师人员费用支出37.49万元，管理人员费用支出16.8万元，资源建设费用支出15万元，基础建设费用3.2万元，年总支出72.49万元。

五、社会贡献

我校密切结合国家"一带一路"倡议和陕西省经济社会发展需求与继续教育特点，不断强化继续教育内涵建设，不断提升学校继续教育人才培养质量；积极寻求同社会优质培训机构合作、强强联合，面对在校学生和社会各界开展培训工作，充分发挥学校服务社会的职能；在镇安县职教中心设立"西安工程大学农民培训基地"，多次沟通联系并实地调研，了解当地农民培训的需求，力争为当地脱贫攻坚工作发挥更大作用。

六、创新特色

学校先后启动了继续教育各专业课程的试题库建设、继续教育各专业教材的指定与征订、继续教育期末线下考试工作等，有效完善了高等学历继续教育的教学工作；成立"国际留学服务与培训中心"，助力我校继续教育的国际化发展，目前学院已与多家出国留学机构洽谈出国留学预科培训等事宜。

七、问题挑战

学校继续教育教学改革和创新不足，在继续教育教学和管理的规范化、科学化、制度化建设方面还需加大力度。另外，学校缺少在非学历教育方面的政策、人员、资金和平台等方面的支持，平台和相关工作经验等均显不足；对外部环境的熟悉度不够，与外界缺少有效的宣传与沟通。

八、政策建议

（一）发展思路

（1）继续寻求新的高等继续教育教学合作模式和办学途径，加大省内外函授站的建设工作，进一步拓展学历教育招生渠道，加大宣传力度，规范招生行为；

（2）加强高等继续教育教学的内涵建设，继续修订完善各专业的教学计划、教学大纲、管理制度汇编等，组织新专业申报，推进网络教学管理平台的使用，助力我校继续教育的规范化、制度化和质量化建设；

（3）积极组织开展特色专业课网络教学资源建设工作，努力推进线上教学有效辅助线下教学的混合式教学；

（4）充分发挥我校优势学科和办学特色，全力做好校内服装制版与工艺培训项目，以形成我校培训项目的自主品牌，持续扩大我校继续教育的社会影响力；

（5）完善非学历培训的运行机制，挖掘高层次继续教育系列培训领域，努力实现跨系统、跨行业培训，继而拓展我校继续教育的服务领域和服务半径；

（6）积极开展教育教学改革，组织教师申报校级、省级教改课题，提升教学质量、改善教学效果。

（二）政策建议

（1）在全省大力推进学分银行建设和学分互认，使学分银行切实在继续教育教学中发挥作用，助力学生成长；

（2）尽快出台陕西省的继续教育教学与管理平台，在全省做到全覆盖，资源共享，指导和规范全省的继续教育办学行为；

（3）利用学校优势特色专业，由政府相关部门主导，在高校设立相应行业继续教育培训基地，切实增强行业高校服务社会的职能；

（4）积极推进校企合作和产教融合，推进"学历+技能"的（1+X）证书制度人才培养模式，提升高校继续教育的人才培养质量；

（5）研究继续教育教学规律，针对性开展继续教育规划教材等教学资源建设，做到因材施教和精准教育；

（6）持续加大继续教育参与全省脱贫攻坚的力度，做到继续教育层面的精准扶贫；

（7）建设与完善继续教育相关管理规定，出台继续教育的指导性文件，指导全省继续教育规范、健康和可持续发展。

西安外国语大学继续教育发展报告

一、学校情况

（一）学校概况

西安外国语大学是西北地区唯一的一所主要外语语种齐全的普通高校。出国留学人员培训部（国际学院继续教育学院）是西安外国语大学专门从事出国留学人员外语培训、高等继续教育、外语培训教育的办学单位。2018年4月新的办学格局是以学历教育为主体、以本科和专科教育为基础、以专升本教育为重点、兼顾培训教育的继续教育体系。

（二）学校继续教育工作的总体规划、办学定位

《西安外国语大学章程》第三章《办学理念与教育形式》第十三条规定："学校基本教育形式是全日制本科教育和研究生教育，积极拓展留学生教育、继续教育、合作办学等其他教育形式"。明确了继续教育的办学地位。按照学校"十三五"规划并结合我校的实际，确立以"提高大学人才培养质量、规范办学"为主题，以"西外提供平台、学院开拓市场"为指导思想，培养"厚基础、宽口径、外语强、素质高，具有创新精神和实践能力"的优秀复合型人才。

（三）办学体制与管理机制

西安外国语大学的继续教育是由西安外国语大学主持。2018年组建了新的出国留学人员培训部（国际学院·继续教育学院），"一个单位三块牌子"，专门从事出国留学人员培训、高等成人教育、各类外语培训教育的办学单位。

二、专业设置

（一）学历继续教育专业设置情况

经过三十多年的发展，我校的继续教育形成了以本科和专科教育为基础、以专升本教育为重点、兼顾培训教育的继续教育体系。

目前开设的专业有英语、商务英语、工商管理、旅游管理等。

（二）学历继续教育专业调整情况及思路、进展

因目前正在探索继续教育与职业教育结合的新思路。

（三）专业人才培养方案制定及调整情况

在专业人才培养方案制定方面，按照把继续教育的强项"英语"与职业教育相结合

的发展新思路，继续教育教研室做了大量的调研工作。同时，为了解决专业单一，拓宽招生领域，2020年初获批了以英语为基础，结合专业方向课程的工商管理、旅游管理两门专业。

三、人才培养

（一）学历继续教育情况

2020年招收高等继续教育"业余专科起点"两年半制英语本科11人，业余高中起点五年制"商务英语"本科16人，业余高中起点五年制"旅游管理"本科32人，业余高中起点五年制"工商管理"本科13人，业余高中起点两年半制"应用英语"专科3人。

在学学生来源分析：

在校生155人。其中：女生105人、男生50人。

学生年龄层次是：20岁以内30，21~30岁之间110人，31~40岁之间14人，40岁以上1人。

学生学习形式是以省内走读为主。

2020年西安外国语大学共招收英语专业780人，在学人数3355人；继续教育学院2020年招收英语专业学生73人，在校生155人，毕业生50人。

（二）非学历继续教育

依托西安外国语大学的优势学科，合理利用学校教学资源，按照要求，学校专门为"国培计划"和"省培"项目组建以出国留学人员培训部（国际学院·继续教育学院）主任赵堪培同志为首席专家的专家讲师团。

西安外国语大学继续教育学院2020年承担并完成"国培计划（2020）"和"省培（2020）"的共5类6个培训班，共394人的培训任务。

四、质量保证

（一）制度建设情况

我校继续教育从1984年到现在逐步制定《成人高等教育学生管理手册》《教师请销假制度》《教师教师行为规范》《成人高等教育教学指导手册》《考试管理规定》等教学管理制度。

（二）师资保障

教师结构：目前有专职教师6人，主要担任本科段的教学任务，其中副高职称2人、中级职称3人、硕士6人，36~50岁6人，专职教师占38%。为了完成正常的教学工作，聘用了15名兼职教师，其中副高职称2人、中级职称8人；硕士15人；35岁以下7人，36~50岁6人、51岁以上2人。配有35岁以下辅导员1名，36~50岁管理人员5名。

（三）资源建设

现共有智慧教室、计算机教室、学生自主学习室等40间，多媒体使用率61%~90%，音频使用率31%~60%，视频使用率31%左右。学院根据专业类别设置了教研室，建有题库并有教研室主任负责题库更新；通过电话、QQ群、微信、电子邮箱、面授辅导等，对学生咨询和投诉在3天以内做出回应。

（四）内部质量保障

结合我校实际，校领导对高等继续教育工作确立了"五保障""四同时"的工作原则。日常教学管理工作中，进行一年两次学生评教活动。

（五）信息化建设

在我校信息化建设方面，学生管理在学生管理办公室，入学时录入学生个人身份信息和联系方式，便于联系学生与日常开展管理工作；学籍管理方面，建立学籍管理系统，为单机版，目前拥有两台计算机，在新生入学时，根据录取名单录入信息，并让学生自己登陆学信网确认学籍。另外，我校继续教育有官方网站，用于发布通知与公告。

（六）经费保障

严格执行教育行政管理政策，严格按照批准的收费标准收费，每人每学年学费3370元，年学费收入55.07万元；上缴学校24.78万元。按照学校规定经费执行收支两条线。

五、社会贡献

（一）继续教育服务国家战略、行业及经济社会发展与学习型社会建设的情况

除正常高等继续教育办学的同时，积极申报并承担了"国培计划（2020）"和"省培（2020）"共5类6个培训班，共394人的培训任务。

（二）学校继续教育资源面向校内、社会开放服务情况

我校的高等继续教育毕业生呈现出考研、出国、回原单位晋升等多元化就业趋势；新就业学生分布在旅游、外企、学校等不同岗位。

（三）对口支援帮扶情况

承担我校对口的扶贫地区陕西省旬阳县购买农副产品任务。其中正式批量购买4次，组织农户代表雁塔校区上门设点2次。

六、特色创新

（一）实践特色与模式创新

目前正在探索继续教育与职业教育结合的新路子，已申请工商管理、旅游管理两专业，并得以在实践教学过程中去验证。

（二）国际交流与合作情况

与校外办学机构合作开办中德护理德语培训班，为赴德工作的人员提供德语学习机会，目前开办 2 个班，共 27 人。与校外合作开办国际乘务项目 2 个班，85 人。

（三）基于教学研究与成果等情况

在 1996 年陕西省成人高校评估中，我院被评为"优秀成教院"和"优秀学校"，2002 年被陕西省招生委员会评为"高等学校招生工作先进集体"，2003 年底在陕西省成人高等教育学生学籍管理工作评估中受到了评估组的好评，2006 年被教育部评为"招生工作先进集体"。

由继续教育学院承办的"国培计划（2016）"学员网络匿名评估中，获陕西省第一名。

七、问题挑战

（一）面对的新挑战、新需求

（1）面对我国建设创新型国家和学习型社会的新挑战。

（2）继续教育工作如何适应人们的学习需求，是当前继续教育仍需解决的问题的挑战。

（二）存在的主要问题及原因

（1）"普教化"办学思想影响和制约了继续教育的发展。

（2）缺乏市场竞争意识和积极主动适应社会发展需要的发展意识。

（3）加大对外宣传力度。

八、政策建议

（一）发展思路

2018 年 4 月，继续教育利用出国留学人员培训部原有的资源、信息、渠道、人脉等来开拓新市场。使学校的"人才培养职能和社会服务职能"得到更好的发挥。

（二）发展目标

高等继续教育力争五年内，每年招生人数上升到 200 人左右，在校生保持在 800 人的规模。

（三）发展举措

为达上述目标，一要加大招生宣传力度。二是做好师资队伍建设。三是积极研究和探索继续教育与职业教育相结合的新路子。四是做好"国培、省培计划"的培训工作。

（四）政策建议

（1）对成人高等教育学生实行"学分制"。非学历继续教育按照一定的统一标准转换为学历教育学分。

（2）放开继续教育学历生的入学门槛。

（3）改革招生制度，实行完全开放和灵活的招生模式。

（4）课程设置应根据个体的实际需求，涵盖如生活教育、职业培训等等。

（5）建立弹性学制，工学交替、工学结合、分阶段完成学业。

西北政法大学继续教育发展报告

一、学校继续教育概况

学校设有继续教育学院，依托学校教学资源，作为教学单位独立开展多层次的成人学历教育。目前，在陕西、新疆、青海、甘肃等省（区）设有函授站。办学三十余年来，学院累计培养成人教育毕业生2万余人，赢得社会各界广泛赞誉。

学校设有培训中心专门负责非学历教育（培训）业务。自2011年成立至今，培训业务逐年扩大，培训人数不断增长，目前已经覆盖了二十八个省（区），经济效益和社会效益均取得显著成绩。

二、学历继续教育办学情况

（一）总体规模

2020年度，学历继续教育共录取446人，全部为函授教育，其中专科0人，专升本347人，高起本99人。录取法学类学生350人，占录取总数的78%。其他专业96人，占22%。2020年共毕业函授学生165人，其中专科9人，专升本156人。与上年度相比招生人数减少53%（2019年招生956人）。

2020年度，在校生1482人（其中本科1074人，专科408人），其中省内301人，省外（新疆、甘肃、青海）1181人。

（二）基本建设情况

1. 继续教育专业设置情况

目前设有4个专业，法学、治安学、侦查学、行政管理等专业。

2. 函授站及招生情况

目前在甘肃、新疆设有函授站，校内设有直属函授站。本年度实际报到注册923人，其中直属站注册新生90人，新疆注册新生573人，甘肃注册新生260人。

3. 继续教育专业人才培养方案和课程教学大纲支撑人才培养目标和规格的情况

2020年进一步完善法学等4个专业2个层次的培养方案和教学计划书。

4. 继续教育人才培养方案的落实情况及监管措施

学院认真落实人才培养方案，加强考风考纪建设，努力提高教学质量口进一步完善网上平台建设，不断优化面授教学和远程网络教学的优势，有效地开展教学管理活动。

5. 继续教育教师构成及管理情况

2020年度，学院共聘用面授教师22人（其中专职教师6人、兼职教师16人），辅导教师6人，管理人员16人。学院教学科负责学历继续教育，下设岗位有学生管理、教学管理、招生工作、学籍管理和学刊编辑。

6. 继续教育教学资源的建设及更新情况

2017年4月开展网络课程教育，部分课程通过网络视频学习，同时根据新修订的教学计划匹配网上课件，上传教学计划、学生信息及课程资源等。

7. 学习支持服务的软硬件建设情况

学校提供完备的教学设施，设有面授教学专用教室。各函授站也有专用教室和办公室。管理人员办公设备齐全。学院配有网络教学体验区。2019年度更新电脑、打印机各三套。

学院有省内一级内部刊物《继续教育学刊》，辅助函授教育，2020年度登载教学辅导文章9篇，教师研究交流文章7篇，学生优秀论文9篇。

8. 信息化建设情况及在继续教育教学和管理中的应用和成效

网络平台上的教学管理、学籍管理功能正在逐步开发利用。特别是上半年疫情期间，学生的集中面授教学，统一调整为网上平台授课。为保证上课质量和成效，学院和网络公司联系对学习平台进行了系统更新和优化。2020年下半年，新疆函授站学生继续通过网络平台上课，直属函授站、甘肃函授站采取面授和平台相结合的方式开展教学活动。

9. 学校在学历继续教育办学投入方面的情况，特别是学历继续教育学费收入及使用情况

学校全力支持学历继续教育，在教学设施、场地、师资、经费等方面提供保障。2020年度，继续教育学费收入310万元，支出经费165万元，包括函授站运行经费1.45万元，教学运行经费20万元。

（三）规范管理情况

1. 严格执行教育行政部门相关政策和规定，做好规范招生、考试与毕业管理等方面的工作

能够根据相关规定，认真做好新生录取、复查等招生工作，全程监控教学管理各个环节，严格考风考纪，严格成绩管理和学籍管理，努力保障学历继续教育人才培养的质量。

2. 学习支持服务管理制度与标准建设、执行方式与效果等情况

各项规章制度健全，管理人员管理经验丰富。严格审批程序，规范开展招生宣传，认真做好学生管理、教学管理和学籍管理。

3. 内部质量保证的机制建设及实施效果

继续教育学院严格按照学院有关管理制度，各职能科室之间相互配合、相互监督，并适时修订完善内部管理制度，各项工作有序进行，取得较好的效果。

4. 接受外部质量评估的类型、频率及效果等

积极落实学校关于稳步推进继续教育工作的要求，认真做好上级教育管理部门组织的质量评估工作，促进继续教育自身健康发展。2020年度没有评估活动。

（四）学生学习效果

1. 学生学习满意度

学校教学管理规范，教职员工尽心尽责，总体上，学生对教学管理比较满意。

2. 社会用人单位对毕业生的反馈评价

学校开展学历继续教育三十余年，累计培养函授毕业生22000余人，为西部地区法治人才培养做出一定贡献，赢得社会各界广泛赞誉。

3. 积极参与服务社会工作

继续教育学院承担省教育扶贫项目，定点扶贫山阳，结合当地实际，开展扶贫教育培训。2020年度，累计开展14期培训，培训农民工606人，累计投入扶贫专用资金49700元。

三、非学历继续教育发展情况

（一）非学历继续教育基本情况

培训中心是西北政法大学开展非学历教育培训的专门机构，面向全国政府机关和企事业单位开展培训工作。旨在依托学校教学科研优势，紧密围绕党和国家最新理论政策，引入丰富的教学方式，培养高质量、高素质、高水平的复合型干部队伍。

（二）非学历教育的工作进展

依据国家政策和市场需求，一年来积极构建八大培训主题，设计八大专项课程体系，开发了十三个实践教学课程。受新冠肺炎疫情影响，2020年培训期数、人数有所下降。中心举办各类非学历教育培训共89期，培训人数6163人。培训单位涉及法院、检察院、纪委监委、烟草系统、政法委、政府机关等。同时积极发掘新的培训业务，拓展新的培训模式。依托学校的品牌和资源优势，与北京华图众成教育科技发展有限公司、西安鑫阳企业管理咨询有限公司签署合作协议，发挥合作机构培训资源优势和管理经验，进一步扩大培训规模。

（三）非学历教育的主要特色

培训中心及相关院部依托学校优质、雄厚的教学科研资源，配套完备的教学设施，围绕法治教育和红色资源为核心，打造我校非学历教育培训体系，逐步建立起完整的法律培训专题和优秀的培训师资队伍。其发展呈现出以下五个特色和优势。

1. 学校党委的高度重视

学校高度重视非学历教育工作。西北政法大学2018年工作计划细则对学校非学历教育培训工作做了明确安排。2019年学校投资改造了培训专用教学楼、住宿楼、餐厅，培训的硬件设施得到根本性改善。

2. 不断壮大的培训规模

从2011年成立至今先后培训了40000多名国家经济发展和法治建设急需的中、高级人才，培训人数稳步增长，培训业务不断扩展，培训省份涉及二十八个省、市、自治区，为西北乃至全国的经济社会发展和法治建设贡献西法大力量。

3. 专业一流的管理服务

我们在学员管理上提供热情周到的服务，每个班配备专职班主任及班主任助理，全程为学员在校期间的学习、日常生活及外出实践教学提供服务，为学员的舒心学习提供保障，从而保证培训质量。

4. 丰富实用的课程体系

培训中心高度重视课程建设，聘请校内优秀的专家学者为学员授课，为全国各地法、检、法、司等政府机关及企事业单位量身定制了一系列有针对性的课程，并形成专业的课程体系。既有课堂教学、研讨式教学，也有丰富多彩的实践教学。

5. 雄厚的师资力量

中心积极聘请校内外优秀的专家学者为学员授课，形成完整的导师体系。专业知识精深，教学经验丰富，教学效果显著，受到参训单位普遍好评和肯定。在新的发展时期，西北政法大学将围绕"专业化""品牌化""高端化"的发展目标，充分发挥我校的学科、人才综合优势，充分利用陕西的红色资源，不断壮大继续教育规模，提升继续教育质量，更好地服务于国家和区域的人才培养和社会经济发展。

西安邮电大学继续教育发展报告

一、总体情况

西安邮电大学是一所以工为主,以信息科学技术为特色,工、管、理、经、文、法、艺多学科协调发展的普通高等学校,是我国特别是西北地区信息产业和现代邮政业人才培养、科学研究的重要基地。是陕西高水平大学建设高校、陕西省"一流大学、一流学科"建设高校、教育部"卓越工程师教育培养计划"实施高校。

西安邮电大学举办继续教育已有六十多年,是西北地区普通高等学校中最早设立成人教育机构的院校之一。近年来,先后在13个省(自治区)建立了16个函授站。

学校高度重视继续教育,在大学章程、发展规划和党政工作要点中明确了继续教育重要地位和发展方向,划拨专项经费支持继续教育工作。学校成立继续教育学院负责继续教育办学和科研活动的实施、监管、报批和检查评估,组织、协调、指导和规范函授站点开展工作。

二、专业设置

学校专业设置依托本科办学特色,不断凸显各专业的"邮电"特色及信息技术在各行业的应用特色。2020年新增3个专升本专业,目前共有20个学历继续教育专业,其中高中起点本科专业3个,专科起点本科专业12个,高中起点专科专业5个。通信工程、工商管理和市场营销3个专科起点本科专业为省级高等继续教育特色专业。2020年,学校学历继续教育以本科教育为主,兼顾专科教育,办学过程中逐渐打破行业格局,面向社会积极开展学历继续教育。

三、人才培养

(一)学历继续教育情况

2020年,学历继续教育共招生227人,在省内招生30人,省外招生197人。在学人数1519人,省内生源193人,省外生源1326人。毕业生人数603人,学校招生规模和在校生规模呈现出明显下降趋势,生源对学历继续教育可持续发展构成威胁。

学校学历继续教育人才培养模式以自学为主,采取集中面授结合线上辅导的混合式教学模式开展教学。

（二）非学历继续教育情况

学校非学历教育主要面向省内外电信运营商和电子信息行业相关企事业单位。2020年度，学校非学历继续教育共开展2个班次，总计178人参加培训，主要采取集中面授、在线教育的混合培训模式，考核通过后颁发证书。

（三）助力脱贫攻坚培训

学校积极落实陕西省教育工委、陕西省教育厅"双百工程"助力贫困县区脱贫攻坚任务，2020年举办结对帮扶宜君县幼儿园骨干教师培训班、联帮联扶山阳县教育系统信息化培训班，集中培训59人次，辐射两县65所中小学、幼儿园，助力陕西省贫困县区中小幼教事业健康发展。

（四）人才培养中的思政教育

学校坚持"立德树人"的教育理念，继续教育开设的所有课程都以"课程思政"的新理念为指南，明确知识传授，落实能力提升，实现育德功能。

在学历继续教育培养方案中，重视思政课程的学习，所有专业教学计划开设"两课"课程，主要开设有马克思主义基本原理、毛泽东思想与中国特色社会主义理论、中国近现代史纲要、思想道德修养与法律基础思政类课程；在专业课程教学中，积极探索课程思政。

在非学历继续教育培训中，坚持党建引领，结合业务开展培训，聘请校内外党史专家授课，将习近平新时代中国特色社会主义思想、"不忘初心、牢记使命"主题教育、十九大会议精神专题、陕甘边区革命教育融入培训体系中。

对上课教师严格遴选，选派政治站位高、有家国情怀、视野广、自律能力强、人格正的优秀教师参与教学工作。

（五）学生学习效果

2020年，继续教育学院先后深入陕西、河北、甘肃和青海等地省内外邮政和电信运营商走访调研，企业反馈员工通过学历继续教育提升学历后，政治觉悟明显提高，专业能力和个人素养得到了有效提升，能将自己所学知识运用到工作中，养成了良好的学习习惯。

学校多年来培养了大批应用型、技能型人才，毕业生大多在中国移动、中国联通、中国电信、中国邮政等企业和党政机关、研究机构工作，成为所在单位的中高层管理人员和业务骨干。

四、质量保证

（一）制度建设

学校结合继续教育发展特点和工作实际，2020年修订了《西安邮电大学成人高等教育制度汇编》等制度。

（二）师资保障

学校依托校内师资，整合校外优质师资资源，形成了理论水平高、实践应用强的以学校、企业、站点三大主体互补的专兼职教学、辅导团队，其中副高职称以上教师占70%以上。校内师资注重讲授理论与前沿知识，企业专家着重讲授生产、运营管理实践问题，站点重点对职业能力提升进行培养。

（三）资源建设

学校整合各学科优质教育教学资源，搭建多层次、智能化开放式教育平台，建设了具有一定规模、符合本校实际的资源库。2020年，学校加大"互联网+"在教学管理的应用，优化了青书学堂教学管理功能、学院网站的宣传功能、微信公众号服务功能。已开设网络课程700余门，更新5门课程习题册，补充10门课程试题库。

（四）站点管理

学校高度重视校外教学站点的建设与管理工作。2020年对4个校外站点进行调研、抽查、评估，对发现的问题提出整改意见和整改时限，并进行整改后的验收，同时积极配合设站单位当地教育主管部门进行年检，未出现点外设点、中介招生、违规收费、虚假承诺和宣传等影响学校声誉和办学质量的行为。

五、特色创新

（一）学历与能力相结合的人才培养体系

在校校合作模式中形成定制化的专业培养方案和学分互认制度，确立了注重应用能力培养的人才培养方向。选取通信工程、通信技术、经济管理等专业，根据行业所需专业知识水平、就业标准等，架构基础课、专业课、实践实训课相结合的培养体系，着重实训能力和实践水平的提升，为邮政、电信、邮储银行每年输送数百名一线技能型员工。

（二）以需求为驱动的教育培训研发模式

通过多年来的调研、设计、实施与完善周期，学校教育培训基本形成了以应用需求为驱动，紧跟电子信息行业、电商物流行业和地方经济发展的研发管理模式。通过积极申报陕西省专业技术人员继续教育培训基地，获批陕西省退役军人教育培训联盟理事单位，稳步推进同等学力申请硕士人员课程班等工作，以需求为中心，有效提升学校社会服务职能。

（三）教学与研究并重的继续教育发展思路

2020年度，获批的陕西高等教育教学改革研究项目《基于虚拟仿真的通信类专业继续教育课程体系的研究与实践》（一般）有序开展研究工作。同时，学校获批的3项2019年度陕西省高等继续教育学会教改立项项目和2项校级继续教育教改项目也在有序开展研究，并取得了阶段性研究成果。

六、问题与对策

（一）面对的问题

1. 学历继续教育亟待转型

随着高等教育的发展，学历继续教育的需求、热度都在下降。学历继续教育要想更好的发展必须寻求新方向，必须突破现有办学层次，积极拓展办学类型，深化"校企、校地、校校"合作。

2. 非学历教育面临的变化与挑战

非学历教育逐步向市场化转变，项目开发要紧跟市场需求，需有效整合校内外师资力量开展项目研发，运用信息化手段进行宣传和教学。

（二）发展对策

1. 学历继续教育

制定招生激励政策、适当提高函授课酬标准；结合企业发展与社会需求，积极申报新专业，做好特色专业建设工作；做好继续教育教学改革项目的申报与研究；扩大定向培养模式的合作院校和企业；依托教学平台，加大视频课程资源的建设。

2. 非学历教育

进一步完善管理制度、实施规范管理、创新培养模式、确保培训质量；进一步与政府、企业、行业协会、各种认证机构和社会办学机构的合作与沟通，有效整合学校学科与教学资源，开拓多学科的交叉融合，开设各种高级研讨班和行业技能培训班；利用学校行业优势，重点打造行业相关培训项目，促进培训专业化，提升服务能力，通过差异化发展加快学校非学历继续教育特色与品牌建设。

陕西中医药大学继续教育发展报告

一、学校情况

陕西中医药大学是陕西唯一一所培养高级中医药人才的普通高等院校,学校学科门类齐全,中医药特色鲜明,设有14个教学院(系、部)、27个本科专业,涵盖医、理、工、文、管等5大学科门类。经过40年的实践与发展,形成了学历教育与非学历教育并举的办学格局,构建了能适应各类求学者选择的教育平台,为国家和陕西省的中医药事业发展培养了大量的中医药人才。

(一)学校继续教育总体规划与办学定位

紧紧围绕学校整体战略布局和党政决策部署,充分遵循继续教育发展规律,以立德树人为根本,以社会需求为导向,以规范办学为前提,以提高教育教学质量和人才培养质量为中心,全面加强内涵建设,不断提升办学能力和管理水平,合理配置办学资源,调整优化教育结构,创新教育内容和模式,稳步发展学历教育,大力发展非学历教育培训,积极争取开展在职研究生学历教育,将我院打造成为西部地区具有一定规模和影响力的中医药继续教育培训基地。

(二)学校继续教育办学体制与管理机制

继续教育学院是负责学校成人高等学历教育、非学历培训等继续教育工作的主管部门,为处级建制部门,归口教学单位系列。继续教育工作分为学历教育和非学历教育两部分。学历教育为成人高等教育,分为专科、专升本两个层次,学制2.5年,学习形式为业余。非学历教育为岗位培训,学习形式为全日制集中培训。

二、专业设置

(一)学历继续教育专业设置情况

学校学历继续教育2020年开设有中医学、针灸推拿学、中西医临床医学、临床医学、医学检验技术、医学影像学、护理学、中药学、制药工程、应用心理学、预防医学、公共事业管理、食品卫生与营养学、康复治疗学、药学等15个本科专业及相关8个专科专业。

(二)学历继续教育专业调整情况

学校在2019年全面取消专科层次招生的基础上,取消了中西医临床医学、制药工程、应用心理学、公共事业管理、食品卫生与营养学等5个招生人数小于50人的专业。

(三)专业人才培养方案制定及调整情况

2020年学校继续教育重新修订了《陕西中医药大学成人专科/专升本人才培养方案》。人才培养方案制定及调整过程中,以应用型人才培养为取向,面向基层一线,形成了以中医药专业为主的多学科、多专业人才培养的格局。

三、人才培养

(一)学历继续教育情况

1. 总体规模

学校开设有专升本、专科两个层次的学历教育专业23个,专业方向涉及医、药、护、管、技等五个方面。截至2020年学校继续教育在籍学生总人数为4950人,其中专升本4504人,高起专446人,学习类型均为业余。

2. 生源分析

学校继续教育在校生生源中99%来自本省内,多为汉族,学生主要分布在各区级、县级、乡级、社区卫生服务中心、各级药厂等相关医药行业单位,少数学生为自主创业。在校生男女比例约为1∶4,在校生年龄主要集中在20岁至30岁之间。

3. 人才培养模式与教学基本情况

人才培养模式:以提高教育教学质量和人才培养水平为宗旨;以培养社会需要的高素质应用型人才为目的;以培养学习能力,实践能力和创新能力为核心。

教学基本情况:教师在课堂为学生创造积极互动学习氛围,设有病例实践课堂讨论环节,不断增加学生学习的兴趣,让学生很快融入课堂中。

(二)非学历继续教育情况

1. 总体规模

非学历教育主要以各类适宜技术和专业培训为主。2020年承担了陕西省卫计委和陕西省中管局中医类别全科医师转岗培训、陕西省中管局助理全科医师培训、陕西省传统医学师承培训等项目培训任务。共计培训196人。

2. 培训模式

学校承接的所有培训项目均采取以全日制集中培训模式为主,线上培训模式为辅的培训学习方式。在完成规定课程的基础上,特别邀请名医名家对学员进行专题讲座和临床经验交流。

(三)人才培养中的思政教育

学校继续教育高度重视党建和思想政治教育工作,在成人高等学历教育人才培养过程中,坚持按照学校党委的统一要求,时刻注重加强校内及校外教学点学生的思想政治教育学习工作,全面提升学生思想道德修养和水平。

（四）学生学习效果

学校在课程设置、师资配备、硬件设施、学籍管理等方面不断增强服务能力和水平，保障了学生在校学习的质量。近年来，继续教育学院成人各专业学生学士学位通过率和考研率不断上升。

四、质量保证

（一）制度建设

学校始终坚持质量至上、规范办学，为提高继续教育办学质量制定了多项管理制度。在招生、教学、考籍等重要环节形成了较为规范的教学管理和监控体系。

（二）师资保障

学校继续教育共享学校师资，校本部教学点教师全部来源于学校。校外教学点主干课教师由我校选聘或派遣，每年约100余人，约占授课教师的五分之一。

（三）资源建设

（1）学校继续教育各专业使用的教材大部分来源于统编教材，少部分来源于自编教材。教师课件99%以上采用电子文档形式，全部用多媒体形式演示。

（2）各专业考试题全部来源于试题库；教学中使用的素材及案例均来源于相应的素材库、案例库。

（四）设施设备

学校继续教育共享学校125个实验室，拥有16个专用多媒体教室，

学校2所附属医院，1个药厂为学生实验见习提供保障；校外教学点共有125个多媒体教室为学生提供教学服务。

（五）合作办学及校外教学站点建设和管理情况

1. 教学站点建设

2020年我校共有陕西省教育厅备案的校外合作教学点17个，教学点均具有独立法人资格，相应办学资质均符合《陕西省高等学校继续教育校外教学站点管理办法》设置要求。

2. 函授站点管理

学校认真落实陕西省教育厅和学校关于校外教学站点的管理办法，强化监管，完善教学站点的考核评价体系，实行教学站点的进入和淘汰机制；加强校外教学点在招生、收费、教学、管理等方面的监管；严肃认真做好校外教学站点年度检查评估及整改工作。

（六）学习支持服务

学校为各成人专业学生提供了多样服务的公共网络和图书馆馆藏文献，包括精品课程网、数字化校园、电子邮件、各类网站等各种信息化业务支撑服务。

（七）内部质量管理

学校继续教育建立和完善了教学管理规章制度，明确了各职能部门在教学质量保障中的责任分工，巩固了教学督导体系在教学质量保障中的地位，进一步树立全员质量观念，人才培养质量显著提升。

（八）外部质量评估

2020年积极配合省教育厅评估专家组按规定时间对学校全部校外教学点进行了年检评估。评估总体效果良好，对个别教学点存在的不足，加强监控，及时整改。

（九）信息化建设

学校非常重视校园网络、信息化应用和教育技术的发展，教学和培训都采用线上线下相结合的方式开展。

（十）经费保障

学校非常重视继续教育工作，切实保障教学经费投入。对继续教育工作实行教学经费年度预算管理，保障各项教学经费开支，确保继续教育学院教学管理工作的顺利进行。

五、社会贡献

（一）学校继续教育资源面向校内、社会开放服务情况

学校依托专业优势，面向社会积极开展医疗师资能力提升、中医药适宜技术培训工作。

（二）对口支援、教育帮扶情况

2020年分别帮扶完成了陕西省旬邑县卫计委中医特色理疗培训工作和陕西省淳化县医疗卫生技术人员能力提升培训工作。

六、特色创新

（一）实践特色与模式创新

（1）学校不断改进教学管理和教学手段，加强信息化建设。建设并运营了成人高等学历教育互联网学习平台，实现了远程理论教学和面授实训相结合的教学体系。

（2）以党建促发展，按照学校部署，狠抓继续教育学院及各校外教学点的基层党建工作。

（二）教育教学研究与成果等情况

（1）学校每年均召开校外教学点教学工作会以及招生工作会，明确发展目标，管理要求，把规范办学行为，提升教学质量放在首位，教育教学质量和管理水平进一步提升。

（2）学校继续教育学院是全国中医药成人教育学会副理事长单位，陕西高等继续教育学会常务理事单位。

（3）学校曾先后在全国高等中医药院校业余教育评估和陕西省高等继续教育学院年度考核中获奖。

七、问题挑战

（一）在社会层面

由于继续教育的相应配套政策还不完善，使继续教育观念不同程度地偏离了培养人才、服务社会的初衷；其次是继续教育工学矛盾突出，学生承受着学习和工作的双重压力；第三是继续教育理念滞后，重视度和资金投资不足。

（二）续教育学院层面

总体来看，学校作为主办院校的办学主体责任落实还存在不足，需进一步强化，管理水平有待提升。

（三）教学点层面

校外教学站点的办学理念和办学条件建设跟不上医药教育发展要求。教学硬件投入不足，教学环境、教学条件、教学管理队伍薄弱，实验实训教学急需加强。

八、对策建议

（一）发展对策

1. "十四五"发展思路和目标

不断完善专业结构，深化课程改革，改进教学方式方法，着力培养学生综合能；努力改善办学条件、提高教育教学质量，完善继续教育的质量保障和监控体系；加强校外教学点监督检查力度，适度调控教学点布局；建立远程网络理论教学和面授实训相结合的教学体系。

2. 具体举措

①稳步发展成人学历教育。

充分利用学校的办学资源，稳妥规范地发展成人高等学历教育。以规范办学、依法办学为原则，科学规划设置省内教学站点，不断完善教学站点的考核评价体系，健全教学督导体系及教学保障机制，充分提高人才质量。

②积极推进非学历教育行业培训。

充分发挥中医药行业优势，在保证完成上级管理部门委托的培训项目外，不断努力开拓培训市场、增加培训项目、创新培训方式、提升培训质量。

③建设运营远程教育管理平台。

要建设并运营学历教育远程教学网络平台、非学历培训教学管理平台，建立远程理论教学和面授实训相结合的教学体系，构造一个网络化、智能化、媒体化相结合的继续教育管理平台大系统。

（二）政策建议

（1）加强对全国成人高考报名环节的整体管理，近年来，各高校学籍问题频发，统一成人高考的报名环节有利于促进成人学生学籍管理的规范和发展。

（2）为振兴中医药事业发展，促进中医药类学生学历提升，全国应统一医学类成人高考的报名资格条件，建议去掉成人高考报名环节的医学类职业资格限制。

（3）统筹推进网络课程的资源开发。目前全国普通高等学校和教育行业各类投资公司都在开发网络课程资源，存在着严重的资源浪费现象，建议教育行政部门能够统筹推进继续教育网络课程的开发，特别是共享行业精品课程资源。

西安财经大学继续教育发展报告

一、继续教育办学指导思想、发展思路

（一）指导思想

以习近平新时代中国特色社会主义思想为指导，深入贯彻党的十九大和十九届二中、三中、四中全会精神和全国教育工作会议精神，落实立德树人的根本任务，坚持开放办学，充分发挥高校社会服务功能。主动适应我国经济社会发展和人的全面发展需求，树立终身学习、全民学习和多样化人才培养观念，以优质服务为手段，以合作共赢为目的，以现代信息技术为支撑，不断优化办学和服务体系，积极构建灵活开放的终身教育体系，加快推动终身学习、全民学习的学习型社会建设，为促进地方经济和社会发展做出更大贡献。

（二）发展思路

学校全面推进继续教育内涵发展，以学科建设为龙头，以师资队伍建设为关键，以提高教育质量为核心，以体制机制创新为保障，将继续教育纳入"一流学科、一流专业"建设，坚持学历继续教育和非学历继续教育并行发展的思路，实现继续教育的规模化突破、品牌化发展。努力实现继续教育服务区域经济、贡献经济社会的发展目标。

二、学历继续教育办学情况

（一）办学规模及分布情况

学校学历继续教育现有高中起点专科、高中起点本科、专科起点本科三个办学层次，函授、业余两种办学形式，开设有工商管理、会计学、旅游管理、金融学、公共事业管理、信息管理与信息系统等16个专业，会计学（专科起点本科）专业于2016年被列为省级特色专业建设点。2020年度在学1388人，拥有省内外函授站（点）8个，分布在陕西、甘肃、海南、新疆等地区。

学历继续教育2020年度在学人数：1388人，其中函授教育：1383人，业余学生5人。

2020录取人数1678人，包括：专科起点本科994人、高中起点本科253人、高中起点专科431人。

（二）学历继续教育专业设置、建设情况

专业设置主要以学校的优势学科经济学和管理学科为主，形成了这两大学科互相支

撑、协调发展的专业布局。专业建设依托学校全日制本科教学资源，在师资队伍、实验仪器设备、图书资料等方面与学校本科教学资源完全共享。

学校以省级特色专业会计学为抓手，重点加强省级会计学特色专业的建设管理工作。进一步凝练专业特色，创新会计学专业人才培养模式。优化课程设置，修订培养方案，完善教学大纲。根据行业特色和新时代经济建设、社会发展对人才的需求进行调整。

（三）师资队伍建设

学历继续教育师资主要依托学校1000余专任教师资源建立。继续教育专业师资队伍主要情况：会计学专业教师，教授8人，副教授34人，具有博士学位的教师共9人；工商管理专业教师，教授3人，副教授13人，具有博士学位教师5人，在读博士7人，硕士学位以上教师占专任教师的80%。学校始终高度重视学历继续教育教师聘任工作，教师聘任实行公平、公开、公正，双向选择、择优选聘的原则.选聘高学历、高水平、高职称的教学实践经验丰富的教师从事继续教育教学工作。2020年，校本部聘任教师73名，都具有大学本科以上学历和中级以上职称。授课教师中研究生以上学历的占86.3%，副高以上职称的占66%。学校严格按照《西安财经大学继续教育学院教师聘任管理办法》对任课教师进行管理，从德、能、勤、绩四个各方面定期对教师进行考核。

（四）管理队伍建设

继续教育学院、培训中心配备了与办学规模相适应的继续教育管理人员。并加强鼓励队伍的专业化建设，努力建设一支专业水平较高、知识结构合理、掌握继续教育规律的管理队伍。有教职工16人，其中副高以上职称占13%，中级职称占67%，学历层次上具有研究生及以上学历的占19%，本科学历占63%。

学校在日常管理中注重强化继续教育管理人员业务培训，2020年学校继续教育管理人员参加各类专题培训20余次，有效促进继续教育管理队伍在理论水平、业务能力、工作视野等方面得到提升。

（五）教学资源建设及更新

学校高度重视平台教学资源建设工作，及时对平台及老旧的课程教学资源和教材版本进行更新。2020年学校对原平台中没有在线网络课程的教学版本陆续进行了相应的补充；对现有142个在线网络课程的教学版本进行了更新升级；对98门专业课程的相关的课件教材版本进行了同步的更新。

（六）办学投入及学费收入与使用

学校不断加大对继续教育办学的投入，2020年网络教学平台建设、课程资源建设、特色专业建设、教学设施改善、招生宣传、教学常规运行等方面共支出约41万。

学校严格按照上级特价部门学费收取标准收取学费，学费全部上缴学校。专科起点本科（2.5年制）：2600元／人／年，高中起点本科（5年制）：2600元／人／年，高中起点专科（2.5年制）：2500元／人／年。2020年度学历教育学费收入合计102万余元。

（七）规范管理情况

1. 规范招生、考试及毕业生管理

学校严格按照国家的政策和法规开展招生工作，成立招生工作领导小组。领导小组根据教育部、省教育厅关于招生的文件精神和学校的招生要求，合理编制招生计划，统一印制招生简章，在学校继续教育网站上及时发布招生信息。在招生期间，不做虚假宣传，不对考生进行不合理的承诺，耐心解答考生的咨询，指导考生填报志愿，向考生如实地介绍有关招生政策。在录取工作中规范录取并严格新生资格审查。

学校高度重视考试工作，加强考试工作的组织与实施，每次考试都成立继续教育考试领导小组。考试的命题根据教学大纲、教学计划、教材和学生的实际进行统一命题，充分体现教学大纲的基本要求。突出重点章节、重点内容。考试方式根据课程性质，将闭卷、开卷笔试，课程论文、大作业和线上考核等方式相结合。2020年组织7批次考试，参考1291人次。日常管理中注重学风建设，开展考前诚信教育，严格考试管理。

学校在学历证书电子注册工作中，严格执行教育部、省教育厅的规定，严格把关。按照毕业条件，进行成绩审核、学费清查、学籍学制核对。对于完全符合条件的学生办理毕业证书，实事求是地报送符合毕业资格的毕业生数据和材料。学校2020届学历继续教育毕业人数260人，毕业率97%。

在学位考试管理中，严格审查报考学位考试的学生报名条件，组织符合学位申请条件的毕业生参加学位课程考试和学位英语考试。2020年学位英语考试报名人数142人，学位课程考试报名124人。根据《西安财经学院成人高等教育本科毕业生学士学位管理规定》西财教发【2016】12号，对符合条件的毕业生授予高等学历继续教育学士学位。2020年学历继续教育本科毕业生授予学士学位28人，学位授予率17%。

2. 严格函授站管理

学校对所有函授站办学进行严格管理，严禁函授站利用非法培训机构、中介组织或招生代理组织生源，坚决不允许利用中介组织或招生代理假借成人高校招生名义进行虚假宣传和欺诈性招生行为，坚决制止和惩处以营利为目的虚假和欺诈性招生宣传、违规招生行为。严格按照学校招生计划进行招生，不允许函授站跨地区招生，实行考生不得跨地区注册的学籍政策。

3. 加强内部质量监控

为确保教学质量，学历继续教育教学工作依据《西安财经大学继续教育学院函授教学管理办法》《西安财经大学继续教育学院函授教学工作条例》等制度开展教学质量监控。校领导和继续教育学院相关科室多次深入各函授站，加大教学秩序、教学过程和教学质量的检查力度，及时了解教师的教学情况和学生学习情况。

2020年学校针对日常教学工作中的难点工作进行梳理，对成册的教学运行管理指导手册进行及时调整，并上传管理平台，供函授站教学管理人员查阅；针对日常教学运行、教学管理工作中的重点工作，对函授站教学管理人员进行业务培训，不断提高函授站人员教学管理水平和服务质量。

三、非学历继续教育办学情况

（一）发展规模及基本情况

1. 发展规模

学校非学历继续教育已逐步形成了专业特色性强、行业方向突出，区域服务条块清晰的教育培训格局。培训项目类型包括：政府企事业单位人员培训、执业/职业资格证书等考前辅导培训、扶贫培训、专业技术人员继续教育。

2020年全年总计完22期，2755人次的培训；其中，政府企事业单位培训11期，共计1116人次；扶贫培训2期，共计148人次；执业/职业资格证书等考前培训4期，共计712人次；专业技术人员继续教育5期，779人次。

2. 服务对象

培训主要面对税务等行业系统和国内百强企业财务会计专业领域。2020年税收专业培训3期，449人次，覆盖全国2个省；综合类培训8期，667人次，覆盖全国1个省；专业技术人员继续教育5期，779人次，覆盖全国1个省。

3. 招生方式及培训模式

非学历继续教育培训方式主要包括聘请专家短期集中培训、红色教育及面向社会大众长期开放考前培训。教学模式主要是在疫情防控期间结合培训项目特点及培训对象业务提升及实际学习需求，以采用线上教学、面授教学及线上和面授教学相结合为主，交流讨论座谈及现场教学为辅的模式。招生方式主要包括委托招生、社会招生和委托培训。

（二）工作进展

学校非学历继续教育发展主要适应国家和陕西省经济发展对人才的需求，充分发挥学校非学历继续教育税收、统计、财政、财会学科在行业内的品牌学科优势，积极建立政府企事业单位干部培训基地，基地有中国财政科学研究院西安培训基地、国家统计局西安培训基地、教育部教育事业统计人员西安培训基地、陕西省中小企业财务技能培训基地、陕西省农村信用社联合社培训基地、原西安市地方税务局稽查局培训基地、商南县——西安财经大学农民暨脱贫攻坚培训基地。

学校从培训制度、培训师资、培训专题三方面构建了西安财经大学非学历继续教育体系，有效保障非学历继续教育质量。非学历继续教育设有培训中心咨询委员会，由校内外专家教授37人组成，其中，校内专家32人，校外专家5人；正高职称24人，副高职称13人。截至2020年，中心面向校内外遴选培训授课能力强、经验丰富并有一定知名度和影响力的培训教师90名，其中，校内教授49人、副教授18人、校外专家23名，硕士研究生及以上学历77人，本科学历13人，主要分布在税收、统计、财政、财会、管理等专业领域。

学校非学历继续教育为适应区域经济发展过程中对人才终身学习的需求，逐步明确培训服务定位，不断完善和开发培训项目。2020年，共开发政府企事业培训专题讲座184项。

四、办学特色与经验

近年来，学校继续教育工作取得了良好的社会效益和经济效益，形成两点办学特色与经验。

1. 加大信息化平台建设力度，加快推进继续教育现代化

学校不断加大信息化教学平台的建设力度，2020年为配合做好疫情防控工作，对远程教学平台进行了更新和升级。在平台的招生模块加入学生预报名功能，通过小程序嵌入学校或学院官网或者是公众号，学生可通过报名链接或二维码进行预报名；加入新生报到系统功能，学生通过远程教学平台，完成新生报到和相关信息审核；学生学籍卡、成绩单、课表、毕业生登记表、学位考试准考证、学位考试桌贴打印等原线下办理的业务均实现函授站、学生平台异地自助打印，大大提高了工作效率。

2. 加大培训合作引入，建立高层次培训基地，提升培训品牌

在非学历继续教育发展中，学校结合学科和区域优势，坚持凝练专业品牌，研发精品课程，明确服务群体定位，优化品牌模块，充分挖掘自身资源优势，积极引入高层次的培训合作，建立中国财政科学研究院西安培训基地、建立多方面培训合作，通过合作补充资源、扩充力量、提高市场占有率，从而扩大西安财大培训品牌影响力。深入百强国企，进行需求细分，实现精准分析并量身定制培训方案，以校内外、行业领域内具有深厚理论研究水平及较高实务实践经验水平的双师型专家教授为支撑，以名牌学科专业为优势，以精品课程为亮点，以特色模块为切入点达成培训合作。

五、问题与对策

（一）成人学历继续教育招生生源组织工作需要进一步加强

规范学历继续教育招生生源组织工作，出台相应的招生监管办法；在招生政策上，适当向地方高校倾斜。

（二）非学历继续教育的市场化运行和激励机制急需建立

放宽普通高校非学历继续教育的管理权限，鼓励建立健全适应市场运行机制的业绩考评体系和内部激励机制。建立财经类高校培训资源联盟，实现资源共享。

西安美术学院继续教育发展报告

一、专业设置

（一）学历继续教育专业设置情况

目前有高起本绘画专业、中国画专业、环境设计专业、视觉传达专业；专升本中国画专业、绘画专业。

（二）学历继续教育专业调整情况

2020年我院组织各工作室教师对各专业教学计划和大纲进行了全面修订。环境设计专业增加了植物设计、建筑手绘、空间设计，城市阅读、下乡写生；取消了几何画法、装饰预算；视觉传达专业取消了传统纹样、丝网印刷，调整了版式设计和字体设计课程，绘画专业调整了素描和油画的课时占比，加大了模特写生和室外写生课时；中国画专业增加了速写课、传统名画临摹，所有专业都加大了社会实践课时量，突出了技能创作能力的培养。新增了高中起点本科的书法学，工艺美术和环境设计，专科起点本科的书法学和工艺美术五个专业。

（三）专业人才培养方案制定和调整

目前我院在总结多年的教学经验的基础上，形成了完整的教学大纲和教学计划，并根据社会需要不断调整充实学科内容，及时补充前沿信息，不定期聘请其他院校和校内外美术界名家进行讲座和教学指导。

二、人才培养

（一）学历继续教育情况

1. 总体规模

截至2020年底，学历教育在校学生人数374人。

2. 生源分析

按照规定我院目前只在陕西省内招生。

3. 人才培养模式与教学基本情况

继续教育学院日常教学为业余学习形式，专升本学制三年，两年在校学习，一年社会实践；高起本学制五年，四年在校学习一年社会实践。

（二）非学历继续教育情况

1. 总体规模

按照我院2020年教学发展计划，在稳定发展学历教育的同时，大力发展高级研修班培训、对外合作培训、专业技术人员继续教育培训、专项培训等非学历教育。非学历教育逐渐成为我院继续教育的重要组成部分，近两年非学历教育形式多元化，学员数量不断增加，2020学年共招收各种形式的培训9个班次700余人次，其中有美术爱好者随班培训15人，专业技术人员继续教育培训419人次。高级研修提高培训班76人，委托培训11人。

2. 培训模式

我院非学历教育培训均采用在校面授模式教学，辅导示范和社会实践相结合，严格管理，保证质量，以质量求生存的办学理念赢得了社会的广泛认可。

美术学类专业主要培养具有扎实文化艺术素养、专门技艺、创新精神与创业意识，能在相关领域从事创作、研究、教学和应用等工作的专门人才。培养方案包含五大模块：专业指导、教学模式和策略、课程体系和核心课程、教学质量监控体系、标志性成果。为实现人才培养目标，以研究方向、专业思路作为支撑，通过制定有针对性的教学模式，构建特色显著的核心课程体系，在一系列教学质量监控制及规章制度保障下，确保教学质量和人才培养高质量。

（三）人才培养中的思政教育

大学生思政教育是学院教学的重要组成部分，新生开学后每周两次思政课与英语课、美术理论共同构成文化课教学，占学生总课时的百分之十左右。

学院有学生党支部、学生会、学生社团。2020年学院学生支部开展了"清明祭扫"、同时，我院定期在全院学生中开展"心理健康"安全讲座。

（四）学生学习效果

2020年有15名学生毕业创作获得西安美术学院毕业生创作不同奖项，有8名学生获得西安美术学院红星宣纸奖；80多幅毕业生创作展在西安美术学院西部美术馆举行获得校内外一致好评。

三、质量保证

（一）制度建设

学院根据多年的办学经验，逐步形成了完整的管理体系，制定了一系列规章制度，有《西安美术学院继续教育学院教师考评办法》《西安美术学院继续教育学院听课制度》、《西安美术学院继续教育学院学生成绩管理办法》，《西安美术学院继续教育学院外聘教师管理办法》，《西安美术学院继续教育学院学生考勤管理办法》，《西安美术学院继续教育学院学生下乡写生规定》，《西安美术学院继续教育学院文明教室评比办法》，《西安美术学院继续教育学院模特使用管理办法》，《学生优秀作业留校规定》等。

（二）师资保障

目前绘画专业有教师37名，中国画专业35名，视觉传达专业36名，环境设计专业38名。其中继续教育学院目前专有教师共11人，有教授2名，副教授4名，讲师5名，博导2名，硕士研究生导师3名（含博导），学院还有兼职教师50余名。

（三）资源建设

美术类专业课目前没有全国统一教材，西安美术学院根据多年的办学经验，结合学生的学习特点制定了科学完善的教学大纲和教学计划，目前专业课理论部分都采用多媒体教学，实践部分必须采取现场示范教学，并根据每个学生绘画技能和存在的问题单独辅导。文化课教材采用陕西省教育厅指定的继续教育教材，教学全部在校学习。

（四）设施设备

继续教育学院学生和全日制普通学生在共同的校园生活学习，共享学校的图书馆、阅览室、美术馆、操场、多媒体教室、素描教室、食堂等设施，共同参加学校的各种公开的学术报告、学术讲座、学术活动及学校各种文体活动等。同时，继续教育学院还有独立的教学设施设备，有独立的教学楼，有专业课教室28间，其中多媒体教室一个，计算机教室两间，有电脑60余台，石膏素描教室一间，有大型石膏25座，人体解剖骨架一副。图书资料室一间，各种书刊300余种，图书两万余册。模特台，绘画专业灯具。各种静物道具2000余件，投影仪7台。

（五）学习支持服务

继续教育学院作为以技能型实践性为主的艺术院校，在学习中倡导教师以真实案例为素材，现场示范教学、临摹教学和理论讲授教学相结合。环境艺术设计教学鼓励让学生以西安地区真实环境为设计案例，进入实地现场，测量设计规划。同时组织并带领学生积极参加社会公益活动，扶贫、乡村美术及幼儿教育美术活动以及养老院慰问交流书画活动等。

（六）信息化建设

继续教育学院管理基本实现信息和网络化管理模式。学籍管理、成绩管理、毕业证和学位证管理均实行网络化，学籍管理采用教育部学信网平台，成绩管理系统为继续教育学院学生成绩网络管理平台，学生可以在网上随时根据学号查询成绩情况，了解自己的学籍状态。

四、社会贡献

继续教育学院是面向社会全方位开放的大学，在学历教育之外非学历教育采用多种形式为社会培养美术人才，有美术爱好者再教育，有画院、美术馆、幼儿园教师再提高再教育，有相关单位委托再教育；我院还承担了陕西省人社厅职称评审学习培训。培训学员有十七八岁的青年，也有六七十岁的退休职工；学院职工也可以随时根据工作需要参加学习。2020年专业技术人员继续教育培训419人次，高级研修培训及其委托培训87人。

目前随着国家倡导加大职业教育和终身教育力度，我院将积极适应社会需求，采取灵活多样教育培训形式，努力承担更多的社会义务。

五、特色创新

继续教育学院在多年教学实践中总结出一套行之有效的独特的管理模式，确保了教学的健康发展和教育质量的稳步提升。

（1）班主任管理学生制，在管理中注重加强与学生的交流，及时了解学生心理，掌握学生对教学的反馈和学习动态。

（2）授课教师聘任和考评淘汰制，不论是专职教师还是外聘教师上课一律采用聘任制，经学生和教务科考评不合格的随时解聘，评教制度促进教师提升教学能力，教学质量得以保证。

（3）结课会看制，每门课结课时都必须在教室进行作业展评，工作室主任，教务科及主管教学院长共同参与对教师教学作出评价，对学生作业进行点评，教学中存在的问题做出总结等。

西安体育学院继续教育发展报告

一、学校情况

（一）学校概况

西安体育学院创建于1954年，是新中国最早建立的6所体育院校之一，学校现有本部、沣峪口、鄠邑三个校区，占地面积1400余亩。教职工788人，专职教师564人。学院面向全国招生，现有全日制在校生9125人，本科生8191人，硕士研究生934人，中职学生（竞技体校）161人；函授（业余）学生1927人。学校是西北地区举办体育成人高等学历教育最早、规模最大的高等学校，在西北地区乃至全国成人高等教育领域一直享有良好的办学声誉。

继续教育学院作为学校主管成人教育的职能部门，已走过了近四十年的办学历程，经过几十年的实践与发展，形成了学历教育与非学历教育并举的办学格局，累计为社会各界培养各类学历教育体育人才近14000人，并先后承担过全国教练员科学训练培训班、国家体育总局援疆管理干部培训班、西部传统体育项目学校师资培训班以及"国培计划""省培计划"等一系列培训任务，为促进地方经济和体育事业发展做出了积极的贡献。

（二）学校继续教育总体规划与办学定位

1. 继续教育整体发展规划

学校一贯重视继续教育，尤其今年是十三五发展规划的收官之年，学校明确指出：要加大继续教育工作力度，提升继续教育办学质量，并充分运用网络技术开展教学，同时加快继续教育转型发展，即从"学历型继续教育"向"学历教育+职业技能和非学历培训"的转型。

2. 继续教育的办学定位

学校坚持以习近平新时代中国特色社会主义思想为指导，全面贯彻落实党的十九大和全国教育大会精神，高度重视继续教育工作，紧密围绕"十三五"发展目标，始终坚持立德树人，加强学生政治修养，主动适应行业和区域经济社会发展的需求，"立足陕西，服务西部，面向全国"，努力培养具有良好的专业技能和创新精神的应用型体育人才。

二、专业设置

学校继续教育现设运动训练、体育教育、舞蹈表演、舞蹈学和运动康复五个专业，其中运动训练专业、体育教育专业和运动康复专业按培养层次均分为（高中起点升专科）和（专科起点升本科）两个层次，舞蹈表演专业按培养层次定为（高中起点升专科），舞蹈学专业按培养层次定为（专科起点升本科）。

三、人才培养

（一）学历继续教育情况

1. 招生情况

学历继续教育主要以运动训练专业单独招生为主，兼顾统招的体育教育、舞蹈表演（舞蹈学）与运动康复等专业。目前，在校生1927人，2020年招生141人，共4个专业，2个层次，学习形式为函授和业余。学生主要来自陕西、甘肃、宁夏、河南等地区的体校学生、在职体育教育工作者和体育爱好者。

2. 人才培养模式

我校有比较完善的继续教育专业人才培养方案，并按照人才培养目标制定完善的课程计划和课程教学大纲。每年底根据培养方案，将下一年度教学任务表，安排在部门网站上公布，各年级学生根据年度任务表完成自学，并做好读书笔记和完成教材中各章节的作业。返校面授时，教师进行面授、辅导答疑和测试，对于课程计划中的专业骨干课程（带 ※ 号），通过选派教师的方式进行讲授，确保人才培养方案落实的质量。

3. 教学基本情况

2020年我院教学基本采用了网络教学模式。上半年和下半年，先后组织了2019级体育教育、运动训练专科、本科学生的第三、四次教学工作；2020级体育教育、运动训练专业本、专科学生的第一、二次教学工作。

（二）非学历继续教育情况

2020年因受新冠肺炎疫情影响，我校共承办各类专业技能培训5期，主要面向中小学体育教师和教练员，参训总人数848人。培训采用集中面授与线上培训相结合的方式进行。我校在进行专业技能培训的同时，始终把学员思想政治教育放在培训工作的重要位置。

（三）学生学习效果

我校办学经验丰富、师资力量雄厚、管理制度完善、教学设施齐全、教育质量可靠，曾先后被国家人事部、教育部、国家体育总局授予"先进集体""优秀学校""优良单位"称号。自办学以来累计为社会各界培养各类学历教育体育人才近14000人，为提升体育教师、教练员、体育管理干部学历层次、业务能力和综合素质做出了应有贡献。此外，2014年由我院承办的国培计划"陕西省体育骨干教师（脱产置换研修）培训班"还取得教育部同类项目盲评第二名的好成绩。我校多年来承办的各类培训班得到了参训学员的一致好评。

四、质量保证

（一）制度建设

继续教育学院认真落实主办院校主体责任，为了提升管理水平，保证人才培养质量，建立了完善的继续教育规范办学与教学管理体系，修订完善了《继续教育学院管理制度汇编》等一系列规章制度，保障了继续教育工作健康有序的运行。

（二）师资保障

继续教育学院共享学校师资，校本部教学点教师全部来源于学校。目前学历教育采用了线上线下混合式教学模式，线上课程主要由西安体育学院依托校内各院系教师进行主讲，授课教师有50人，管理人员6人。授课教师教授9人，副教授19人，讲师22人；线上课程教师均由中级职称以上教师承担。

（三）资源建设

截至2020年底，继续教育学院根据设置专业目前使用专业教材种类63种，其中运动训练专业专科18种，本科20种；体育舞蹈专业专科（舞蹈表演）15种，本科（舞蹈学）16种。学院还以特色专业建设为契机，于2019年新编运动训练专业本科函授教材三本，分别是《学校体育学》《青少年体能训练》和《乒羽网球教学与训练》，并计划由人民体育出版社正式出版。

（四）教学站点建设和管理情况

根据教育部对高等院校设立函授教学站（点）管理规定，定期按要求进行函授教学站（点）的备案审查。函授站点设立后，我校严格、规范实施函授站点的教学管理工作，建立了完善的函授教学站点管理、考核、评估、质量监控管理制度，明确了主办院校、依托建设单位的主要职责，并认真加以落实。2020年我院共有4个函授教学站点重新进行备案审查，分别是西安体育学院直属函授站、宁夏体育职业学院函授站、甘肃天水市体育运动学校函授站、郑州电子信息职业技术学院函授站。

（五）内部外部质量保障

学院在管理方面制定了完善的规章制度，明确岗位职责，实行专人专办。工作人员分为三类：教学管理人员、教师和资源建设人员。教学管理人员在整个服务组织及服务平台中，发挥宏观协调组织功能、教学管理功能、教务功能及考务功能，保证教学环节的有序进行；教师除了授课外，还要承担课程辅导、实践指导、论文指导工作；资源建设人员要充分发挥技术优势，为学生提供自主学习的资源条件、环境等。

按照陕西省教育厅的要求，2020年继续教育学院教学点年检检查专家组对学校全部校外教学点进行了检查。检查总体效果良好，针对专家组提出的个别教学点存在的问题和不足，各教学点正在逐步整改。

（六）经费保障

学校对继续教育工作的经费实行统收统支，对继续教育工作实行教学经费年度预算管理，确保继续教育学院各项教学、管理工作的顺利进行。2020年继续教育学院学历继续教育学费和非学历继续教育培训费收入近200万元，学校用于成人教育管理的支出近100万元。

五、社会贡献

为落实国家体育总局科技处助力奥运的总体方面部署，学校2020年为西北地区培训教练员近200人，同时积极参与教育部国培计划和体育总局下达的教师培训任务，以及各类在职进修、职业转岗培训，职业技术培训等，努力为国家战略、经济社会发展及学习型社会建设做好服务工作。高校体育资源服务社会，是时代发展对高等教育提出的新需求，目前继续教育学院的师资力量、教学训练场馆、图书馆等资源方面均依托于学校，同时也面向校内学生和社会开放服务。

六、特色创新

当前成人教育正处在改革转型期，学历教育和非学历教育如何协调并持续发展是我校继续教育所面临的主要问题。我校通过总结以往办学的经验，根据前期调研形成的发展报告，明确了我校继续教育今后的发展目标，努力把提升学历教育培养质量作为首要任务，通过对学历教育招生、函授教学站点的整改以及加强教学监控体系，达到控制成人学历教育办学规模，规范函授站的建设和管理，提高人才培养质量的目的。同时大力发展非学历教育，加强与上级主管部门和其他省市的联系，充分利用学校的办学资源，并在学校领导的支持下，整合学校继续教育的培训项目和师资资源，实现课程开发的共建共享，建立继续教育师资库，强化培训基地功能，发挥引领作用，依托学科和专业优势，结合市场需求，努力培育精品项目，打造特色品牌，力争承担更多的培训任务，积极为社会和在校学生服务，提升学校的社会声誉和经济效益。

七、问题与对策

（一）存在的问题

（1）当前成人教育正处在改革转型期，学历教育的培养质量及办学成本等问题，已成为制约我校成人教育可持续发展的主要问题，须引起高度重视。

（2）基础办学条件仍然是短板。

学校承担的各类培训任务均无学员食宿接待能力，限制了学院非学历继续教育培训的办班规模，利用学校周边酒店资源解决培训学员住宿需求，又受到办学成本及学校财务管理相关条款的限制。

（3）与专业学院协同办学机制尚不完善。

校内各专业学院对继续教育办学的支持，尤其是专业优质师资支持还不够，学历继续教育、岗位及职业技能培训办班的优质师资紧缺情况存在。

（二）对策

1. 提升成人学历教育办学水平

（1）规范函授教学站（点）建设。

加强制度建设，进一步修订完善函授教学站（点）相关管理制度，并根据国家体育总局和省教育厅有关高校成人教育函授教学站（点）建设和管理的规定，严格、规范进行函授教学站（点）的备案工作，同时加强函授教学站（点）教学管理，提高教育培养质量。

（2）加强教学监管。

继续修改完善各类教学管理制度，加强各函授站（点）的教学监督检查，保证教学质量。按照成人学历教育培养方案和相关管理制度，组织安排好网络授课、集中面授和外派面授工作；按期完成毕业生的信息采集、成绩清理、整理及归档、学籍异动、证书打印制作、学费催缴、毕业生的毕业信息上传学信网等管理工作。

2. 加大培训工作力度

（1）进一步健全完善培训管理制度，提高管理水平，使培训管理工作科学化、规范化；科学制定培训方案，择优选聘授课教师，使培训效果更加显著。

（2）加强与国家体育总局、省体育局、企事业单位及培训机构的合作，积极承办体育行业职业技能资格培训班，努力做到服务在校学生，服务社会。

（3）总结以往农民培训工作经验的基础上，积极探索高校农民培训基地建设经验，采取灵活多样的农民培训方式，助力乡村振兴。

3. 管理工作勇于创新

（1）继续推进继续教育信息化管理和教学综合平台建设，实现学院各类继续教育业务的管理信息化、教学网络化。

（2）充分整合学校资源，加强与企事业单位的合作，结合市场需求，共同开发有利于社会人群和本校学生的职业技能培训项目。

高等院校继续教育要坚持以能力培养和知识传授为主体。要对高校继续教育进行科学定位。加强对继续教育的监督评估，优化高校内部的继续教育管理体制，规范继续教育办学行为，努力提高继续教育办学质量。

西安医学院继续教育发展报告

一、学校基本情况及办学定位

西安医学院是省人民政府举办的一所全日制普通本科院校,现有专任教师867人,其中正高职称185人。具有博、硕士学位教师716人。

学校继续教育学院目前开设专升本、专科两个层次共12个专业的教学,在籍生万余名。有一支约200人的包括"陕西省教学名师"的骨干教师队伍。各类制度基本健全,日常工作信息化程度高。学院本着做强学历教育,做大非学历教育的原则,力争成为服务地方的医疗卫生人才培训中心。

二、专业设置及人才培养方案

目前开设有临床医学、护理学等12个本专科专业,2020年新增了管理学门类专业1个。

2018年学院组织修订了人才培养方案。以社会需求和经济发展对各专业职业能力和岗位技能的需求为前提,更好适应经济社会和个人发展的需要,经校督导及校外专家审核后最终确定。目前方案运行平稳。

三、人才培养

(一)学历继续教育情况

1. 总体规模

截至2020年12月,在籍2019、2020级成人学历继续教育总人数10099人,不含2020届毕业生4065人。

2. 生源分析

在籍生10099人中,均为省内户籍。男生1757人,女生8342人,年龄层次多分布在21~30岁之间,占在籍生总数的70.56%,多分布在技术辅助工作岗位。专科生人数为868人,占比约为8.6%。

(二)非学历继续教育情况

1. 陕西省全科医生转岗培训工作

培训模式:理论教学+临床实践。培训时间:一年。面向基层卫生院、社区医院的医生。制定全科医生转岗培训实施方案，保障学员理论学习和实践环节各项培训任务的落实。2020年完成陕西省、西安市、卫健委全科医生转岗培训三个班次324人的培训任务。

2.陕西省人社厅专技处苏陕合作扶贫项目情况

培训学员来自省贫困县卫生系统副高以上职称专业技术人员，旨在帮助和提高省基层疾病预防与控制工作，2020年共完成两期129人的培训任务。

四、质量保证

（一）制度建设

2020年学院制定和完善了《西安医学院成人学历继续教育教学质量保障实施办法》《西安医学院成人学历继续教育学生管理规定》等制度。明确科室职责和各岗位职责，增强责任意识和服务意识，逐步形成"职责分明、协调统一、高效优质"的继续教育办学结构体系。

（二）师资保障

2020年学院继续推进师资队伍的优化及管理工作。从教师的年龄结构、学历结构和学缘结构都做出要求，经总校审核通过后统一发给聘书。目前非学历教育主要师资均由校本部及附属医院承担，具体情况见下表。

表1：非学历教育师资情况一览表

类别	专业技术职务				合计（人）
	正高	副高	中级	初级及以下	
校本部授课教师职称	3	9	14	0	27
外聘教师授课职称	0	5	5	3	13
管理人员	2	1	0	9	12

（三）资源建设

学校图书馆资源建设的学科覆盖面日益增大，加强专业课学习，执业考试资源建设。现有藏书累积131万册，中外文电子图书累积量147.5万册。学历教育及非学历教育教材均使用人民卫生出版社出版的正版教材。2020年非学历教育共征订包括《全科医生手册》等5种教材共计1620册。加快在线开发课程的建设力度，先后组织在籍学生约5035人次试看了近百门在线课程并完成在线考试，同时开展了主干课程的录制工作，累计录制主干课程9门。

（四）信息化建设

我院建有综合管理平台，2020年完成学生注册6013人，办理毕业4065人（2018级），学籍异动305人次。日常在线学习、通知、公告、公示等信息都在平台发布，点击率较高，综合管理平台提高了教育教学质量，给学生提供了更加便捷、高效的服务。

（五）内部外部质量保证

学院从内部确保教学管理、学生管理工作实施规范性，出台了一系列规章制度，从细节处落实工作。对外则着力加强对实习医院学生实习情况的监督检查，定期赴医院召开学生座谈会，了解学生实习中存在的问题，及时和医院教学科进行沟通，解决好学生学习生活中的困难。

（六）经费保证

2020年我院陕西省全科医生转岗培训项目，收入270万元。总支出180万。陕西省苏陕合作扶贫项目收入32万元。总支出24万元。2020年支出在线开放课程运行费及制作费用近两万元。

（七）合作办学及校外教学站点的建设与管理情况

在省内遴选办学条件好、师资队伍稳定的学校作为校外教学点。严格按照"一区一点"的原则合理布局、规范设点，严格学费管理。

制定成人学历教育教学评估指标体系，每年组织全面评估，指出问题、限期整改。每学期进行期中教学检查，每年召开校外教学点工作会议，履行学校办学主体责任，加强过程管理。

五、社会贡献与改革创新情况

（一）继续教育服务国家战略、行业及经济社会发展与学习型社会建设情况

我院自2007年成立以来，先后完成13000余人次的卫生人员各类培训任务。被确定为陕西省全科医生培训基地、陕西省助理全科医生培训等基地。经过近几年的发展积累，改善了基层医疗卫生人员的学历结构，为基层培养出一批专业技能过硬的卫生人才，同时也在一定程度上缓解了基层老百姓看病难的问题。

（二）继续教育资源面向校内、社会开放情况

2020年，我院新干线教学点对于就读的援鄂医务工作者学生免除全部学费，真正做到服务社会，回馈社会。今后我院将继续发挥专业优势，充分利用高校的有利资源，继续为社会服务。

（三）对口支援、帮扶情况

"双百工程"是我院牵头组织实施的对口帮扶镇安县月嫂和养老护理培训项目，已

成功开办 6 期，培训学员 420 余名。镇安县村级卫生室专业技术人员能力提升培训 95 人。经省教育厅批准在镇安县农民科技教育培训中心成立了"农民工培训基地"。

六、特色创新

（一）实践特色与模式创新

充分发挥高等学校自身优势，结合行业、企业、社会三方面的需求，进行高等继续教育模式创新。在培训模式及培训形式上力求创新，大力发展网络课程资源。在学院内部进行机构调整，成立"课程资源中心"，为继续教育各类学生提供充足的课程资源。

（二）教育教学研究与成果等情况

前期精心培育的省级教改课题《基于 PDCA 理论的陕西助理全科医生培训质量管理研究与实践》，在 2020 年获批省高等继续教育教学改革成果二等奖，标志着我院在成人教育教学改革方面的又一大进步。

七、问题与挑战

（一）面对的新挑战、新需求

（1）面对学历及非学历教育规模的进一步扩大，如何逐步形成具有品牌效应和影响力的精品项目，办出继续教育特色。

（2）如何盘活校内外资源，增强继续教育活力，加强硬件方面投入，改善办学条件和环境。使继续教育和其他教育事业形成水乳交融和、协调发展的新局面。

（二）存在的主要问题及原因

（1）继续教育管理制度还有待完善，教育行政部门重视度不够，在一定程度上影响了学校关于改革、发展继续教育指导思想的贯彻执行，也加剧了继续教育在学校事业发展中的边缘化倾向。

（2）缺乏适应成人特点、满足社会应用型人才培训需要的精品教材及在线课程资源。

（3）非学历教育培训的层次、规模、质量等，与我省卫生人才培训市场需求相距甚远。

（4）继续教育管理队伍结构欠佳，制约了继续教育向规范化、系统化、规模化方向的发展。

（5）成人高等学历继续教育的校外办学监控有待加强，教学质量有待进一步提升，评价指标体系需进一步完善。

八、政策建议

（一）发展对策

通过深化继续教育体制改革探索和培育继续教育新的增长点，通过办学手段和方式的创新来优化教育结构，调整学科布局，完善专业，提高教育资源的利用效率构建成可持续、科学发展的继续教育新模式。

（二）政策建议

（1）明确办学定位与任务。把继续教育纳入总体规划，依托办学优势，形成高质量、适应社会需求的办学服务体系。

（2）启动我省继续教育教学资源共享平台建设，加快省内高校资源整合。

（3）与省外培训机构建立长效合作机制，逐步形成资源共享、相辅相成的继续教育发展格局。

（4）医学类成人学历继续教育的学习形式为业余学习，现有政策框架内只允许在办学所在地城市办学招生，这就给基层在职医疗卫生人员提升学历和知识更新带来极大困难。建议从实际出发，在政策上调整医学类成人业余学历教育的办学模式，充分发挥高校服务社会的功能。

陕西理工大学继续教育发展报告

一、学校情况

（一）学校概况

陕西理工大学坐落在世界特色魅力城市、国家历史文化名城、中国优秀旅游城市——汉中，是全国首批具有学士学位授予权的高校之一，有着悠久的办学历史。1958年，为解决陕南基础教育师资和其他急需人才，汉中大学成立，1978年更名为汉中师范学院；1965年，适应三线建设战略需要，北京大学汉中分校在汉中设立，1978年北大分校撤离后，在原址建立陕西工学院；2001年，汉中师范学院与陕西工学院合并组建陕西理工学院；2016年，经教育部批准，陕西理工学院更名为陕西理工大学。学校现有三个校区，校园总面积136.13万平方米，校舍建筑总面积68.49万平方米。现设有15个学院和2个教学实验实训中心。设有62个本科专业，全校共有全日制在校生2万余人。

（二）学校成人高等教育办学体制与管理体制

学校领导十分重视成人高等教育工作，将成人高等教育作为与全日制教育、研究生教育并列的三项基本教育任务之一，实现资源共享，设备共用，优势互补，协调发展。学校将成人高等教育发展规划、专业设置、机构编制、师资队伍等问题都纳入学校整体发展规划，列入学校重要议事日程。分管校领导经常深入成人高等教育学院调查研究，听取汇报，分析形势，制定发展策略，对成人高等教育学院和函授站在规范办学、理顺体制等方面提出明确要求。

成人高等教育学院作为我校成人高等教育的办学主体，代表学校对全校的成人学历教育和部分非学历教育行使管理职能。多年来，根据我校实际，学历教育实行科学规范的二级管理体制，即"校院共管"和"校地共管"。

"校院共管"是指成人高等教育学院作为学校的职能部门，代表学校对全校的成人学历教育进行全面管理，负责成人高等教育招生、学籍管理及毕业生电子注册等工作，教学单位主要负责教学工作。

"校地共管"是指成人高等教育学院与函授站所在地的教育主管部门及函授站共同管理函授教育，其中成人高等教育学院负责招生、学籍、毕业生电子注册等工作，函授站负责生源发动、组织教学和考试及日常学生管理等工作。

二、专业设置

（一）学历成人高等教育专业设置情况

我校成人高等教育2020年招生专业有高中起点专科（高起专）3个，高中起点本科（高起本）13个，专科起点本科（专升本）29个。

（二）专业人才培养方案

成人高等教育学院依托校内各专业优势，组织专业教师在充分调研基础上认真编写了《陕西理工大学高等继续教育各专业培养方案》，并严格按照院校新修订的专业培养方案进行教学，主干课程由本校副高以上教师授课，实践课程由一线专家授课。做到了专业培养方案、大纲、教材、考试和阅卷五统一。教学过程中实施师生双向考勤制度，教学纪律良好，学生到课率高。定期组织开展教学质量评议活动，学生满意率达90%以上。

三、人才培养

（一）学历成人高等教育情况

截至2020年底在籍学生人数2590人，其中高中起点专科1102人，高中起点本科718人，专科起点本科770人。

2020年度成人高等教育招生、在学、毕业人数统计表

类型	培养层次	专业代码	专业名称	专业年度招生人数	在学人数	当年毕业生人数
函授	高起本	130502	视觉传达设计	0	2	0
函授	高起本	110205	人力资源管理	45	72	15
函授	高起本	080301	机械设计制造及其自动化	9	49	10
函授	高起本	080703	土木工程	15	173	56
函授	高起本	080207	车辆工程	0	5	0
函授	高起本	110201	工商管理	33	142	8
函授	高起本	110203	会计学	15	65	8
函授	高起本	120901	旅游管理	0	9	0
函授	高起本	080601	电气工程及其自动化	15	50	16
函授	高起本	050101	汉语言文学	13	63	5
函授	高起本	040106	学前教育	47	88	0
函授	高起专	560301	机电一体化技术	89	209	27

续表

类型	培养层次	专业代码	专业名称	专业年度招生人数	在学人数	当年毕业生人数
函授	高起专	540301	建筑工程技术	87	149	40
函授	高起专	670102K	学前教育	106	325	66
函授	高起专	640101	旅游管理	162	419	58
函授	专升本	080901	计算机科学与技术	9	17	6
业余	专升本	040201	体育教育	0	0	0
函授	专升本	080601	电气工程及其自动化	13	19	3
函授	专升本	040106	学前教育	42	108	21
函授	专升本	080202	机械设计制造及其自动化	13	20	6
函授	专升本	030101K	法学	25	78	24
函授	专升本	050101	汉语言文学	73	190	76
函授	专升本	130502	视觉传达设计	0	3	0
函授	专升本	120203K	会计学	30	75	20
函授	专升本	120206	人力资源管理	8	14	9
函授	专升本	040104	教育技术学	0	4	3
函授	专升本	070201	物理学	0	1	2
函授	专升本	020101	经济学	0	4	0
函授	专升本	060101	历史学	0	0	3
函授	专升本	082702	食品质量与安全	6	12	2
业余	专升本	050201	英语	6	29	11
函授	专升本	070302	应用化学	0	7	0
函授	专升本	081001	土木工程	53	118	18
函授	专升本	120201K	工商管理	13	31	9
函授	专升本	070301	化学	0	1	2
函授	专升本	120204	财务管理	9	16	0
函授	专升本	070101	数学与应用数学	11	23	3

（二）非学历成人高等教育情况

1. 总体规模

类别	项目名称	对象	班次	人次	培训时长	培训模式
2020年"国培计划"——陕西省中小学幼儿园教师培训项目	陕西省县级培训者团队研修项目	南郑区中小学教师	1	50	5天	面授
	南郑区中小学教师	1	100	13	线上
	陕西省项目区县中小学青年教师课堂教学助力培训项目	南郑区中小学教师	5	100	10	面授
	陕西省项目区县中小学新教师入职培训项目	陕西省中学英语教师	1	200	50	面授+跟岗实践
陕西省中小学幼儿园教师和校院长省级培训项目	高中教师省级脱产研修项目	高中物理教师	1	63	10天	面授
	高中教师省级脱产研修项目	高中数学教师	1	63	10天	面授
	高中教师省级脱产研修项目	高中英语教师	1	100	10天	面授
	高中教师省级脱产研修项目	高中生物教师	1	63	10天	面授

2. 人才培养中的思政教育

在总结历次培训经验的基础上，学校项目专家团队对2020年中小学骨干教师培训项目做了周密的安排部署。从培训理念的确定、培训方案的撰写到培训课程的设置，培训师资的选拔都进行了多次磋商，并充分听取了多方的意见和建议，同时根据当前中小学教育改革情况和学员自身发展需要，精心安排教学内容，强化课程的针对性和时效性；精心选拔优秀师资，确保培训质量，注重人文关怀，提供优质服务。

四、质量保证

（一）制度建设

学校制定和编印了《陕西理工大学成人高等教育人才培养方案》《陕西理工大学成人高等教育教学管理制度汇编》和《陕西理工大学成人高等教育学生手册》，从制度上为非学历教育工作的规范化发展和有序开展提供了有力保障。在非学历教育培训项目上形成了特色式的亮点培训，为成人高等教育工作再上一个新台阶打下了坚实基础。

（二）师资保障

在多年的成人高等教育办学实践中，我校形成了一支师德高尚、专兼职人员结合、业务素质精良的师资队伍。学校有专职教师1202多人，其中具有博士学位295人；具有高级专业技术职务519人；长期从事成人高等教育的教师约100人，为办好成人高等教育提供了坚实的基础。各函授站有经我校审核合格的专兼职教师近200人，这部分教师业务素质较高，掌握成人高等教育教学规律，能够胜任成人高等教育教学工作。他们主要负责当地学员的授课学习、辅导答疑等，满足了学生的就近学习需求。继续教育学院对所有任课教师进行定期和不定期的调整、培训，确保较高业务水平和相对稳定的成人高等教育师资队伍。

（三）内部质量管理

为保证教学质量，学校建立健全质量监控体系建设。

第一，设立专岗，负责质量监控。加强校外教学站点的办学质量监控，要求各站（点）严格执行学校统一制订的教学计划和教学大纲，使用统一教材，统一组织考试和阅卷。

第二，建立退出机制，动态管理站点。实施常态化管理，根据管理水平、招生规模、专业需求契合度等，调减站点数量，建立退出机制。

第三，联合校内二级学院共同管理，确保教育教学质量。对校外站点的教学工作给予足够的师资与教学资源支持，专业核心课程必须委派主办学校教师授课，没有把教学和考试工作完全委托给教学站点。

第四，定期召开函授站工作会议，及时传达国家有关函授教育的方针、政策，通报最新情况，安排工作，交流经验，表彰先进，研究解决工作中的有关问题。通过以上措施，规范成人学历成人高等教育发展，提高教育教学质量。

五、特色创新

（一）实践特色与模式创新

因自学考试制度有高度开放、灵活和工学矛盾少的特点，以及网络教育的学习便利性，可以更有效地满足社会各方面日益增长的接受成人高等教育的需求。这些优点恰恰是成人高等教育学历教育面临的困难，我校将自考教育、网络教育的优点和成人高等教育函授的优点相衔接，更加突出了学校服务学生的特点，为学生提供了便利学习的平台，节省学习时间，提高了学生思想和文化层次，帮助学生毕业后更好地服务于社会。

（二）教育教学研究与成果等情况

学校成人高等教育学院高度重视教学研究工作，组织完成并申报校级教改科研项目2项，并积极申报省级教改科研项目，2020年成功申报省级教改项目1项，目前在研的省级教改项目1项。

六、问题挑战

（一）面对的新挑战、新需求

1. 构建全民终身教育体系和学习型社会力度不够

学校成人高等教育如何结合办学实际，围绕构建全民终身教育体系和学习型社会开展相关准备工作，认真学习全国教育大会精神，尽快创新搭建终身学习支持服务平台。

2. 如何有效开展非学历教育

成人高等教育的学历教育向非学历教育转型是目前成人高等教育的转型关键，亦是提高全民族素质是社会主义现代化建设的根本大计，更是构建全民终身学习的便捷途径，我校成人高等教育学院结合学校资源和地理位置，积极开展了多层次的非学历教育。

（二）存在的主要问题及原因

1. 优势专业不够明显

学校成人高等教育将结合办学实际，坚持以市场为导向，优化学科建设，调整专业设置，扩大学校优势品牌专业和特色专业的招生规模，进一步突出学校学历成人高等教育办学特色。

2. 信息化程度欠佳

针对当前形势下网络学习带来的便利，成人高等教育网络利用度不高的问题，下一步学校将进一步投入经费进行信息管理平台建设，提高成人高等教育的管理效率，进而为师生提供便捷、高效的服务；此外，创新传统的招生宣传形式，加强新技术在招生宣传中的应用，通过微信、公众号等方式扩大宣传对象。

3. 非学历继续教育开展力度不够

非学历教育未形成完整的培训体系，培训项目的模块化、信息化和制度化建设欠佳；产、学、校、企结合力度不够，亟待提高产教研协同机制的前瞻性、创新性和开放性。

七、对策建议

（一）发展对策

明确办学定位，彰显继续教育特色，控制办学规模；加强学生思想政治教育，加强校外战斗规范管理；加快教学教务管理信息化建设；建立继续教育资源研发工作，尽快为构建全民学习型社会搭建平台。

（二）政策建议

修订继续教育相关文件政策，建立健全课程资源并全省共享、行业共享，减少重复投入，加快优质课程建设；加快继续教育转型发展、内涵发展，服务国家战略，为全民终身学习提供平台和保障。

西安文理学院继续教育发展报告

一、学校情况

西安文理学院是2003年经教育部批准，由西安市政府主办、省市共建、面向全国招生的一所全日制普通本科高校。设有13个二级学院、1个继续教育学院、1个关中书院，在编教职工1100余人，现有全日制本科生13000余人。学校继续教育工作依托学校资源，经过多年的努力发展，逐步形成了以学历教育为主体，以教师培训为品牌，以非学历教育为发展重点，以社区老年教育为特色的多元化继续教育办学体系。

二、专业设置

（一）学历继续教育专业设置情况

本年度，我校成人高等教育以"合理调整，做优师范"为指导思想，共设置专升本、高起本、高起专三个层次27个专业，其中学前教育（高起本）专业2015年经陕西省教育厅批准获得陕西高等继续教育特色专业。

（二）学历继续教育专业调整情况

为适应经济社会发展的需求变化，结合国家和省厅成人类招生要求，我院适时调整专业设置，2020年新申请了小学教育专本科专业，招生专业总为27个。

（三）专业人才培养方案制定及调整情况

以全日制专业人才培养方案为基础，结合成人教学的特点和相关政策规定，制定了继续教育专业人才培养方案，根据专业知识结构要求和专业发展情况进行定期修订和更新，使之符合继续教育学习特点和应用型人才培养目标要求。所开设课程都有教学计划和课程教学大纲。

三、人才培养

（一）学历继续教育情况

1. 总体规模

2020年我校学历继续教育在籍学生共计表

办学层次你	在籍人数	招生数	毕业生人数
高起专	6096	3194	1894

续表

办学层次	在籍人数	招生数	毕业生人数
专升本	5251	3025	1710
高起本	246	54	45
合计	11593	6273	3649

2. 生源分析

性别：男 2109 人、女 9484 人；年龄：20 岁及以下 3044 人，30 岁及以下 6664，31 岁以上 1885 人；生源：省内 10975 人，省外 618 人；职业分布：行政管理 1215 人，企业管理 531 人，专业技术 5960 人，技术辅助 1209 人，服务工作 1670 人，其他 1008 人。

3. 人才培养与教学基本情况

2020 年，我校严格要求各函授站（点）严格按照我校成人高等教育各专业人才培养方案的要求组织教学，并上报各种过程性资料；同时配合主办院校完成学位外语考试、毕业论文收缴和答辩、学位专业课考试及学位申请与授予工作，全面完成全年教育教学工作任务。

首先，结合疫情防控工作的要求，我校克服因工学矛盾和疫情防控给教育教学带来的不利影响，继续探索和实施多种教学方式的融合和互补，将面授教学和网络视频课程教学结合起来，不断改善教育教学管理工作和组织工作的信息化水平，细化和完善学位申请工作各环节的管理，实现培养毕业生 3649 人（其中专升本毕业生 1710 人；高起本毕业生 45 人；高起专毕业生 1894 人），共有 178 名学生获授成人高等教育学士学位，进一步提升了教育教学质量和学位授予质量。

其次，我校全年开展对各函授站（点）教育教学工作和管理工作进行监督检查和指导。由相关领导和管理人员组成检查小组奔赴各函授站（点），通过学生座谈、问卷调查、随堂听课、查阅资料、问题反馈、回头看等形式，督促指导各函授站（点）工作，确保各函授站（点）有序管理，规范开展教育教学工作，不断提高办学水平。

（二）非学历继续教育情况

1. 总体规模

2020 年我校顺利完成国培项目 7 项，培训 444 人；省培项目 12 项，培训 626 人（其中含 19 年未执行完项目 5 项，培训 286 人）；市培项目 6 项，培训 725 人，受疫情影响 1 项于 2021 年 5 月执行，培训 48 人；完成委托培训 14 项，培训 2131 人。

2020 年专业技术人员共计培训 7781 人次，其中网授公需课培训 6566 人次，面授公需课培训 882 人次，农业类专业课培训 333 人次；开展校企合作项目 2 项，招收学生 53 名。

2020 年我校老年大学共开设 21 个专业，35 个班次，共培训 877 人。

2.培训模式

我校非学历教育工作实行"分级管理、项目负责"的管理体制,设有专门的科级部门具体执行各项培训业务的实施,按照"项目分工、集中统筹、协作运行"的模式运行。教师培训：以"转变培训模式,改进培训内容"为抓手,以增强实效性为目标,减少通识课,增加研训、研学等环节,形成了"三对接"的教师培训特色;职业技能培训：注重突出行业特点,契合行业发展需求,采取线上线下相结合的方式开展培训;老年大学：主要以面授和开展文体活动的形式开展培训。

（三）学生学习效果

学校坚持以学生发展为中心,在服务学生学习、及时解决个人诉求、个性化服务和解决工学矛盾方面,受到学生一致好评。学校已经累计向社会输送了2.3万余名本、专科毕业生,数百名毕业生获得了成人学士学位。用人单位对我校毕业生反馈良好,部分优秀毕业生已成为社会各行业的骨干,为陕西省和邻近省（区）经济社会发展培养了大量人才。

四、质量保证

（一）制度建设

以建章立制为抓手,制定和完善了《西安文理学院关于进一步规范校外函授教学站（点）管理的通知》《西安文理学院培训中心财务报销管理办法》等6项规章制度。

（二）师资保障

成人高等教育依托本校二级学院专业教师,选聘个别校外优秀教师,组成了一支经验丰富、熟悉成人高等教育规律和特点、教学水平较高的学历教育教师队伍;教师培训依托学校骨干师资力量,聘请省内外高校知名专家、一线优秀教研员和教学名师组成专家团队,形成了一支理论基础深厚、实践经验丰富的专家队伍;老年大学则聘请建立了一支热爱老年教育事业、热心为老年人服务的校内外结合的专业教师队伍。

（三）资源建设

继续优化提升我校成教管理平台效能;除了继续使用我校已有的视频课程资源,还与校外信誉良好的知名互联网机构合作,引进《大学英语》《计算机基础知识》等公共必修网络视频课程和若干专业网络视频课程供学生在线学习。

（四）设施设备

除共享高新校区图书馆、体育场地外,继续教育有专门的培训楼、学生食堂等。2020年继续对多功能报告厅、多媒体教室、专业教室、计算机机房、实训室等教学场地进行了升级改造,建设智慧教室,满足了各项业务工作的需要。

（五）合作办学及校外学习中心、教学站点建设和管理情况

依据国家、省、市教育部门关于高等继续教育相关文件精神，我校不断完善内部管理制度，要求函授站点遵照相关规章制度，规范开展日常教育教学管理工作。加强对校外教学站点的管理、督查和指导工作，目前各函授站点未发现点外设点、中介招生、违规收费、虚假承诺和宣传等现象。

五、社会贡献

（1）提供教育机会，服务国家教育战略。2020年我校成人高等教育年度招生人数6273人，为广大在职人员提供了接受高等教育的机会，向社会输送毕业生3649人，为经济社会发展提供人才支持；

（2）面向基础教育，助推建设教育强市。通过各级各类教师培训，提升了市内外中小学幼儿园教师的执教能力和管理水平；

（3）立足职业技能培训，助力地方经济发展。为本市培训各类专业技术人员7781人次，助力地方经济社会发展；

（4）推进全民终身学习，加快学习型社会建设。积极响应中央提出的"大力发展老龄服务事业和产业"的号召，组织和引导社区老年人积极参与终身学习活动、提高生活质量；

（5）对口支援、教育帮扶。开展中小学幼儿园教师培训项目。共有中小学、幼儿园三个学段，语数外三个学科，分别在宁陕县、佳县三个县区共计培训300人。

六、特色创新

学院继续教育工作坚持做到"抓住一个根本，发展两个中心，创建两个品牌"：一是抓住成人高等继续教育这一根本，稳定成教规模；二是依托学校教学、科研资源发挥好"西安文理学院培训中心"资源效能，利用好"西安市教师发展研究中心"这个平台，发挥我校服务西安教育事业的智库作用；三是凝练特色，创建西安文理学院教师培训品牌，打造西安文理学院老年大学品牌；四是将太白校区打造成学校进行学历教育及非学历教育的专业培训基地，我校服务地方社会经济的重要窗口。

七、问题挑战

近年来，我国高等教育招生入学率趋于稳定，成人高等教育招生人数进一步萎缩，学生年龄趋于年轻化，另外，伴随互联网+教育的技术、产品和服务逐步深入学生的学习、生活，成教学生工作强度大、工作节奏加快和学习充电之间矛盾不断显现。

这个状况要求我校继续教育持续不断的完善继续教育内部管理、扩大办学经费投入、

提升教学资源建设、创新教学方式和学习方式等。

八、问题挑战

近年来，我国高等教育招生入学率趋于稳定，成人高等教育招生人数进一步萎缩，学生年龄趋于年轻化，另外，伴随互联网＋教育的技术、产品和服务逐步深入学生的学习、生活，成教学生工作强度大、工作节奏加快和学习充电之间矛盾不断显现。

这个状况要求我校继续教育持续不断的完善继续教育内部管理、扩大办学经费投入、提升教学资源建设、创新教学方式和学习方式等。

对此，我校在加大招生宣传力度、优化专业设置的基础上，持续开展"互联网＋继续教育"的探索和应用，加大对继续教育信息化基础设施和教育信息资源建设的力度，整合校内外资源，挖掘学校特色课程等优质教育资源，推动我校成人高等教育"规模、结构、质量、效益"协调发展。

宝鸡文理学院继续教育发展报告

为贯彻落实党的十九大及全国教育大会精神，进一步提升继续教育办学质量，根据上级文件精神以及我校继续教育工作执行情况，特编制本年度报告。

一、学校情况

（一）学校概况

宝鸡文理学院是一所省属普通本科高校，成立于1958年。共有石鼓、高新、蟠龙三个校区，拥有全日制在校生18926名，教职工1388名。设有17个二级学院，65个本科专业。

（二）总体规划与办学定位

1. 总体规划

"学校办学模式：以普通本科教育为主，发展研究生教育，稳定继续教育，拓展中外合作办学""定期向校友通报学校发展情况与发展规划，优先为校友提供继续教育和培训"。

2. 办学定位

依托学校办学优势，加强政、企、校合作，主动探寻继续教育市场；针对招生实际，压缩学历教育规模、大力拓展非学历培训；按迈开步、拿项目、再优化的三步走的发展步骤，逐步形成系统、规模、优质、高效的办学体系。

（三）办学体制与管理机制

1. 办学体制

把继续教育作为学校的一项重要事业，和普通高等教育互为补充、互为依托、相互促进、相得益彰，成为支持学校发展的一支重要力量。

2. 管理机制

继续教育学院由主管科研、社科、财务等部门的副校长分管，校领导经常性检查指导站点工作。继续教育学院与校内其他二级学院和职能部门为平等、合作的办学关系。

二、专业设置

（一）学历继续教育专业设置和调整情况

我校涉及学科门类有文史、艺术、法学、教育学、工学、理学、经管，有汉语言文学、英语、会计学、美术学、音乐学等34个专业。对于内容陈旧，口径偏窄的专业进行调整。汉语言文学和学前教育是我校的省级特色专业和教改优秀专业，将依托这些优质资源，积极开展继续教育。

（二）专业人才培养方案制定及调整状况

对照专业类教学质量国家标准、专业认证标准等，制订人才培养方案。根据学历层次实际，对专升本，高起专各专业的人才培养方案每2.5年进行修订；对高起本各专业每5年修订。

三、人才培养

（一）学历继续教育情况

1. 总体规模

截至2020年底共有在校生 514 人。2019年毕业 523 人。

2. 生源分析

我校在籍学生中男生163人，占总人数的32%；女生351人，占68%。生源主要分布在渭南、咸阳、宝鸡等地，大多数学生在行政部门、企事业单位、等行业任职。

3. 人才培养模式与教学基本情况

专升本通过公共课、专业课、毕业论文设计三个阶段完成学习，公共课、专业课、毕业论文设计分别占总课时的25%、60%、15%。

通过线上线下两种方式完成教学任务。2020年函授各专业面授3865课时，占总课时的30%。

（二）非学历继续教育情况

1. 总体规模

承担国培项目9个，省培项目5个，其他培训1个，参训学员800人次。

2. 培训模式

课程设计将前沿理论与实践关注相结合，授课形式线上与线下、讲授与见习相结合，师资遴选高校专家与一线教师相结合。

（三）人才培养中的思政教育

在国培项目中开设《义务教育学校校长专业标准》专题，省培项目中开设《中学教师专业标准解读》专题。

（四）学生学习效果

定期或不定期通过教师和学生座谈、电话访问、问卷调查等方式，进行满意度调查，满意度高达90%以上。

四、质量保证

（一）制度建设

制定了继续教育学院《教学管理制度汇编》《人才培养方案》等相关规定和程序办法。健全质量监控体系。一是设立专岗，负责质量监控；二是建立淘汰机制，动态管理站点。

（二）师资保障和资源建设

由校内外知名专家教授、一线教学名师组成专家团队。专项建设线上授课平台；优先选用国家级、省部级等符合成人高等教育的教材。

（三）设施设备

在假期和双休日调用学校一切教学设施设备以保障继续教育学院教学所用。

（四）合作办学及校外教学站点建设和管理情况

2020年继续教育学院已暂停成人学历招生。

（五）内部质量管理

建立多元评估体系和评估标准。通过定期与不定期结合、现场检查和归档资料相结合、普遍检查和特定抽查相结合的多种形式实施教育质量监控。

（六）外部质量评估

国培、省培项目区县意见反馈、专家验收终结评估等方面连续多年获得赞誉。

（七）信息化建设

积极开展"线上+线下混合式"教学模式。初步建成继续教育线上网络教学平台。

（八）经费保障

严格财务管理制度，收费符合规定，无超范围收费、捆绑收费问题。办学经费有保障，经费使用科学合理。

五、社会贡献

（一）继续教育服务国家战略和面向校内、社会开放服务情况

学历教育学员514人，毕业学员336人，覆盖34个专业。非学历培训举办培训班14期，其中国培项目9个，共培训学员近1000人次。对国培、省培培训班中如北京师范大学《高中地理新课标"核心素养"的解读与教学建议》等优质课程资源面向社会开放。

（二）对口支援、教育帮扶情况

继续对镇安县开展专业实用性技术培训两期，培训人员113人，其中贫困户人员87人。开展扶贫就业创业讲座4期，参训人数400余人次。

六、特色创新

（一）"以学员为关注点的项目管理评价"的管理模式创新

借鉴柯氏四级培训评估模式，对相关评价内容和评价方法做了修改。确定了关注重点，然后把学员培训解构为过程性变化和结果性变化。在"国培计划（2019）"——陕西省市级教学能手学科教学能力提升三段式培训项目中效果显著。

（二）国际交流与合作情况

我校教育学院是我们学历教育和非学历教育依托的资源，幼儿师范专业是其优势专业。近期，教育学院与英国约克圣约翰大学签订学前教育专业办学协议。

（三）教育教学研究与成果等情况

作为培训实践基地，挖掘、培育出清姜小学校园文化特色、三迪小学教研成果特色、高新一小大爱教育特色的优质基地学校。为宝鸡、咸阳等地教育部门教师学历达标培训教师上万人。

七、问题挑战

（一）面对的新挑战、新需求

（1）继续教育市场竞争激烈。教育国际化、市场化使高等院校继续教育招生的市场受到巨大冲击。

（2）国家政策带来的新机遇。《国家中长期教育改革和发展规划纲要（2010—2020年）》公布和人才强国战略的实施，成为继续教育发展的重要机遇期。

（3）全民终身学习理念的深入和，使继续教育打开了新的发展局面。

（二）存在的主要问题及原因

（1）学历教育受地域限制，生源流失。受宝鸡地域限制，更多学生会选择西安高校。

（2）非学历教育面临挑战。近年来，受多方因素的影响，国培、省培项目承担较少。受行政机构制约，宝鸡教育学院、宝鸡职业技术学院承担的宝鸡市培训项目相对较多。

八、对策建议

（一）发展对策

1. 学历教育方面

2021年，继续暂停继续教育招生。对在校生的管理，遴选优秀教师担任教学任务，将线上、线下教学相结合。

2. 非学历培训方面

（1）整合资源，开拓培训市场。主动牵手政府部门，承接政府继续教育培训项目。

深入了解企事业单位的培训需求,并开发针对性的培训项目。开展适应行业和企业需求的职业资格与岗位培训。主动与国际教育机构进行合作。

(2)加大投入,建立品牌效应。在已有专家库的基础上,2020年国培,我们从北京师范大学、陕西师范大学等名校聘请专家教授进行授课。

(3)学习经验,创新管理体制和运行机制。学习借鉴浙江大学继续教育方面的成功经验,实现大力拓展非学历培训的转型,理顺非学历培训的管理体制。

(二)政策建议

(1)建议省教育厅针对全省继续教育学院设立"继续教育研究"专项社科基金课题,以促进省继续教育工作的深入研究及经验推广。

(2)建议设立继续教育研究的专门期刊,激励更多的业内人士关注继续教育发展,分享国内外继续教育的特色案例。

咸阳师范学院继续教育发展报告

一、发展概况

2020年,继续教育学院在上级的正确领导下,全面贯彻党的教育方针,主动适应咸阳经济社会发展需要,以开放教育为主体,以现代教育为支持,将成人函授教育,开放教育和现代远程网络教育等有机结合,通过线上线下相结合的教学模式,采取开发办学的形式,面向社会成员实施终身教育。坚持以"质量立校、育人为本、竭诚服务、按需办学"为宗旨,发挥系统办学整体优势,主动适应社会教育需求和社会成员终身学习需求,克服疫情带来的不利因素,充分利用现代教育技术手段开展教学,加强线上教学服务水平,全面提升教育教学质量。

二、专业设置

2020年函授教育新增专升本专业3个,分别为:物理学、化学、历史学。2020年函授教育开设专升本专业8个,高起本专业2个。开放教育专科层次专业43个,本科层次专业22个,所开设专业涵盖经济学、法学、教育学、文学、理学、工学、管理学、艺术学等门类。

三、人才培养

(一)学历继续教育情况

1. 总体规模

截至2020年底,我校学历继续教育共有在籍学生8852人,其中开放教育学生8763人(高起专6163人,专升本2600人),函授教育学生89人(高起本7人,专升本82人)。我校被陕西广播电视大学评为"招生工作先进单位"。两位同志被陕西广播电视大学评为"招生工作先进个人"

2. 人才培养模式与教学基本情况

(1)培养模式。主要采取网络自主学习、远程支持服务与面授相结合的"线上+线下,自学+面授"的混合式教学模式。通过线上实时直播授课和非实时学习资源推送、答疑、作业等,线下面授辅导、小组活动、示范观摩、体验等实践教学,实现师生互动、生生互动,满足学员群体学习与个人自主学习的多样需求。

（2）面授教学。我校坚持"网上教学为主，面授辅导为辅"的原则，依据课程性质及学生实际需求，着重安排计算机、英语等公共课程和理工类难度较大课程进行集中面授辅导，全年组织面授辅导42天，共计336课时。

（3）网上教学。全面落实网上教学的组织实施与督导考核，由教学科设专人定期督促、检查工作站、教学点以及教师网上教学工作情况，并及时评比通报。安排专人引导督促学生参加网上学习并及时检查督促教师回帖及评阅作业，将学生网上学习行为和形成性考核结合起来，以考核促学习。疫情期间，加大网上教学力度，专门聘请62名教师，完成506门课程的网上答疑和网上作业评阅工作。辅导教师配置率达89%。

（4）教学效果。2020年度继续教育工作取得了较好的成绩，教学质量、教学效果稳步提高。在年度考核中，咸阳开放大学被陕西开放大学评为2020年度"网上教学工作先进单位"，1人被评为"网上教学优秀管理人员"。

（二）非学历继续教育情况

我校培训学院以中小学幼儿园教师培训为主，以专业技术人员继续教育和咸阳市干部教育为辅。全年举办"国培计划"中小学幼儿园教师和校园长培训班16个，高职院校教师培训班1个，省培高中教师培训班4个，市培中学教师培训班25个，继续教育培训班4个，双百工程县级教师培训班2个，中小学校长任职资格培训班2个，培训总人数3320人。

（三）学生学习效果

2020年毕业2358名，办理学位证8人，22名同学获得奖学金，优秀毕业生3人，发放奖金25000元。我们对毕业生相对集中单位进行了跟踪调查，调查延长油田咸阳分公司、咸阳小天鹅教育集团、乾陵博物馆，满意度达98%，均比2019年提高1个百分比。我院扎实的教育教学工作获得了良好的教学效果和社会效果，社会评价成效显著，用人单位满意度较高。

四、质量保证

（1）全面规范教学过程。根据上级教学工作的规定，严格规范日常教学、面授辅导、实践教学等教学环节。在开放教育教学过程中，重点加强网上教学工作，以教师教学行为、学生学习行为统计数据为主要依据，安排专人每周统计公布各县区教学站点网上学习数据及排名情况，督促网上教学工作。2020年开放教育网上教学工作取得了明显进步，成绩突出，被陕西开放大学评为"网上教学先进单位"和"考试工作先进单位"。

（2）建立教学督导与检查机制。把教学督导与检查作为提高教学质量的重要措施并形成制度，成立教学督导检查组，每个学期开展常规教学检查，督查教学过程，监控教学质量，促进办学质量和教学水平的不断提高。2020年继续教育学院依据上级要求进行了自检，完成了自查自检报告，并对教学站点进行了实际督导检查，发现问题及时处理解决。

（3）学院办学制度健全，师资力量雄厚，教学设施完善，教学工作扎实有效，教学效果良好，毕业生普遍受到社会各界肯定，连续两年在咸阳师范学院年终考核中荣获"优秀单位"，被陕西开放大学评为2020年度"教学管理工作先进集体"。

（4）函授教育与开放教育实行资源共享，2020年全部在国家开放大学学习网进行学习，使用国开教材，教师也通过国开网对学生进行课程辅导答疑、评阅作业，与学生交流互动。目前，"国家开放大学学习网"全面覆盖学生网上学习全过程，"国开在线""学习通"等手机在线学习平台方便了学生随时随地学习。

五、社会贡献

（1）彰显地方特色，服务地方经济。从咸阳当地的经济结构和产业特色出发，发挥背靠师院服务地方"学历提升+职业培训"优势，与当地教育合作，对村干部进行订单式培养，使"学历+培训"更贴近企事业生产经营活动，彰显服务地方职能。

（2）一是与校内各二级学院，区域内的普通高校，职业技术学院等进行广泛合作，共享各校师资、设备和信息资源，为区域经济需要培养各类人才。二是积极参与地方教育行政部门的决策咨询活动，密切配合地方政府和教育行政部门开展成人继续教育研究。

六、特色创新

制定了《关于加强"课程思政"建设的实施方案》，在教学过程中深入挖掘拓展各门课程思想政治教育元素，充分发挥各门课程的思想政治教育功能，切实把思想政治工作贯穿教育教学全过程，积极探索"课程思政，思政课程"新途径。

利用师范学院马克思主义学院，实施学生思想政治课程教学，课程思政、思政课程的研究。通过马克思主义学院的"思想政治教育卓越人才培养实训基地"和VR技术进行虚拟仿真实验，服务于思想政治教育教学。

七、工作思路和措施

1. 工作思路

2021年是"十四五"规划开局年，我们将按照学校"双一流"建设顶层设计的要求，以完善体制机制为目标，确保学校办学主体地位，稳定办学规模，保障学校和学院利益实现，主动适应数字化、智能化、终身化、融合化教育发展趋势，并逐步向非学历教育转型，推进继续教育综合改革。

2. 工作措施

（1）高度重视招生工作，抓好生源调查、加强校企办学、创新招生宣传、注重社区教育等关键环节，年度招生规模稳定在2000人以上。

（2）积极对接国家开放大学综合改革，发挥开放教育系统办学优势，对教学站、点进行综合改革，整合教学资源，逐步发展各种非学历教育，将开放教育逐步向社区教育、农民工培训、职业技能培训等继续教育领域拓展。

（3）优化专业结构，合理布局成人教育专业结构，拓展新兴专业，每年争取调整和增设2个到3个专业，重点建设区域经济社会发展急需的专业和具有我校特色的教师教育专业，有效整合远程开放教育、成人函授教育、网络教育教学资源，实行资源共享，形成专业品牌效应，提升成人高等学历教育竞争力。

（4）提高网上教学水平。保持全年课程信息导入率100%。"学生注册使用""平台上线学生比例""学生上线天数""学生人均在线行为次数""学生人均发帖数量"等方面均保持在全省分校前列。

（5）坚持"网上教学为主，面授辅导为辅"的原则，教师开展网上答疑、网上作业评阅等教学活动，教师上线率、回帖率保持在生均8学时。组织完成网上作业评阅工作，辅导教师配置率保持在90%以上。

（6）向服务于全民终身学习转型。推进学分银行账户注册，实现学分管理、学习记录、学分积累和学分查询等功能。加快学分银行与行业、企业、社区、社会教育培训机构、高等学校、职业学校等合作，成立我市学分互认联盟，推进标准应用、资源共享与学分互认。依托电大系统办学优势，逐步开展社区教育、农民工培训、职业技能培训、老年大学等非学历培训继续教育，推进学习型城市建设，统筹城乡继续教育发展，促进全民终身学习。

渭南师范学院继续教育发展报告

一、学校情况

（一）学校继续教育工作的指导思想和办学定位

1. 指导思想

学校继续教育工作的指导思想是：以习近平新时代中国特色社会主义思想为指导，以国家和陕西省以及学校中长期教育改革发展规划为指南，以"准确定位，科学办学；打造品牌，特色办学；内涵建设，外延拓展；优质服务，合作共赢"为办学理念，结合学校自身的发展定位、学科、师资和实力，紧贴陕西、渭南经济发展格局，从继续教育办学理念、体制机制、资源配置、质量保障等方面统筹规划，为区域经济发展、产业结构调整培养合格人才。

2. 办学定位

以巩固基础、提高办学层次和提高办学质量为着力点，以规范办学、依法办学、诚信办学为办学原则，稳定发展学历教育，大力发展非学历教育，积极发展研究生层次教育，充分挖掘学校资源，加大联合办学力度，拓展办学空间，不断提高教师培训、干部培训、社会培训的规模和质量，逐步打造出多样化、层次化、序列化的培训精品课程群，基本培育出专兼结合、结构合理、业务精湛的培训者队伍，初步提炼出继续教育改革发展的高层次研究成果，着力建立起资源丰富、特色鲜明、管理规范、成效显著的继续教育办学优势，深化教学改革，人才培养质量稳步提高，建立激励机制，提高各方面积极性，优化职工队伍，提高管理水平，逐步把学院建设成为学习型和开拓型的学院。

（二）学校继续教育办学体制与管理机制

1. 办学体制

学校始终将继续教育作为高校"以培养人才为中心，开展教学、科学研究和社会服务"的重要组成部分，把继续教育工作列入年度学校重点工作，为开展继续教育工作提供了有力的政策支持和良好的发展环境。

2. 管理机制

学校继续教育管理服务机构健全、分工合理、职责明确。学校继续教育实行二级管理，由一名校领导分管继续教育工作，继续教育学院是学校继续教育工作的主管部门，负责对全校的学历继续教育和非学历继续教育培训工作，统筹各成教专业人才培养方案的制定与实施，负责成人高考招生录取、学籍注册、毕业生办证等工作，负责招生宣传、组织教学和考试及日常的学生管理等工作。

二、专业设置

（一）学历继续教育专业设置和调整情况

2020年，学校立足本校，面向市场，充分考虑学生需求，增设电气工程及其自动化一个高起本专业和电子信息科学与技术一个专升本专业，学校成人高等教育专业总计32个。

（二）专业人才培养方案制订及调整情况

继续教育学院的人才培养方案以毕业生需要具备的知识、能力、素质结构为出发点，以促进学生全方位协调发展，培养学生科学素养和终身学习能力，培养学生的创新精神和工作实践能力为目标，在培养目标、培养要求、修业年限、课程设置、毕业合格标准、学时学分分配表及培养计划进程表等内容上不断完善，形成了比较完备的成人高等教育专业培养方案和教学大纲。

三、人才培养

（一）学历继续教育情况

1. 总体规模

2020年，录取成人本专科新生共计477人，其中专升本255人，高起本24人，高起专198人。2020年成人高等教育在校生1715人，其中专升本634人，高起本623人，高起专448人。2020年，学校成人高等教育毕业学生577人，其中专升本313人，高起本48人，高起专216人。

2. 人才培养模式与教学基本情况

成人学历继续教育教学环节主要包括自学、面授、作业、答疑辅导、实验、实习、课程设计、考核（考试或考查）、毕业论文及答辩等。按照《渭南师范学院成人高等教育管理工作实施细则》有关规定，在寒暑假前一个月把函授各专业的面授时间、地点和《面授课程表》制定完备，并通知至每个学生。继续教育学院落实场所和设备条件，加强组织管理和学员的思想政治教育，保证各项教学环节顺利进行。授课教师根据成人高等教育的办学形式和学生特点进行备课，在前一个学期结束时，布置、安排学生的自学进度，并介绍自学指导用书。辅导答疑着重帮助学生解决疑难问题，启发学生思考，改进学习方法。教师对作业中发现的共性问题通过答疑辅导或面授进行讲解。毕业设计（毕业论文）的选题既符合本专业的培养目标和教学要求，又结合学生的生产、工作实际，并安排指导教师做好论文指导修改、答辩、评定成绩等工作。

（二）非学历继续教育情况

2020 年，渭南师范学院承办了国培计划陕西省项目区县小学语文、小学数学学科市县级教学能手培训、白水县培训团队研修、陕西省项目区县中小学青年教师课堂教学助力培训 4 个项目以及 2020 省培高中数学 1 个省培项目。在白水县开展"双百工程"结对帮扶基础教育师资培训 42 场，1860 人次。

四、质量保证

（一）制度建设

为实施系统化、规范化管理，使学校成人高等教育工作有章可循，继续教育学院不断加强教育管理制度体系建设，对办学的各环节实行全方位规范化管理，先后制订了以下各项管理文件：《渭南师范学院授予成人高等教育本科毕业生学士学位工作细则》《继续教育学院函授教学过程管理实施细则》《继续教育学院教师授课要求》《继续教育学院教材管理工作条例》《继续教育学院关于函授题库建设的实施意见》《继续教育学院学生学籍管理规定》《继续教育学院关于加强教学档案建设与管理的有关规定》《继续教育学院考试管理工作暂行规定》《继续教育学院课程考试命题规范》《继续教育学院保密管理暂行规定》等制度。

制定《继续教育培训项目管理手册》《继续教育管理办法》等系列制度。结合原有的项目管理办法和管理模式，建立起协议洽谈、培训调研、方案设计、项目实施、追踪反馈等一系列规范化的培训管理流程。

（二）师资保障

学校学历继续教育的师资全部来自全日制普通高等教育，严格执行《渭南师范学院成人高等教育教师教学工作规范》和《渭南师范学院成人高等教育教学督导工作条例》的有关规定，规范教师教学过程，严格教师教学纪律。

（三）资源建设

学校所有教室、实验室、教学设备在函授面授期间均可服务于函授师生。在成人高等教育授课期间选用多媒体性能完善、实验设备先进、教学辅助设施齐全的场所进行教学，并给授课教师提供课间休息场所，给学员提供开水。财务处、后勤服务中心、宿舍管理中心、保卫处、校医院等部门按职责要求做好学员的收费、食宿、安全保卫和医疗保健工作。继续教育学院教师和工作人员均配备工作需要的办公室及必需的办公设备。

（四）学习支持服务情况

学校新修订的各专业各课程均配套相应地教学大纲、自学指导书、教学课件和 8 套试题库。学校与继教网和奥鹏合作，扩大网上授课比例，完善网络学习规范，满足学生利用闲暇时间的学习需求，实现线上学习与线下学习相互补充。同时，平台还提供了完善的管理功能，数据统计工作简单高效，工作流程科学合理，大大提高了工作规范性和工作效率。在日常管理过程中，学校通过QQ、微信公众号与学员进行双向沟通交流，及时发布教学通知与相关信息，了解学员学习状况，并安排专业教师进行网络答疑，在继续教育学院开通投诉、服务邮箱和电话，对学生的诉求进行及时处理。

（五）内部质量管理

学校不断完善教学管理制度，逐步实现教学管理过程全覆盖的制度管理，保障教学过程的顺畅运行。学校坚持和完善校、院二级教学质量保证与监控体系。继续教育学院通过调查问卷、座谈等方式积极开展教学质量评价，充分采纳好的意见和建议，改进教学方法与教学模式，不断提高教学质量。

（六）经费保障

学校继续教育学院不设财务人员，执行学校大财务管理制度。2020年，学校严格按照上级物价部门学费收取标准全额收取成人高等教育学费，并严格执行"收支两条线"管理规定。2020年学校继续教育收入共计320万元，其中成人高等教育学费收入192万元，非学历培训教育收入128万元。

五、社会贡献

渭南师范学院是传统师范院校，从建校起就将师范教育专业作为学院发展的基本方向，在招生就业方面，立足渭南，面向陕西，服务西部，辐射全国，坚定不移地发展教师教育，为国家培养了数以万计、合格的基础教育师资，形成了一定的办学优势。继续教育学院在白水县实施校县共建教育发展工程，建设农村教育综合改革研究试验基地、基础教育研究成果推广基地和我校学生教育实习实践基地。为白水全县初三年级学生和教师作中考考前心理健康辅导专题讲座，参加师生累计1600余人次；邀请陕西省苹果产业体系栽培与质量控制岗位专家马文哲教授为白水县果农做了《苹果栽培与质量控制》的专题讲座，并走进果园进行了现场技术指导；邀请我校李富荣教授为白水县村民做了《农产品电子商务与营销策略》的专题培训，共三场培训60人次。通过培训指导，为加快白水苹果产业转型升级步伐，助力脱贫攻坚起到了积极的推动作用。邀请全国模范教师、全国优秀教师、陕西省教学能手、陕西省学科带头人及我校有关教师等专家学者在白水县开展了全方位、多学科的师资培训活动42场，培训人数共计1860人次。2020年，白水县教育局被评为全国"脱贫攻坚先进单位"。

六、特色创新

（一）送科技下乡，助力地方特色产业发展

学校充分结合学科专业优势，针对县域产业需求，持续开展扶贫帮扶工作。学校培

训帮扶团队开展了农业电子商务营销产业化培训、信息化服务等。学校组建实践团队，赴白水县开展电商培训、文创产品设计、苹果园土壤施肥情况调研等特色产业帮扶工作。

（二）教育帮扶，提升基础教育质量和脱贫能力

学校在白水县集中师资力量开展基础教育师资培训、心理咨询、扶学扶志类教育培训和信息化服务培训。基础教育师资培训方面，开展了结对帮扶教师系列培训，围绕"专家引领、修德敬业、精细精准、教育帮扶"的主题，开展6期培训，培训1860人次。

七、问题挑战

学历教育方面，近年来，随着普通高校连年扩招，加之成人高等教育办学主体的多元化以及各类成人高校之间的激烈竞争，成人函授、业余等学历教育招生日益困难。同时，由于教育政策的不均衡，造成教育竞争的不公平，大量生源趋易避难，流向开放式教育和远程网络教育，也造成成人高考人数锐减，生源严重萎缩。

非学历教育方面，继续教育非学历培训方面的管理体制不够完善，与学校各个学院之间没有有效的交流，规模小，资源没有得到整合，使得外界对继续教育非学历培训的认知度不够，阻碍了其发展；相较于品牌高校，在非学历继续教育方面的制度建设不够完善，自身定位不够准确，没有形成自己的品牌，不管是在项目的培训、领域的拓展及规模数量等方面都不尽如人意。

八、对策建议

（一）扩大招生宣传，稳定招生规模

今后，学校将充分发挥办学优势，积极扩大学校办学影响。校内通过电话咨询服务、网络平台等手段，扩大招生宣传覆盖面，以巩固基础、提高办学层次和提高办学质量为着力点，以规范办学、依法办学、诚信办学为办学原则，挖掘社会各行业生源，稳定发展学历教育。

（二）积极发展非学历教育，打造地方非学历教育品牌

以提高教育培训质量为核心，以模式创新为动力，以资源整合为保障，以研训结合为抓手，提高服务教师专业发展的能力，加大教师培训力度；积极拓展社会行业培训，建设3-5个政府授权的职业技能、专业技术培训点、考试点，承办政府委托的继续教育培训项目年均2-3项，引进3-5个精品培训项目。深入推进与省内外"双一流"院校合作，开拓职业资格培训项目。初步形成适应地方经济发展需求的继续教育项目群和高层次培训品牌；探索对外合作提升办学层次，积极探索与陕西师范大学、西北大学等省内名校的合作，开展第二学位和研究生教育，提升继续教育的办学层次，拓展办学领域，服务地方经济发展和社会文化事业发展。

榆林学院继续教育发展报告

一、学校情况

（一）学校概况

榆林学院是榆林唯一的省属本科院校，也是榆林国家级能源化工基地唯一的高等院校。2018年，学校被陕西省确定为一流应用型本科院校建设单位，被教育部确定为新增硕士学位授权单位。2020年招收了第一届公费师范生200名，录取分数线远超一本线，生源质量大幅提高。

（二）学校继续教育工作总体规划与办学定位

学校高度重视继续教育工作，整合校内外继续教育资源，以市场需求为导向，适应经济社会发展的需求，与学校全日制普通高等教育互为补充、互为依托、互相促进，成为支持学校发展的一支重要力量。

随着市场经济体制进一步完善，高等教育在社会发展与经济建设方面起的作用越来越明显。我校作为榆林唯一省属本科院校应定位于培养应用型人才，服务榆林市地方经济发展。

（三）学校继续教育办学体制、管理机制

我校继续教育学院是继续教育工作管理职能部门，对学校各教学院系开展的各类继续教育办学活动及其他形式的继续教育活动进行监督管理和检查评估，协调、指导和规范全校各教学院系开展继续教育活动。

二、专业设置情况

（一）学历继续教育专业设置情况

2020年，我校开设成人高等教育招生专业41个，其中专升本30个、高起本2个、专科9个。专业设置以工科为主，工、管、文、理、农、法等多学科协调发展。

（二）学历继续教育专业调整情况

（1）根据教育部要求，我校集中力量办好高等学历继续教育本科专业为主，统筹兼顾高等学历继续教育专科专业。

（2）根据学校所处地理位置，我校成人本科招生重点发展能源化工和管理专业，专巩固师范专业，突出农牧特色，多学科共同协调发展。

（3）我校将扩大学前教育专业的招生规模，2020年学前教育本、专科共招生214人。

（三）专业人才培养方案制定及调整情况

学院紧紧围绕"规范办学、提高教学质量"这个中心，组织大规模的基层调研，了解基层所需，制定兼顾成人"非零起点性、学历需求性、职业需求性、模式多样性"特点的人才培养方案、教学计划等。

学校开办的所有专业人才培养方案至少每五年修订一次，优化培养目标和培养要求，整合了课程体系和结构，体现了课程类型和考核方式，加强了基础性教学和实践教学。

三、人才培养

（一）学历继续教育教育情况

1. 学历教育办学的总体规模及生源分析

目前我校成人招生生源全部为陕西省内，无外省招生计划，学生招生主要依靠老生带新生、网络推广宣传、微信等途径进行。2020年我校成人高等教育招生人数1812人，在学人数1881人，毕业人数279人。

2. 人才培养模式与教学基本情况

学校各专业成人高等教育教学计划参照普通高等教育的教学计划，并结合成人教育的特点制定。学校根据成人学生的学习特点，着重加强专业课和实践环节，以社会需求和经济发展对各专业职业能力和岗位技能的需求为前提，更好地适应经济社会和个人发展的需要。

（二）非学历继续教育基本情况

2020年我校组织银行业协会、注册会计师等ATA考试5627人次；"榆林市公文写作与处理技巧暨文秘人员核心技能再提升"的培训24期，培训学员3600人次；承接榆林市城市管理执法局"强基础、转作风、树形象"冬季大练兵培训三期，共计800人次。

四、质量保证

（一）制度建设情况

学院根据多年办学经验，逐步形成了完整的管理体系，制定了一系列规章制度。2020年度，继续教育学院修订完善了《榆林学院继续教育学院管理制度汇编》《榆林学院继续教育学院学生管理办法》和《榆林学院继续教育学院学生手册》等，使继续教育学院发展更加规范化。

（二）师资保障

学校一贯重视师资队伍的建设，稳定的教师队伍是保障教学质量的基础。我校继续教育教学工作均由各院系负责，授课教师全部来自学校全日制专业教师队伍。继续教育学院专职管理干部4人，内设教务科、教学科，内部机构健全，分工明确。

（三）资源建设及设施设备

继续教育学生可共享学校的教学资源，学校现占地840亩，校舍建筑面积35.7万平方米，其中教学行政用房面积19万平方米，实验室、实习场所面积10.58万平方米。学校教学、科研仪器设备资产总值15058.61万元，学校图书馆纸质图书125.42万余册。我院现有的教学设施条件能够满足教学的需求，确保教学工作顺利进行。

（四）规范管理情况

1. 严格执行教育行政部门相关政策和规定，在规范招生、严格考试与毕业管理方面的举措

我校在招生考试和毕业管理方面严格按照教育部、省教育厅和陕西省考试管理中心的有关政策要求执行，坚决杜绝一切违规招生办学行为。在招生宣传方面，由我校制定统一的招生简章并在学校网站正式公布，严格执行招生计划。毕业生毕业前，我校对每个专业的每个学生的毕业信息和学籍情况进行前置审核，确保信息的准确无误。

2. 学习支持服务管理制度与标准建设、执行方式与效果等

我校继续教育管理有完整系统的人才培养计划、教学大纲和计划；有专业的师资队伍；有教材征订要求；有场地设备等办学硬件标准和要求；有教学过程管理监管措施等。

3. 内部质量保证的机制建设及实施效果。

继续教育学院经过多年的教学实践和改革探索积累了一定的办学经验，已完全具备了培养综合性人才的条件和能力。成教学生每学期在寒暑期或节假日参加校内组织面授和统一考试，面授和考试期间，我校继续教育学院组织有关人员检查督促教学和考试情况。

4. 接受外部质量评估的类型、频率及效果等。

我校继续教育接受陕西省教育厅抽查，促进我校继续教育的规范办学。

（五）经费保障学

继续教育办学经费主要来源于学生学费，学费严格按照省物价部门制定的标准全额收缴，无私自提高或降低标准收费现象，无私立项目乱收费现象。2020年学校学历继续教育学费收入431万元，非学历教育收入17.5万元，继续教育支出270万。

（六）信息化建设

学校主要还是传统的面授教育，虽然近年来积极探索继续教育信息化办学模式，2020年，重点对"青书学堂"等学习平台成人教育模块进行了考察了解，加快推进现代信息技术与教育教学深度的融合。

五、社会贡献与改革创新情况

（一）社会贡献

继续教育学院秉承"深化产学研合作，服务地方经济发展"的办学思路，紧密结合地方产业和行业需求，立足榆林，辐射周边企事业单位，积极开拓市场，形成多种规格、多层次、多元化的多学层次的办学体系，积极开展能源化工、教育系统等专业技术人员的培训，努力为榆林的经济建设、社会发展贡献力量。

（二）学校继续教育的创新、特色与经验

（1）我校继续教育学院为了进一步提升成教教学质量，针对成教"工学矛盾"的难题，大胆尝试成人教育"集中面授＋在线学习"混合式教学模式。

（2）构建以"需求为导向"的社会培训机制，学校非学历教育坚持以学习者的需求为导向，开发贴近社会发展和学员实际需要的课程体系，为学员提供多样化选择和高质量的服务。

六、存在问题与对策建议

（一）学校继续教育发展与人才培养质量方面存在的问题及对策

1. 成人学历教育形势严峻

（1）近年来，教育部限制和削弱本科院校专科专业数量及招生人数，对我校继续教育招生带来较大的影响；

（2）学校教学资源有限，未设置独立的继续教育教师队伍和教学场馆，抹杀了成人教育的特殊向，对提高教学质量形成障碍；

（3）学校由于课件资源建设经费不足等原因主要还是传统的面授教育，虽不适应信息化社会发展的要求

2. 非学历继续教育竞争激烈

学校本科建校时间短，尚未打造出自己的本科教育品牌，很难凸显出自己的办学特色，办学主体位于陕北地区，地理位置偏僻，不具备地域的吸引力。

（二）学校下一步开展继续教育工作的思路、目标和举措

1. 稳步开展学历继续教育

（1）根据前期调研，目前各大能源企业职工和退役、转业的军人学历普遍较低，成为继续教育的主体，我们将根据调研情况积极申报高起本专业，满足学员学习需求；

（2）学校进一步明确继续教育定位，整合学校资源；

（3）重视继续教育转型发展，加大对学历继续教育的投入力度，加快优质在线课程资源库建设，推进"混合式"教学模式改革，有效解决工学矛盾，不断提高教学质量。

（4）积极开展校外站点申报及建设工作。

2. 积极拓展非学历教育培训市场

逐步推进学校继续教育由学历教育向非学历教育转型发展。整合校内外优势资源，建立专家团队，搭建培训工作平台，依托榆林得天独厚的红色旅游和能源化工资源，更好地发挥榆林学院教育资源优势，形成品牌效应。

安康学院继续教育发展报告

一、学校继续教育办学定位

安康学院高等继续教育"十四五"规划中,确定了我校高等继续教育的指导思想、基本原则、总体规划和建设目标。

(一)指导思想

学校继续教育办学要坚持社会主义办学方向,全面贯彻党的教育方针,主动适应国家及区域经济和社会发展的需要,突出学校特点与人才培养特色,以专业人才培养为核心,以专业基本建设为基础,以教学内容与课程体系改革为重点,以师资队伍建设为关键,分层次、分类别开展专业建设,不断提高教育教学质量和学科整体水平,实现创新应用性人才培养目标。大力拓宽服务区域经济、社会、教育等方面的培训业务工作。

(二)基本原则

(1)坚持适应社会发展需求原则。我校成人高等教育要立足于安康及陕西省产业结构的调整、社会事业发展的需求。在已有比较成熟的师范类专业持续发展的基础上,逐步向农林、水电、化工、电子技术、信息技术、医学护理、金融保险、社会工作等行政、企事业单位渗透。

(2)坚持统筹规划、突出重点、优先建设原则。我校优先建设与发展能体现学校办学特色与优势的学科专业,为基础教育服务和基础教育课程改革相对应的学科专业,办学基础条件厚实和我校及社会能提供配套设施的学科专业,交叉学科试点专业。

(3)坚持以人为本,全面协调可持续发展原则。积极调整专业结构,优化资源配置。在注重专业外延发展的同时,加强专业内涵的建设,促进规模、结构、质量、效益协调发展。

(三)总体思路

一是巩固成人教育办学规模,提高成人教育办学质量,构建人才培养模式多样化的教学新体系;扶持与建设特色,体现学校与区域的办学特色,提高学校人才培养的层次与知名度。

二是发展服务地方、服务区域经济、社会、教育等的非学历继续教育培训业务,创新培训模式,提高培训质量。

二、学历继续教育办学情况

（一）总体规模

1. 学历教育

安康学院 2020 年高等继续教育招收业余形式专升本新生共计 67 人，2019 年毕业学生计 112 人。

目前安康学院高等继续教育在册学生 252 人。

2. 非学历教育

（1）2020 年，我校通过以集中面授和网络培训的形式开设各类非学历继续教育培训总人数达 4251 人。

（2）国省培项目（共计项目 4 个，培训人次 250 人）。

（3）短期培训项目（共计项目 3 个，培训人次 200 人）。

（二）基本建设情况。

安康学院于 2006 年通过整合地方教育资源，建院升本，高等继续教育主要是本校的高起专层次。2009 年我校开始申报并开启了高等继续教育本科层次的人才培养，在专业建设方面也是依据社会需求，以师范类为主，近几年随着专业建设的发展，开始向非师范类转向，向农、林方向和金融建筑等发展。

我校高等继续教育师资是依托安康学院。安康学院教师队伍的发展为我校高等继续教育提供有力的师资力量。我们要加强同各院系深度合作，共同培养高等继续教育师资队伍，建立安康学院高等继续教育师资库。并注重教师加强高等继续教育学习和培训。每年定期组织成教教师进行学习交流，共同探讨高等继续教育的教学和发展。

（三）主要特色

1. 领导重视，加强培训保障体系

学校成立继续教育工作领导小组，以主管副校长为组长，继续教育学院院长、项目县教育局局长，项目县师训教研中心主任及项目县教研室主任、相关教学单位、党政办、教务处、计划财务处、国有资产管理处、信息技术中心、后勤集团、保卫处、图书馆等机构主要领导为成员的工作机构，具体负责项目实施管理工作。

2. 加强调研与论证，不断优化培训方案

由于开展的项目种类及数量较多，我们根据不同项目的培养目标，在制定培训方案前都会进行专题研究。通过与项目主管单位、项目受众对象及向有关机构单位咨询调研，通过网络信息资料分析等多渠道多形式调研参训工作人员工作实践情况，了解管理机构、工作单位及其参训者对继续教育培训的不同诉求，坚持在政府、行政主管部门的全程监管下和有关专业机构及专家学者全程指导下研制培训方案，保障培训工作健康有效运行。

3. 严格师资团队建设标准，保障专家与高等继续教育相匹配

一是质量原则，备选专家高学历、高职称、专业实践经验丰富或专业研究成绩突出、课程资源有创新的专家、学者；

二是相关原则，备选专家研究方向与培养目标指向关联度高，课程资源切合当次培训课程教学需要；

三是"接地气"原则，备选专家熟悉相关继续教育工作实践，有一线工作或培训的丰富经验；从而克服了专家选择聘任的随意性，保证教学的质量，突出了名师名课的效应，教学理论联系实际，注重训学互动交流，方法灵活，深入浅出，受到学员的好评。

4. 规范继续教育培训管理，强化培训学习效果

一是加强学员思想政治教育，引导学员正确认识学习的权利和责任，明确积极认真参加研修学习既是自己专业化发展的需要，更是提高专业工作能力的需要。

二是设立双班主任，实行伴随式跟班管理，强化学员学习的自觉性。

三是加强学员作业管理，督促学员做好听课程笔记，认真撰写学习体会，做好催收和记录工作，并将学员学习体会装订成册，记录在案。

三、社会贡献与改革创新情况

安康学院高等继续教育本着"服务基础教育、服务'三农'、服务区域经济社会发展"的办学方向，加强同地方合作，为地方服务。

多年来一直承担教育部、教育厅基础教育教师培训国培计划、省培计划。承担安康市财经审计系统继续教育培训项目，安康市档案系统培训项目，陕西省专业技术培训基地，陕西高校农民工培训基地，安康市汉滨区公安系统继续教育培训基地。

四、问题与对策建议

安康学院高等继续教育起步较晚，近十年正是高等继续教育市场逐步衰退的时候，导致我校高等继续教育发展很缓慢。作为才开始起步的省属地方高等学校，基础差，规模小，社会认可度低，能在强烈的市场竞争中生存，很不容易。现在还是学习阶段，提高办学知名度，加强管理，规范办学是我们的首要任务。

（一）存在的问题分析

（1）我校虽然承担高等继续教育工作有30多年的历史，但到2009年才开始招收我校本科层次学生，况且一些著名高校在安康区域开展高等继续教育时间长，根深蒂固，我校缺乏与之竞争的实力，因而招生规模不大。

（2）课程功能定位理想化，亲和力不能令人满意。有些培训课程内容过分追求研究性、系统性，却让学员短时间内很难消化吸收，学员学习兴趣提不高；有些课程内容

做成了技能教育的简要提示或操作指南，专业视野不宽，智慧高度不够，难以让学员有效心领神会，举一反三。

（3）学员参加学习动力不足，学习自觉性有待提高。由于部分学员缺乏高远理想信念的支撑，对继续教育价值认识不足，参与集中培训积极性不高，终身教育观念和变革创新的意识不强，缺乏培训学习的内驱动力，难以形成主动参与培训学习的积极态度。

（二）学校下一步开展继续教育工作的思路、目标和举措

（1）总体建设目标：学历教育通过增设新专业，适当扩大学校规模，到"十四五"末，力争使专业总数达到20个左右。加强应用性专业建设，围绕教育、文、理、工、管等学科进行专业布点。专业设置相对齐备，各学科门类均衡发展，基础性学科专业发展稳定，特色专业突显优势，重点专业水平较高。在籍人数控制在500人左右。

（2）专业科目分类培训，努力适应继续教育的多元需求

为了适应不同专业、不同学科、不同岗位的人员继续教育的不同需要，专业科目培训最好是按类别分设培训班，根据工作业务与专业实践的不同实际和素质与能力提升的不同需要，改革课程结构和课程内容，强化培训的针对性和实用性，以提高学员参加培训的兴趣和热情。

（3）改革培训方式方法，引领教师深入研究教学实践、专业工作能力的提升，在于发现、研究、解决实践问题，促进专业工作行为。培训应采取专家主题讲座与学员课后自主研讨相结合的方式进行。专家专题讲座应集相关创新理论解读、实践案例分析、现实问题研究于一体，并注意多视角多途径互动教学；课后学员自主研讨是学员在专家讲座的启发下，结合本人工作实际进行实践反思与研讨，查找问题与研究解决问题，从而为改进专业工作行为提供依据和经验。

商洛学院继续教育发展报告

一、商洛学院继续教育的办学定位

商洛学院 2006 年经教育部批准升格为普通本科学校，2011 年成为省市共建高校，2014 年列入陕西省首批转型发展试点高校，2016 年通过教育部本科教学工作合格评估，2017 年入选国家发改委、教育部、人社部确定的全国百所产教融合发展工程应用型高校，2018 年被确定为陕西省"一流学院"建设单位。学校开办 41 个本科专业，涵盖 10 个学科门类。有教职工 769 人，其中硕士学位 584 人，博士 133 人，高级职称 254 人。校园占地 900 余亩学校，有 3 个校区。学校高度重视继续教育，学校章程及整体发展规划中明确提出：要"全面加强继续教育工作，围绕创建终身教育体系和学习型社会的新目标要求，整体推进成人高等教育教学工作改革，全面提高继续教育的办学水平和办学规模"，要"健全学校培养培训体系，积极发展成人继续教育"，充分利用商洛学院办学资源，深入挖掘社会继续教育潜力，科学整合校内外继续教育资源，促进继续教育又好又快发展。

学校对继续教育工作实行"统一领导、分级负责"的管理体制，完善"学校—继续教育学院—各承办部门"的三级管理体系，本着"相互协作、互惠互利、资源共享、共同发展"原则，在学科专业建设、师资队伍建设、人才培养模式创新等方面与其他学院深入融合。

二、专业设置

学校专业设置以全日制本科专业为基础，选取学校优势、成熟学科，充分分析学科专业发展现状、前景和人才市场需求，设置了电气工程及其自动化、土木工程、学前教育等 14 个本科专业，涵盖六个学科门类。学校在"十三五"规划中强调要突出"应用型"，加强理学、工学、文学学科特色建设，根据招生情况不断调整适应社会需求的招生专业。

三、人才培养

1. 学历继续教育情况

每年学生通过参加全国成人高考，报考商洛学院，录取后教学形式主要有面授、业余自学、网络辅导、答疑等方式，学生完成学业后获得国家承认文凭，优秀本科生可授予相应学科的学士学位。截至2020年12月31日，我院学历教育业余学习方式和网络教育学习方式在招生的14个专业里共有在学人数235人。

2. 非学历继续教育情况

2020年我校承担"国培计划"6项和5项商洛市培训项目，通过线上线下相结合的方式开办了中小学幼儿园管理干部、学科骨干和班主任培训等共计800余人次。依托我校商洛市养老护理员培训基地积极开展养老护理员培训工作，2020年年底共开展6期，采取面授+实操+实践学习形式开展，培训养老护理人员近800人。依托省农业厅项目对山阳、镇安、柞水三县开展高素质农民专项培训，共培训农民170余人次。按照学校根植地方总体规划，积极开展服务地方的各级各类培训，为商洛市财政局、土地资源局等单位开展业务培训共计2000余人次。

3. 人才培训中的思想教育

学校将思想道德修养、毛泽东思想与中国特色社会主义理论体系、中国近现代史纲要等课程设置为人才培训的必修课。为每个培训班邀请省内外名家解读新时期中国特色社会主义理论、全国教育大会精神、中国传统文化等，在培训班成立临时党支部并开展活动。

4. 学生学习效果

2020年，学校对在校生从课程安排、教学支持服务等方面进行调查，98%的在校生认为课堂教学质量为优。学校对用人单位发放课堂教学质量评价表，结果显示用人单位对毕业生的满意率达到98%，表明社会用人单位对我校人才培养质量的一致认可。

四、质量保证

1. 制度建设

制定和修订了《商洛学院继续教育管理办法》《商洛学院继续教育学院学生学籍管理办法》等规章制度，以制度建设确保质量。

2. 师资保障

继续教育学院现有专兼职教师及管理人员60余人，其中正高职称9人，副高职称25人，副高以上职称人数占比50%以上；博士8人，硕士40人，硕士以上占比70%以上；学历继续教育授课教师中本校教师人数的占80%。对校内教师择优选用，对社会知名专家实行聘期制，对企业专家按行业资格业绩录用。

3. 资源建设及教学条件

我校建立了学生在线学习平台，实现了以学生为导向、线上线下融合、资源共享、管理运行高效的混合教学模式。根据人才培养方案，共开设课程43门，其中35门课程由第三方匹配电子教材，匹配率达到81%。依托学校教学条件，2020年新建培训教室1间，配备先进播放设备，培训室能容纳150人，立项培训专用实验室两个，2021年6月建成并投入使用。

4.质量管理

近年来，学校出台多项教学管理规定，覆盖了学历教育工作的招生、教学、考试、毕业和非学历教育管理等各个方面。同时组织进行了教学过程及管理工作的自查，对自查中发现的问题，明确限期整改。在培训方面，对训前、训中、训后严格管理，每次培训结束，对所有任课教师（专家）教学质量进行评价，依据结果对授课内容与教学形式进行优化、改进。学校实行继续教育年度质量报告制度，将其列入年度工作计划，每年对继续教育工作进行梳理和总结，定期向社会发布，接受社会监督。

五、社会贡献

1.根植地方，服务基层

学校每年组织学生开展创新创业培训；与丹凤县科教局、商洛市教育局联合举办"学前教育论坛"和"学前教育幼儿全人发展论坛"；与丹凤县科教体局联合举办中小学幼儿园管理干部培训班；在山阳县、镇安县和柞水县举办高素质农民培训班，参训人数170人；依托我校的"商洛市小学校长和幼儿园园长任职资格培训基地"，为商洛市培养基础教育管理干部，形成了干部职工培训知名品牌。

2.资源共享，服务社会

充分依托学校平台各项资源，服务回馈社会。积极为在校学生的创业需求服务，组织本校毕业年级学生创业创新培训班。向省人力资源与社会保障厅申报并获批高级技术人员继续教育基地，依托基地对校内教职工开展继续教育培训；积极承担陕西省"国培计划"、省级培训和市级培训项目，与行业、企业合作开展了干部职工培训项目。

3.对口支援，教育帮扶

学校自2017年始与丹凤县结对进行教育脱贫帮扶：一是开展教师培训帮扶，重点在校（园）长培训、骨干教师培训、送教下乡等方面提供人力物力支持，连续三年与丹凤县联合举办"幼儿教育发展论坛"；二是科技文化知识的宣传教育培训，强化贫困劳动力实用技术培训和转移技能培训，通过发展产业或就业创业实现脱贫致富。三是每年选派教育类专业学生赴丹凤县各乡镇中、小学幼儿园支教，缓解丹凤县基层教育师资不足的问题。

六、特色创新

在2020年疫情有所缓和的形势下，在培训的领域和形式有所突破：一是申请养老护理培训基地获批并开展6期培训，服务于养老事业，也盘活我校教师资源；二是在开展了高素质农民培训,为乡村振兴贡献力量。

七、问题与挑战

一方面,学历教育所面对人群体的多样化问题,特别是农村农民学历提高,如何保证生产与学习两不误,学历提升与生产技术提升相结合,给学历继续教育提出了新的挑战。另一方面,新基建和乡村振兴计划需要一大批高技能的人才队伍,需要一大批高素质高技能的"新型技工"和"新型农民",这就为继续教育发展提供了良好的机遇和发展空间,通过高层次、有针对性继续教育技术、技能培训,以快速解决人才短板和瓶颈。

八、对策建议

一方面广泛宣传,加强成人学历教育日常教学管理,梳理与商洛市大力发展规划相关的成人教育专业,开拓高层次学历教育,树立商洛学院品牌。另一方面积极争取行业支持,进一步提高继续教育服务区域经济社会发展的能力和水平,大力开展养老护理员等行业培训,有效地为产业升级、技术进步和社会管理创新服务。新的历史时期,需要重新审视继续教育这一特殊领域在国家经济转型和快速发展中作用,出台更多支持政策。

西安航空学院继续教育发展报告

一、学校情况

（一）学校概况

西安航空学院是一所以工科为主、多学科协调发展的全日制普通高等学校，学校创建于1955年，2012年经教育部批准升格为普通本科院校，更名为西安航空学院。学校现有教职工1000余人，其中正高职称人员63人，副高职称人员269人，具有研究生学历者725人，其中博士189人，专任教师674人。现有莲湖、阎良两个校区，占地1158亩，校舍建筑面积40余万平方米；教学仪器设备总值1.9亿元；纸质图书107余万册，电子图书172余种；有校内实习基地及实验室143个，校外实习实训基地87个。

（二）学校继续教育总体规划与办学定位

总体规划：继续教育服务航空产业和陕西经济社会发展的能力得到大幅提升，高等学历继续教育本专科专业设置能基本满足行业和地方发展的需求，非学历培训教育与行业地方形成较为紧密的耦合关系，专业技术认证和职业技能鉴定能较好地满足学生和在职人员技术技能提升的要求，使我校继续教育在经济社会发展中发挥重要作用。

办学定位：立足学校学科专业和社会资源，面向经济社会发展需求，满足行业和地方企事业单位职工、在校学生、在职人员对本专科层次的高等学历继续教育、各类非学历培训教育、专业技术认证和职业技能鉴定等方面的继续教育需求，走合作型、内涵式、特色化发展道路。

（三）学校继续教育办学体制与管理机制

学校继续教育管理服务机构健全、分工合理、职责明确。学校继续教育实行二级管理，由一名校领导分管继续教育工作，继续教育学院是学校继续教育工作的主管部门。

学校各二级学院负责教学环节的实施，后勤集团负责后勤保障，校医院负责医疗保健，保卫处负责安全保卫，校办负责协调，继续教育学院负责宏观监督和检查。

二、专业设置

（一）学历继续教育专业设置情况

我校高等学历继续教育专业设置坚持依托学校统招学科专业，以市场需求为导向，科学进行专业设置，发挥学校优势学科，强化特色专业的建设和调整，突出发展航空特色专业。我校高等学历继续教育目前共开设专业11个，开设的专业均为西安航空学院普通高等教育开设的专业。

（二）专业调整情况及思路、进展

专业调整思路主要依据我校招生情况和人才市场的需求情况，坚持发展特色专业，突出行业特色，服务社会、服务航空企事业单位，集中力量办好优势本科专业。2020年我校学历继续教育专业没有发生变化。

（三）专业人才培养方案制定及调整情况

我校所有成人高等继续教育本、专科专业均制定了人才培养方案，并根据行业及社会需求，定期进行修订。现专科专业已全部修订一遍，本科个别已开设三年的专业也进行了修订。对企业有特别要求的专业，校企双方在原培养方案主要内容不变的基础上，进行有针对性的调整。

三、人才培养

（一）高等学历继续教育情况

1. 总体规模

2020年，学校成人高等教育招生专业11个，其中专升本5个，高起专6个，学习形式有函授、业余两种。招生对象为社会从业人员，招生地域为陕西省内。

截至2020年底，在校生共107人，其中本科51人，专科56人。

2020年共毕业47人，本科财务管理毕业2人，专科民航运输和电气自动化技术专业共毕业45人。

2020年底，共录取本科新生1人。

2. 生源分析

2020年度在学学生共107人，男生83人，女生24人。年龄大部分为21-30岁，其中20岁以下22人，20-30岁65人，31-40岁18人,40岁以上2人。从职业来看，从事技术辅助工作50人，一线工人56人，服务工作2人。所学专业，理学55人，工学50人，经济学2人。省内户籍学生105人，外省户籍2人。

（二）非学历继续教育情况

我校继续教育学院下设三个培训基地，具体培训如下：

序号	基地名称	面授	在线	混合式
1	航空工业高技能人才培训基地	√		
2	省级专业技术人员继续教育培训基地			√
3	陕西省建筑工人职业培训基地	√		

2020年由于新冠疫情的影响，我校的面授培训均未开展。下半年，我校申请专业技术人员继续教育网络课程获批。

四、质量保证

（一）制度建设

我校学历继续教育管理规范、制度健全，制定了一系列规章制度，做到各个环节的管理有章可循。2020年，学校继续落实有关规定，对规范招生、教学管理、等方面的制度进一步进行了修订和完善，有效规范了我校继续教育的办学模式，提高了教学质量，赢得了良好的社会声誉。

（二）师资保障

学校继续教育学院的教师主要负责管理工作，授课教师均聘请各院系相关专业的专职教师担任。专职管理人员4人，副高2人，中级职称2人。授课教师共70余人，其中正高职称2人，副高42人，中级30人。授课教师基本上均为硕士和博士学历。我院高等学历继续教育授课教师全部为本校教师。

（三）资源建设

学校新修订的各专业各课程均配套相应地教学大纲、自学指导书、教学课件和试题库。利用"青书"网络课程资源，可以进行网络化学习。我院配备了多媒体教室，同时依托学校各学院的师资、设备及实验室资源，充分保证各类教学所需。

（四）合作办学及校外学习中心

我院2020年没有对外合作办学及校外学习中心、教学站点。

（五）内部外部质量保障

学校不断完善教学管理制度，逐步实现教学管理过程全覆盖的制度管理，保障教学过程的顺畅运行。

我院严格执行教育行政部门的相关规定，招生工作规范，没有违规招生、中介招生、提前招生、虚假宣传等现象。

我院对成人高等教育的考试工作历来十分重视，严格落实各项规定，加强考试期间的巡查，及时发现并正确处理考试过程中的问题，确保考试工作顺利进行。

学校设有专门的"督导办公室"，直属学校领导，全面负责全校教学过程、教学环境、教学条件和人才培养质量的监督、检查和指导。对我院成人高等学历教育和非学历培训也定期进行监督检查。

（六）信息化建设

我校成人高等学历继续教育信息化建设在不断优化、升级和完善过程总。目前教学采用面授、自学加网络平台学历的方式。利用"青书"平台网络课程资源，学生可以使用电脑和手机客户端随时随地在平台上进行视频学习。

（七）经费保障

我校对继续教育办学方面每年均设有专项经费。2020年度，我校学历继续教育学费收入约19万元。收入全部上缴学校，部分用来支付教师授课费、实践费、教学管理费等。

五、社会贡献

航空工业高技能人才培训为院校与航空企业提供良好的交流合作平台，走出校企合作的新路子。借助陕西航空工业的产业优势、阎良国家航空产业基地的地域优势，遵循"技术先进性、技能拓展性、素质提高性、平台开放性"原则，建设具有鲜明航空特色的高水平高技能人才培训基地。

省专业技术人员继续教育基地积极开展继续教育公需课程和专业课程培训工作。基地坚持以推进人力资源供给侧改革为导向，提高专业技术人员自主创新能力，建设高素质创新型的专业技术人才队伍。

建筑工人培训基地始终坚持"向培训要素质，以素质促发展"的培训方针，不断完善各种培训制度，确保建筑工人职业培训取得实实在在的效果，能为建筑企业和工程建设领域培养高素质的各工种工人。

六、特色创新

针对学历继续教育规模小、发展缓慢的问题，我校积极在航空工业企事业单位中进行宣传，面向航空企事业单位中有学历继续教育需求的学员，积极开展校企联合培养。

七、问题挑战

（1）高等学历继续教育工学矛盾突出。

（2）教师参与继续教育的积极性不高。

（3）激励机制有待改善。

八、政策建议

为进一步推动继续教育规范有序和高质量发展，一是建议经常组织从事继续教育教学与管理的人员进行业务培训和学习交流；二是建议出台相关政策，给予企业员工相应的学历提升、工资晋级等方面的政策支持；三是建议开发统一的在线学习平台，加强学历继续教育的过程性考核，进一步规范学历继续教育教育教学的过程监督。

陕西学前师范学院继续教育发展报告

一、学校继续教育工作办学定位和管理体制

（一）学校概况和总体规划

陕西学前师范学院是由陕西省人民政府主办、陕西省教育厅主管的全日制公办省属普通本科高校。2012年3月，经教育部和陕西省人民政府批准，由陕西教育学院改制更名为陕西学前师范学院。

我校传承职前培养与职后培训相贯通的教师教育特色，构建师范生技能培养体系和评估机制。积极发展研究生教育和继续教育；开展进修生、培训生等形式的非学历教育。

（二）学校继续教育办学体制、管理体制与归口管理

我校承担继续教育的部门为教育培训学院（继续教育学院），属于学校教学单位。学历教育有函授和业余两种教学模式，非学历教育分为校园长培训和教师培训两部分。校园长培训主要任务是加强全省中小学校长及幼儿园园长培训工作的统筹和规划。教师培训主要承担基础教育和职业教育教师培训（幼儿园）工作，并协助省教育厅教师工作处做好全省中小学教师继续教育办公室工作。

二、学历继续教育专业设置及教学情况

2020年度对成人高等教育的专业进行调整优化，取消7个专科专业，目前共设置2个层次32个专业，其中学前教育专业为我校函授特色专业。日常教学严格按照《陕西学前师范学院成人高等教育专业人才培养方案（2018版）》要求进行教学工作。校内授课教师均为陕西学前师范学院在岗在职教师，校外函授站授课教师由各站上报继续教育学院审核备案。

三、继续教育人才培养情况

（一）学历继续教育

我校学历教育为成人高等教育，2020年度各层次、各专业招生2197人，在学5213人，毕业1355人。在学专业分布集中在教育学类共计4156人，其他类共计1057人。

（二）非学历继续教育

我校非学历继续教育的招生方式主要是教育行政部门委托培训和省教育厅统一发文

的政府计划性培训。主要面向全省中小学校长、幼儿园园长、教育管理干部开展非学历继续教育。2020年度教育培训学院非学历教育培训中，校园长培训共开展17个班次，总计1234人次；教师培训共承担32个班次，共计培训2884人次；合计培训4118人次。

四、质量保障

（一）规范招生管理

严禁函授站私设点外点招生，严禁委托第三方机构进行招生。对招生宣传实行统一管理，坚决杜绝招生过程中出现的不实宣传、虚假宣传。

（二）规范教学管理及考试制度

自2017年起陆续完成各项管理制度，制定了一系列关于教学管理及考试方面的规章制度，不断完善内部质量保证的机制建设，同时指导和监督函授站规范有序地开展教学考试工作。

（三）规范校外函授站设置

严格执行省教育厅关于函授站点设立相关要求，建有完善的管理制度。接收外部质量评估的类型、频率及效果。严格执行陕西省教育厅关于成人高等继续教育的办学政策和规定，积极配合教育厅质量评估及各类年检，2020年，我校各函授站点均完成省教育厅组织的函授站年报年检工作。

（四）信息化建设

积极落实线上教学管理平台的建设。自2020级新生开始全面实行网络化教学及管理。以线上教学与面授相结合形式，为学生提供更灵活、优质学习方式，也进一步运用现代化手段对函授站点教学工作进行监督与指导。

（五）建立相对完善的培训制度体系

培训项目立项制度、课程设置标准制度、学员证书管理制度等系列制度，以及涵盖整个培训环节的一系列制度保障体系。同时，建立了相对完备的学员考核评价制度，对培训目标的实现程度进行综合考核和多元综合评价，重在考评参训校园长的专业素质和改革发展的增量。

（六）专业的专家团队

以学校幼儿教育学院、教育科学学院和相关学院专业教授为主干，选聘了省级教育行政部门有关领导、省内外知名教授、一线知名中小学校长和幼儿园园长为兼职教师，充分发挥首席专家的研究、策划、指导专长，积极拓展培训者队伍来源渠道。

五、继续教育的社会贡献及特色

（一）学历继续教育

自1978年恢复建校以来，我校成人学历教育已累计为社会培养各类师资师范类人才15万余人。我校学历继续教育始终坚持师范特色，学前教育专业优势明显，近年口碑不断提升。学历继续教育以服务陕西基础教育为宗旨，以坚持服务幼儿园中小学为己任，旨在打造三秦基础教育师资培养培训。

（二）非学历继续教育

2020年承担国家级、省级校园长培训和教师培训任务，累计48个班次，4118人次。2020年，我校校园长培训项目积极探索教育行政管理干部培训新机制，成功举办市县教育局局长高级研修项目，培训人次120人。同时积极探索基层学校德育副校长培训新模式。教师培训项目积极探索人性化管理机制及创新性培训模式，与省内外相关培训机构及专家建立长效合作模式。

充分利用教育厅省级培训项目资金支持，开展课题研究。2020年度完成陕西省县级乡村教师发展支持体系建设课题研究的立项工作，研究成果在实际培训项目的设计及实施过程中得到充分应用。

学校继续教育资源面向校内、社会开放服务。校园长培训部所有开展的培训项目，课程均对全校师生和社会开放。凡有意愿者，经培训部同意均可进入培训课堂聆听省内外知名专家报告。此措施可丰富本科教育的教学内容，有利于师生开阔视野、了解中小学幼儿园一线的实际情况。

六、问题与对策建议

（一）继续教育发展与人才培养质量方面存在的问题

1. 学历继续教育

专业分布不均衡，部分专业开班教学越来越困难；教学计划的修订无法适应社会高速发展的需求；面授教师对继续教育教学的重视不够；生源质量不高，学生对成人高等教育认知存在偏差。

2. 非学历继续教育

培训特色需进一步凝练和提升，针对性和实效性还不强；没有建设自有的远程培训平台；培训团队建设需进一步加强；培训的专业化水平需进一步提升；培训的保障能力需进一步加强。

（二）开展继续教育工作的思路、目标和举措

1. 学历继续教育

（1）进一步研究成人继续教育的教学内容，加强专业内涵建设并凸显当前继续教育的办学特点。

（2）加强管理制度的建设与落实，进一步优化教学环节，优化所使用教材的建设。

（3）用足用好我校高等学历继续教育综合管理平台。

（4）多措施规范校外教学站点的管理。

2. 非学历继续教育

（1）整合全校资源，形成合力。

（2）切实加强培训理论与实践研究和资源建设。

（3）积极协调指导全省校园长培训机构做好培训工作，支持构建全省统一、协调、高效的省、市、县三级校园长培训机构体系。

（4）发挥好作为陕西省基础教育教师发展中心的优势与作用。

（5）尽快建设学校自有的远程培训平台，以满足培训信息化要求。

（6）出台培训质量保障措施和质量检测评估制度。

（7）积极参加国家级培训团队研修项目，加强与其他高校间的交流与合作，取长补短，提升培训的专业化水平。

七、对办好继续教育的建议

（1）明确办学定位与任务。把继续教育纳入章程和总体规划，依托办学优势，形成开放灵活、规范有序、质量较高、适应社会需求的办学服务体系。

（2）实施中小学幼儿园教师和校园长培训学分制管理制度。研究建立并完善培训学分落实与管理细则及使用办法。

（3）不断加强培训质量监督。

（4）启动我省继续教育教学资源共享平台建设。

（5）建立长效培训合作机制。建议教育行政部门积极搭建基础教育与高等教育合作的桥梁；组织省级培训机构与境外、域外培训机构建立长效合作机制，逐步形成资源共享、相辅相成的继续教育发展格局。

西安培华学院继续教育发展报告

一、学校情况

（一）学校概况

西安培华学院是经教育部批准的西部首家拥有学士学位授予权的民办本科高校。学校办学历史悠久，文化积淀深厚，具有女性教育和职业教育的传统和特色，学校前身可追溯到1928年由陕西女子职业教育促进会筹办、陕西省教育厅批准设立的"西安第一女子平民职业学校"。1984年经陕西省人民政府批准，国家教委备案，由著名教育家姜维之先生在恢复原"培华女子职业学校"的基础上，恢复成立了新中国首家专门招收女性学生、开展女性教育的普通高校"西安培华女子大学"。2003年经教育部批准升格为普通本科院校，并更名为西安培华学院（男女兼收），2007年成为西部首家拥有学士学位授予权的民办高校，2014年获批为陕西省应用技术型转型发展试点院校，2017年获评为全国创新创业典型经验50强高校，2018年获批为陕西省"一流学院"建设单位。

西安培华学院继续教育始终坚持社会主义办学方向，坚持"以人为本、以德为先"的办学理念，以满足地方经济社会发展、行业发展和各类人才继续教育需要为目标，坚持以强化教育教学管理、提升人才综合素质为培养核心。目前已为社会培养毕业生2万余人，取得了良好的办学效果，赢得了社会各界广泛赞誉和好评。

（二）继续教育总体规划与办学定位

以习近平新时代中国特色社会主义思想统领我校高等继续教育各项事业，坚持依法办学、规范办学、诚信办学，以满足地方经济社会发展、行业发展和终身教育需要为目标，发挥我校传统办学优势，认真落实立德树人根本任务。学校明确了"地方性、应用型、国际化"的办学定位，制订了人才强校、质量立校、专业集群、项目带动、开放合作的发展战略。紧贴地方经济社会发展实际，建设多类型、多规格、多层次的继续教育办学格局，不断提高教育教学质量，大力发展非学历教育，优化办学和服务体系，逐步建立终身教育学习体系。

二、专业设置

（一）学历继续教育专业设置情况

我校学历继续教育专业设有高中起点本科专业5个，专科起点本科专业8个，高中起点专科专业 8 个。专业设置围绕学校全日制优势和特色专业进行配置和协同发展，以服务当地经济社会发展为目标，针对行业企业需求设置专业方向，凸显专业特色和品牌。

（二）专业人才培养方案制订及调整情况

我校结合高等继续教育实际，以促进学生全方位协调发展为目标，2020 年全面修订了各专业人才培养方案，在培养目标、培养要求、课程设置、学习形式、毕业标准上不断完善，形成了完善的教学大纲和教学计划，加强高等继续教育教学管理平台和课堂教育管理，完成了在籍学生学习和考试等教学管理，形成了线上与线下、分散与集中、异步与同步的混合型教学模式。

三、人才培养

（一）学历继续教育情况

学校严格执行教育部、省教育厅有关规定，继续教育招生对象面向在职从业人员，考生均在陕西省参加成人高考报名和考试，未在省外投放招生计划。截至 2020 年底，我校成人高等教育在籍学生人数 1341 名（其中本科 307 名，专科 1034 名）。当年录取新生 586 名（其中专科 370 人，本科 216 人），毕业人数 289 人。

（二）非学历继续教育情况

学校拥有雄厚的师资力量、浓厚的人文底蕴和优良的办学设施。在人才培养培训方面进行了卓有成效的探索与实践，逐渐形成校地、校企等多种合作培训模式，培训项目有计算机等级、英语四六级、专升本、考研、护士执业、会计初级、教师资格等十余种，培训形式以面授和在线学习相结合，实现了线上与线下、分散与集中、异步与同步的混合型培训模式。2020 年度共开办各类培训班 27 个，总人数达 1926 人。

四、质量保证

（一）师资保障

目前成人教育学院设院长 1 名，由西安培华学院校长李映方教授兼任，副院长 3 名，另设综合办公室、教务科、学生科、招生办、财务室 5 个管理机构。专、兼职教师 52 人，教职工 33 人，其中行政管理人员 13 人，教职工均为本科以上学历，综合素质较高，服务意识强。均与学校签订劳动合同，养老、失业、医疗等社会保险按期交纳，保障了教职工权益。学院不定期组织管理人员学习国家教育政策、开展管理人员业务培训，召开专题研讨会议，探讨教育思想与理念，研究教学改革与管理，解决实际问题，提高团队政策理论水平和业务能力。

（二）资源建设

学校按照省教育厅关于规范学历继续教育教学的要求，选用符合职业教育和成人高等教育特点的应用性教材，形成了518门学历继续教育课程教材信息库。在充分调研优秀网络课程资源的基础上，创建了360门成人高等教育网络课程，建立了西安培华学院高等继续教育教学教务平台，形成面授和网络教学相结合的学习模式，并开发移动客户端，实现了学生学习的自主化和移动化。

（三）内部外部质量保障

学校制订了《继续教育教学质量监控体系及运行条例》，加强对教学过程的检查，把评教、日常教学工作和各级考核作为评价指标，实施常态化管理，促进教学管理质量的提升。学校与麦可思数据有限公司合作，通过走访用人单位，跟踪调查毕业生所学专业知识和技能、工作态度、团队合作、沟通能力、创新精神、竞争意识等综合素质是否提升。从调查情况来看，近年来继续教育毕业生学历提升后，在业务能力、职称晋升、工资提高等方面都有一定的进步，受到用人单位一致好评。

五、特色创新

整合学校办学资源，实现继续教育融合式办学。学校把继续教育纳入整体发展规划，实行统筹和归口管理，共享优质教育资源、技术支持和后勤保障。紧扣地区经济社会发展规划和人才培养需求，优化成人高等教育学科专业结构，以人才综合素质能力为教育核心，开发、引进相适应的不同层次的继续教育项目，积极开展各类教育服务，培养应用性技能人才。

六、问题挑战

（1）受传统教育思想影响，转型发展、终身教育的理念转变不够彻底，继续教育的工作方法有待进一步改进，政治意识、大局意识、责任意识、服务意识有待进一步加强。

（2）非学历教育运行机制和管理方式有待进一步改变，终身教育体系的建立需要进一步构筑。

七、对策建议

（一）发展举措

1. 转变办学思路，提高办学质量

严格遵循教育发展规律，遵守国家关于继续教育发展的规章制度，坚持依法办学，照章办事。根据学校发展实际，进一步理顺继续教育管理体制，突出办学窗口功能，为大力开展非学历教育和终身教育搭建良好服务平台，推进学校各项工作持续健康发展，不断提高办学质量，提升学校声誉和美誉度。

2. 不断优化升级网络学习平台

学校将进一步优化升级网络学习平台各项功能，不断更新平台学习内容和结构，加强监管力度。坚持线上与线下，分散与集中、异步与同步的混合型教学模式。为学生提供系统化、个性化的学习渠道，不断完善继续教育高效便捷的信息化服务。

3. 大力发展非学历教育

借鉴先进的培训理念和教育管理方法，充分利用学校的学科专业优势，积极开展学历继续教育与职业技能培训相结合，加大校企合作、技能与学历结合的办学模式。引进国内外优质培训资源，引进高端培训项目，丰富培训内容，开拓培训市场，建成多类型、多规格、多层次的非学历教育格局。

（二）政策建议

高校学历继续教育能够更好地服务于社会经济的发展，需要全社会共同支持继续教育的发展和改革，新时代新任务，建议教育行政部门进一步完善现代继续教育体系的建设和规划，尽快启动继续教育教学资源共享平台建设，建立"学分银行"制度，搭建高校继续教育立交桥，构建终身教育体系和学习型社会的中流砥柱，不断推动陕西继续教育健康持续发展。

西安翻译学院继续教育发展报告

党的十九大以来习近平总书记就教育改革发展发表一系列重要讲话，提出了一系列新理念新思想新观点，形成了系统科学的新时代中国特色社会主义教育理论体系，为继续教育工作提出了新的发展思路，为做好新时代教育工作提供了根本遵循。

一、学校情况

西安翻译学院由我国当代杰出教育家、民办教育拓荒者丁祖诒先生于1987年创办，坐落在西安市南郊风景秀丽的终南山北麓、太乙河畔。学校2005年经教育部批准升格为本科高校；2009年获得学士学位授予权；2013年顺利通过教育部本科教学工作合格评估；2014年接受陕西省委、省政府巡视诊断，同年被省教育厅确定为首批应用型转型试点院校；2016年获批陕西省"管办评"试点院校；2018年被陕西省教育厅评定为陕西省一流学院建设单位；2019年被评为全国创新创业典型经验高校，荣获团中央"全国五四红旗团委"称号，翻译专业获批2019年度首批国家级一流本科专业建设点，成为陕西第一所获批国家级一流本科专业建设点的民办高校；2020年在软科中国大学排名中位居陕西民办大学第一；2021年新增2个国家级一流本科专业建设点，以拥有3个国家级一流专业建设点成为陕西省获得国家级一流专业建设点最多的民办高校，在全国民办高校中也以绝对优势遥遥领先，成为民办高校"双一流"建设的领跑者。经过三十多年的办学实践，西安翻译学院已发展成一所以文、商科为主，以外语为特色，多学科协调发展、具有重要影响和鲜明特色的民办大学。

二、专业设置

我校学历继续教育新申报专业均在本校已开设的全日制教育本专科专业范围内。2017年，通过全国高等学历继续教育专业管理和公共信息服务平台做好拟招生专业的申报工作。自2018年起，我校新入学的学历继续教育学生全部按照目录内专业进行招生。截止到2020年底我校学历继续教育专业目前开设专业17个，其中高起专专业6个，高起本专业1个，专升本专业10个。

三、人才培养

（一）学历继续教育情况

根据人才培养标准、培养规格和课程设置等方面实际情况出发，在专业教学质量标准的框架下制定继续教育学院各专业人才培养方案，落实我校复合应用型人才培养的特色，在对行业、社会需求、生源及学院实际情况认真分析和研究的基础上，严格依照上级有关规定制定招生简章，并利用学校官网向社会公布。我校现有成人高等教育学生55人，学习形式业余。

（二）非学历继续教育情况

我校非学历继续教育采取一级管理体制，由继续教育学院面向校内外开展，对各类业务进行统筹管理，负责非学历继续教育的项目研发、市场开发、教学实施等全过程。校内外培训，主要包括：雅思、托福、教师资格证、专升本培训等十余种，全年共培训2万余人次。我校与陕西省三星物产建设（西安）有限公司、韩松电子材料（西安）有限公司等12家外企建立起培训合作关系，培训内容包括语言培训、管理培训、技术培训、翻译服务、人力资源服务等，培训15次，累计培训800余人次。并与陕西建工集团、陕建五建集团和安装集团等公司进行开展新员入职工、监理师等培训，共培训8批次，培训1200余人次。

（三）人才培养中的课程思政

我校继续教育在人才培养中深刻理解、全面把握党的十九大报告提出的"要以培养担当民族复兴大任的时代新人为着眼点"和"青年一代有理想、有本领、有担当"的目标定位。以习近平新时代中国特色社会主义思想为指导，站在新的历史起点上，以新时代更高标准，持续有力深入推进"课程思政"落地落实。

四、质量保证

（一）制度建设与师资保障

学校根据教育部新修订的《普通高等学校学生管理规定》文件精神，结合我校继续教育工作实际，制定并印发了《西安翻译学院成人高等教育学生学籍管理规定》《西安翻译学院成人高等教育学士学位授予实施细则（试行）》等文件。西安翻译学院现有专任教师1124人，副高级以上人数373人，占专任教师数的33.2%。学校继续教育的师资全部来自全日制普通高等教育专兼职教师，担任继续教育学院授课教师学历要求研究生以上，职称为讲师以上，并具有丰富的社会实践经验，师生比约为1∶18.2，可以满足学生的学习需求。

（二）内、外部质量管理

我校历来都十分重视教学质量。为提高继续教育的办学质量，提高学生的学业水平和实践能力，实现规范办学，制定了多项管理规定，出台了多项政策文件，建立了较为完善的教学质量保障体系，教学质量不断提高。

（1）严格执行教育行政部门相关政策和规定，在规范招生、严格考试与毕业管理方面的举措。

（2）学习支持服务管理制度与标准建设、执行方式与效果等。

（三）信息化建设

我校继续教育信息化建设依据《教育信息化十年发展规划（2011-2020年）》要求进行建设。校园采用大二层网络结构，主干万兆，千兆到楼，百兆到桌面，IPV4和IPV6双栈支持，出口带宽30GB，有线网络设备8000余台，端口总计达39000多个。无线校园网部署AP节点6500个，实现了无线WiFi全覆盖。学校引入"华夏大地""泛雅网络课程教学平台"网络课程源，学生基本能够实现大部分课程的网络化学习。

（四）经费保障

继续教育学院收入主要用于教师授课、管理人员费用、教学费用等教学日常运行支出。继续教育学院费用收取由我校财务处统一收取和进行管理。

五、社会贡献

（一）继续教育资源面向校内、社会开放服务情况

结合当前市场需求和大学生就业形势，开展职业技能培训工作，有效提升在校大学生的综合素质和就业空间，积极组织普通话考试测评，计算机等级考试、英语四、六级考试、公务员考试等培训，培训人数近2万人次。在社会服务方面，我校2020年获批"西安市养老护理员培训基地"，经过培训后，为西安市各养老机构输送了500多名养老护理人员。学院本着为行业企业发展和地方经济建设服务的理念，承接陕西省二级建造师执业资格考试等考试组考工作。

（二）对口支援、教育帮扶情况

为更好服务地方经济社会发展，发挥我校办学特色和优势、本年度在榆林市子洲县、宝鸡市陈仓区举办电子商务培训、电子商务基础知识讲座等，参加人数近500人次，聘请我校外籍教师深入宝鸡市虢镇中学开展英语口语教学活动等。

六、特色创新

与全日制教育资源共享、设备共用、协调发展。在整个教学活动中，坚持以学生为中心，突出成人高等教育人才培养和教学工作的职业性、应用性和针对性，创建与学习

对象、学习形式、学习方式的多样化要求相适应的成人高等教育教学新模式。

七、问题挑战

（1）我校继续教育各专业招生人数较少，由于我校属于民办院校，与公办院校相比，学生宁愿报考公办院校不报考民办院校。

（2）我校继续教育教学科研究有待进一步加强，近年来虽然在继续教育特色专业、省级教学改革项目上有所突破，但是整体来说，继续教育建设标志性成果缺乏，需进一步努力。

八、对策建议

（1）发挥学院办学优势，优化继续教育专业设置。严格落实教育部《高等学历继续教育专业设置管理办法》（教职[2016]7号）文件精神，充分发挥学校办学优势，对现设的本、专科专业进行梳理、调整和规范。

（2）完善管理体制，建立良好的继续教育运行机制。在学校的统一领导下，逐步完善继续教育学院管理体制，健全规章制度，优化运行机制，通过建立合理的分配制度和相应的奖惩办法，充分调动各学院（系）参与继续教育工作的积极性、主动性。

西安外事学院继续教育发展报告

一、学校继续教育办学定位与管理体制

（一）学校概况

西安外事学院创建于1992年，是一所以本科教育为主的国际化、应用型、综合性、高水平民办非营利性普通高校。学校地处西安高新技术开发区，占地面积126.4万㎡，建筑面积66万㎡；学校开设本专科专业，涵盖经济学、管理学、文学、医学、工学、艺术学、农学、教育学8个学科门类，形成了以经、管、文、医为主，工、艺、农、教协调发展的学科专业体系和独特的创新创业教育、国际化教育、德育教育和构建终身继续教育四大办学特色。在校学生2.1万余名，教职工1700人。2018年学校获批陕西省"一流民办高校"建设单位。

西安外事学院继续教育学院是代表外事学院举办成人高等教育和非学历继续教育的二级学院，继续教育学院设院长一名，副院长一名，下设"两室两中心"，即：学院办公室、基础教研室教学服务中心和学生服务中心四个部门。是西安外事学院建设特色鲜明的国际化、应用型高水平民办大学和创办百年名校的重要组成部分。

（二）学校继续教育工作的总体规划和定位

2020年学校继续全面深化内涵式发展，继续为建设一流学院而努力奋斗的一年。继续教育学院的办学发展，一方面牢记习近平总书记在"十九大"报告中所提出："要办好网络教育""要办好继续教育，加快建设学习型社会"这一总要求；另一方面紧紧围绕"拓展性学院"这一办学定位，按照学校对继续教育制定的"十三五"规划方案，在学校董事会、校党委、校委会的正确领导和关怀下，始终不断探索高等继续教育和终身教育如何利用"互联网+"突破发展瓶颈，创新人才培养模式。学校董事长黄藤教授在全校年度工作会议上强调"学校高等教育与继续教育、非学历培训要并重发展，继续教育要起到学校发展的源动力和基石作用"。

二、学历继续教育办学情况

（一）总体规模

截至2020年底，西安外事学院继续教育学院成人高等教育（业余）在籍学生人数高起专、专升本、高起本共计689人。

（二）基本建设情况

自 2003 年陕西省教育厅批准西安外事学院开设成人高等教育招生以来，截至 2020 年底经过不断发展调整，学院拥有批准开设的成人高等教育（业余）高起专专业 19 个、专升本专业 13 个、高起本专业 3 个。

（三）规范管理情况

西安外事学院继续教育学院严格按照陕西省教育厅、陕西省招生办公室关于成人高等教育招生计划编报、招生简章备案、新生录取原则等规定认真落实各项工作。

为了构建终身学习体系，更好地服务于广大学员，学院积极探索"互联网＋教育"发展模式。2019 年与北京超星（尔雅）教育科技公司对接签署搭建"互联网＋教育"成教业余制网络学习管理平台。平台的搭建开启了西安外事学院继续教育学院成人教育招生、学籍管理、教学管理、毕业审核等工作的网络化、移动化、智能化时代。为学院成人高等教育进一步发展奠定了坚实的基础。2020 年，受突如其来的疫情影响，我院加大了线上学习平台的利用，根据实际需要，又引进华夏大地学习平台，在学生日常学习，教学教务管理、线上作业、考试等功能得到进一步强化，为学生业余制学习提供了充分保障。

（四）学生学习效果

继续教育学院始终坚持西安外事学院"以生为本，立德树人"的育人理念，强调个性发展，注重特色教育，释放学生潜力。

学院优秀毕业生吴振轩，男，陕西周至人，继续教育学院旅游管理专业 2007 级学生，通过在学校扎实的理论学习和实践锻炼，该生经过自身的努力和拼搏现任西安通利行汽车销售服务有限公司董事兼总经理。2016 年创办极道体育俱乐部，注册资金 1000 万元人民币，经营面积 20000 多平方米。现有员工 103 人。

学院优秀毕业生林晨阳，男，甘肃兰州人，继续教育学院工商企业管理专业 2012 级学生，在校期间担任学院学生会主席，专业理论知识扎实，在学院学习期间注重专业实践，现就职中国国际旅行社，自己创建企业管理咨询公司，年净利润 500 余万元。

三、非学历继续教育发展情况

（一）非学历继续教育基本情况

2020 年我校秉承"提升全民素质和职业技能水平，更好地服务于社会"的宗旨，面向校内外开展了一系列的培训认证工作。受疫情影响学校非学历继续教育 2020 年度开展总班次和总人数比 2019 年有所降低，具体数据如下表：

招生对象	班次	人次	招生对象	招生方式	教学模式
培训行业、企业在职人员	42	8054	涵盖企业、院校、医院、研究所、建筑公司等	委托社会招生和社会招生两种方式相结合	面授
面向校内教职工及学生	18	4604	在校学生		面授
合计	60	12654			

（二）非学历教育工作的特色和发展状况

（1）学校培训内容科学，在做到因材施教的基础上能够结合市场需求制定具有针对性、实用性和科学性的培训课程；

（2）通过非学历教育培训，学员能够在理论学习的基础上，掌握一定的实操技能，同时通过培训取得相应的职业资格及培训证书，作为学员求职、任职的凭证，有效促进了学生的就业；

（3）非学历继续教育在课程安排上，尽可能考虑到各类学生的实际工作、生活等客观因素，为最大限度地提高培训质量和效果，学校非学历技能培训的上课时间灵活，可根据自身实际安排上课时间；

（4）非学历继续教育培训结合培训专业为学生搭建了实训、实践平台。让学员能够充分了解专业领域的前瞻发展，提升专业知识水平；

（5）由于学校长期的专项投资和积累，拥有比较完善的学习条件，实验室、计算机机房及大批实习实训基地，为非学历教育提供了良好的基础条件；

（6）我校在非学历继续教育专门成立培训中心和职业技能鉴定站，组建专门的专业化管理团队组织校内外的培训工作，经过多年的发展和积淀已经拥有了一套完善的管理机制和专、兼职管理队伍。在教学过程管理、学生日常管理方面具有长期的工作经验，实现培训教育培训工作健康、快速发展。

四、问题与对策建议

（一）学校继续教育存在的问题及对策

继续教育是构建职业教育与普通教育相互沟通、职前教育与职后教育有效衔接的人才培养体系，是构建学习型社会，打造全民终身教育的重要教育类型之一。但目前继续教育人才培养仍存在诸多问题。

一是就民办普通高校的继续教育发展，与公办学校继续教育竞争时处于品牌弱势地位。但优质的民办高校恰恰对继续教育的发展非常重视，并有极大的热情。建议教育主管部门在继续教育办学政策和教育经费投入上更倾向于优质民办高校，让民办高校有动力全身心的开拓、研究继续教育事业。

二是质量不高,流于形式。"教"与"需"的脱节。从事继续教育的专职教师缺乏对生产、技术等实际情况地了解教学过程、教学方法、教学内容、习惯于以教材为本,教学很难结合实际,无法满足专业技术人员的需求。

三是继续教育师资队伍整体适应性较弱,不能满足继续教育的人才培养需要。相对固定的师资队伍是保证教学秩序稳定性的基础,要努力构建专门的继续教育师资队伍。继续教育事业只有拥有了一批高素质的教师队伍,才能真正提高教学效果,才能提高学生的整体素质。

高校是继续教育资源的汇集地,高校举办继续教育,既是教育法赋予高校的职责,也是高校服务社会的重要渠道。高校举办继续教育,可为全民学习、终身学习提供更多更好的服务,也促进了高等教育与社会教育的融合、职前与职后教育的沟通。在高校的继续教育中,学历教育与非学历教育并重,是贯彻终身学习的最好体现,大力发展高校的继续教育是社会赋予的重要责任。一定要抓住这一历史机遇,立足行业,服务地方,力争将西安外事学院的继续教育办出特色,办出水平,为全民学习型社会的建设献一己之力,为构终身学习体系做出应有的贡献。

西安欧亚学院继续教育发展报告

一、学校概况

（一）学校简介

西安欧亚学院创办于1995年，是一所经教育部批准，以管理、经济学科为主，艺术、文学、教育、工学等协调发展的国际化应用型普通本科高校。目前，学校共有20000余名学生在会计学院、工商管理学院、金融学院、文化传媒学院、人文教育学院、艾德艺术设计学院、信息工程学院、人居环境学院、高职学院、通识教育学院等10个二级学院的53个专业学习，他们根据自己的特长有选择地完成大学学业。

学校始终坚持立德树人，践行"以学生为中心"的教育教学理念，秉承"为学生提供高质量教育服务"的使命，为实现"成为中国最受尊重的私立大学"的愿景而努力奋斗。20年来，学校历经规模扩张、规范发展、战略转型三个阶段，走出了一条既有别于传统公办高校、也区别于其他民办高校的差异化道路。

（二）规划定位

学校继续教育工作坚持把立德树人作为根本任务，全面贯彻落实党的十九大会议、习近平总书记在全国教育大会上的重要讲话精神，立足陕西，面向全国，以市场为导向，以服务为宗旨，以项目为载体，以信息技术为支撑，在完成全日制普通高等教育教学任务的基础上，积极探索具有成人特点、多样化的继续教育工作新途径和新机制，推进职业教育和继续教育融合发展，构建具有欧亚特色的灵活开放的继续教育培养体系，更好地服务区域经济社会发展，全面提高人民群众的文化素质，助推学习型社会建设。

二、专业设置

我校共设有工商管理、工程管理、新闻学、金融学和软件工程等5个学历继续教育专业，均为专升本专业。专业设置借鉴学校普通本科教育的办学优势和经验，以管理类专业为主，符合学校的办学定位和发展规划。现在的专业设置既解决与全日制本科专业相衔接问题，体现了继续教育的规范性；又适应经济社会发展和产业结构调整需要，满足学习者多样化终身学习需求，体现了继续教育的灵活性。

目前，我校继续教育各招生专业在招生前均制定了规范、完整的人才培养方案，就各专业的培养目标、基本信息、学制及毕业要求、授予学位、主要课程、课程设置等进行了系统的设计与规定。

三、人才培养

（一）思政教育

思想政治工作是学校各项工作的生命线。学校坚持党对教育事业的全面领导，坚持社会主义办学方向，将党的建设工作融入继续教育的日常教学工作中，在坚定理想信念、厚植爱国主义情怀、加强品德修养、增长知识见识、培养奋斗精神和增强综合素质上加功夫，在人才培养实践中立德树人。不断强化责任意识，通过定期召开思政工作例会、强化阵地意识、狠抓思政课教学改革等，形成了环环相扣的思政教育工作责任体系。

（二）培养方案

我校继续教育专业课程设置分为通识教育课程、专业基础课程、专业核心课程和专业选修课程四个模块。总学分为82学分，总学时1372。课程设置能较好地支撑专业人才培养目标的实现。

为保证继续教育人才培养方案的有效实施，我校继续教育各专业人才培养方案所开设的课程均制定了大纲，保证了人才培养方案的有效执行。

（三）学习效果

我校秉持"为学生提供高质量的教育服务"的使命，不断改进教与学，提升学生在课程设置、教学安排、学习组织、考试组织、作业答疑、面授安排等方面的满意度。学生学习满意度达到95%以上。

从对用人单位的问卷调查和反馈来看，我校继续教育毕业生在学历提升后，业务能力、职称晋升、工资待遇等方面均有较大进步和提高。毕业生在专业基础知识及实践动手能力方面表现出色，受到用人单位的高度好评。

四、质量保证

教学质量是衡量学校办学水平的重要标志，是学校发展的生命线。我校不断加强继续教育教学投入和建设，实现教学过程全面质量管理，保证教学质量稳步提升。

（一）师资建设

学校坚持把教师队伍建设作为基础工作，注重继续教育师资队伍建设。制定了较为完善的教师聘任制度、管理办法、考核制度及培养体系，坚持从实际需求出发，立足本校，整合校外优质师资资源，形成"以项目和课程需求为导向，学校教师、企业专家、培训机构专家相结合"的师资组合模式，目前，学校现有能够满足继续教育教学的专兼职教师157人，教师队伍年龄结构、学历结构、职称结构合理，能较好地满足教学需求，得到了各类学员及用人单位的充分认可。此外，还配备有职业导师与辅导员26人，对学员进行学生事务、学业指导、过程监控和职业发展指导。

（二）资源建设

学校倡导"大教学"思想，推动继续教育和普通教育以学科专业建设、实验室、实践实训基地共建为纽带，推进资源共建共享，实现学校继续教育与校内全日制本科教育、高职高专教育统筹协调发展。

学校以信息化为手段，大力加强继续教育教学资源建设，对立项建设的重点课程，按每门课程15万元的标准予以拨付建设经费。为方便学生学习，学校规定所有教师使用TronClass平台开展辅助教学，实现网上布置作业、答疑、教学互动等。学校各种软硬件设施可很好地支持学生学习。

（三）制度建设

为了保证继续教育工作的规范发展，学校先后制定完善了招生管理、学籍管理、教学管理等相关的规章制度。在招生管理方面严格按照省教育厅的相关政策和规定，建立了健全的招生管理制度。成立招生领导小组，依法依规利用各种途径开展继续教育招生宣传工作，拒绝违纪招生、违规收费、虚假承诺和宣传。在学籍管理方面，强化服务意识，注重细节管理和过程管理，逐一落实每名学生的学籍注册情况，确保学生学籍信息准确无误。在教学管理方面，逐步完善了各主要教学环节的管理制度和质量标准，确保教学规范、有序运行。

（四）信息化建设

学校基于继续教育开放性的特点，牢固树立以学生为中心的教学与服务理念，不断加强信息化建设，充分利用现代信息技术手段，为学习者提供适应其需求且有效的支持和服务，为学生顺利实现学习目标提供有力的支持和帮助。学校自建"畅课系统"，为学生提供个别化的选课、课程学习过程辅导、咨询答疑、主动促学等服务，解决学生在学习过程中遇到的各种疑难问题。学校引入"尔雅""智慧树""中国大学MOOC""知到"等网络课程源，积极推行ZOOM、腾讯课堂等在线教育服务平台，支持学生进行个性化的在线学习。

五、教育培训

学校继续教育资源面向社会开放，主动推动学校人才培养链与地方产业链对接，加强与企业深度合作，提升继续教育服务能力。一是进行课程输出，通过定期和非定期相结合的方式，为合作企业员工提供在岗培训知识和技能培训。二是为合作企业提供场地租赁服务，合作企业利用学校实训平台开展在岗培训。

通过开放办学，实施校企合作定制教育，双方根据企业业务及人力资源发展规划，共同研究制定人才培养方案，搭建企业在线学习平台和培训管理平台，培养学员分析问题、解决问题的能力，为现代服务业及合作企业培养一线需要的适应现代人和现代城市发展需求的高素质技能型人才。

六、特色创新

我校继续教育特色创新主要表现在两个方面：一是继续教育教学工作坚持"反向设计、正向实施"，即以就业为导向、以结果为导向反向设计教学，从教学层面正向实施教育教学。二是人才培养模式创新，实行继续教育和职业教育融通，基于以"学生为中心"的就业、升学、创业及终身学习理念，瞄准产业行业发展趋势，加强与企业深度合作，研究分析企业目标岗位胜任力模型，将职业教育与继续教育相融合。

七、问题与对策

（一）存在问题

目前，我校继续教育工作存在以下三个方面的问题：一是继续教育招生人数较少，制约了继续教育的进一步发展，招生工作需要有新的突破；二是专业特色不明显，专业内涵建设需要进一步加强；三是教学资源建设尚处于起步阶段，可共享和推广应用的数字资源不足。

（二）发展对策

下一步，我校将秉承"国际化、应用型、新体验"的办学理念，以稳定招生规模为前提，加强内涵建设，加大教学投入，提高办学效益。

（1）优化专业布局，稳定招生规模。对现设专业进行梳理、调整，打造重点"产品"。集中精力进行重点宣传，稳步扩大招生规模。

（2）加强内涵建设，强化过程管理。将继续教育与职业教育紧密结合，加强专业内涵建设，在广泛调研的基础上进一步优化人才培养方案，重构课程体系，形成欧亚特色。

（3）加大教学投入，建设网络资源。大力发展"互联网+教育"，探索数字化转型下的全新教育治理模式，推动欧亚高职教育的数字化转型从提升师生信息化应用能力向全面提升其信息化素养转变，从融合应用向创新应用转变，满足学习需求，增强学生体验。

西京学院继续教育发展报告

为深入贯彻落实习近平总书记关于建设终身学习体系和学习型社会的相关指示精神，以"学史明理、学史增信、学史崇德、学史力行"系列教育为引领，通过多元办学，实现继续教育持续、协调发展，建设与西京学院发展目标相匹配的高水平的继续教育，我校高度重视继续教育工作的建设与发展，现将2020年度继续教育发展简报呈送省厅，请审核。

一、学校继续教育发展概况

西京学院始建于1994年，2005年获批为普通本科高校，2018年获批陕西省"一流学院"建设单位。现设有4个院系，7个书院5个专业硕士点，38个本科专业，在校师生2万余人。

学校将举办继续教育作为全校事业发展的重要组成部分，继续贯彻实施"多元化、信息化、国际化"发展战略，遵循"适度规模、优化结构、提升层次、提高质量、凸显特色、增强效益"的方针。目前继续教育学院统一管理全校的非学历继续教育，举办学历与非学历继续教育，形成了以继续教育学院为主导，专业院系和书院为主体的继续教育管理运行体系，分工协作，合力推进。同时，学校将继续教育学院纳入全校"一院一品"改革体系中，推进建设与我校发展目标相匹配的高水平继续教育，调配资源，加强师资队伍建设，聘任王震教授等专业学科带头人8名，各类培训专兼职教师68名，储备了一批对党忠诚、业务精湛、结构合理、专兼结合、相对稳定的专业化高水平师资队伍。

二、专业设置

2020年度我校学历继续教育现有27个专业，其中专升本士4个，高起专10个，高起本3个，涵盖文、理、工、经、管、艺、医等学科。

三、人才培养

（一）学历继续教育情况

2020年度，我校学历继续教育共计招生176人。其中，专升本121人，高起专11人，高起本4人，全年在学人数总计447人。概况如下：一是男性学员人数较高于女性。二是在校学生和在职青年从业人员对学历继续教育需求强劲。三是职业来源方面，从事技术辅助工作及服务工作的从业人员较多。四是管理类专业技术人才需求较为旺盛。五是生源地方面，本地学员占主流群体。

（二）非学历继续教育情况

1. 总体规模

2020年度非学历继续教育在校生培训共开展26个班次，总计1563人次。主要以面授模式开展。

2. 非学历继续教育的主要特色

（1）为了鼓励非学历教育的发展，学院积极开拓培训教育项目，大力支持与优质培训单位建立校企合作项目。通过创新模式、完善机制和强化队伍等手段不断加强自身建设。

（2）我校积极拓展教育市场，加大内容创新，为在校学生提供方便、灵活、个性化的学习条件，开展订单式的人才培养与培训，培养特色品牌。

（3）坚持"立足陕西、辐射西部、面向全国"的发展原则，以学校会计学院、理学院、商学院等相关院系专业教授为主干，充分发挥优质师资的研究、策划、指导专长，积极拓展培训者队伍来源渠道。

（4）为了形成良好长效机制，学院建立了相对完善的培训制度体系。具体包括：培训项目立项制度、课程设置标准制度、学员证书管理制度等系列制度，以及涵盖整个培训环节的一系列制度保障体系。

四、质量保证

（一）制度建设

2020年，学校根据成人高等教育发展的实际情况，修订了《西京学院成人高等教育学生学籍管理办法》《西京学院成人高等教育本科毕业生学士学位授予细则》《西京学院成人高等教育课程考核管理办法》对成人高等教育学生的管理、教学质量、过程性考核等进行了进一步规范。

（二）师资保障

2020年，授课教师方面，学历继续教育授课教师68人，主要以中级职称、硕士学历、36~50岁的中青年群体为主；辅导教师方面，学历继续教育辅导教师9人，均为西京学院本校师资，主要以中级职称、硕士学历、35岁以下的青年教师为主；专职管理人员方面，学历继续教育专职管理人员15人，均为西京学院本校师资，主要以中级及初级职称、本科学历、35岁以下的青年教师为主。

（三）资源建设

优化学历教育师资库，聘请校内学科带头人，组建专业化师资团队，保障教学质量：

深入优化继续教育学习平台，优化课程资源：增加教学场地，提升学历继续教育和非学历继续教育办学

水平，贴近学生实际、贴近工作实际，提高工作的实效性和针对性。

（四）设施设备

实现硬件资源共享、图书资源共享、实训设备资源共享。学校配备370间多媒体教室、计算机中心2000台设备、188.7万册图书资源和6500种电子阅览资源、校内实验实训中心、厂房、设备，全方位支持学历继续教育和非学历继续教育。

五、特色创新

（一）学历继续教育

我校成人高等教育始终坚持以服务陕西高等教育为宗旨，将我校研究生资源与海外优质高等资源有效结合起来，为学员提供广阔的提升发展空间，以创新驱动技术开发、工程研究、先进技术转移为目标，努力成为区域和行业的科技服务基地、人才培养基地、创新创业基地。

（二）非学历继续教育

2020年，我校开展26班次非学历继续教育在校生培训，同时积极探索校内集中培训与校外合作培训相结合的培训模式，充分发挥校内实习、实训场所的功能，参训的西安市机关事业单位工勤人员在校内集中面授，统一组织到校内实训场馆进行考核＼认定，提升了培训服务质量。

（三）党史思政教育

为了更好地推动校内课程思政建设，推进党史学习教育进入课堂教学主渠道，学校不断丰富学习教育形式，在校内外开展理论学习、专题党课，讲述红色故事等活动口坚持依法从严治校，坚持用习近平法治思想指导办学治校，在教学过程中教育师生要深刻认识习近平法治思想的重大意义，深刻认识"十一个坚持"的丰富内涵，全面领会精神实质，准确把握核心要义，自觉用习近平法治思想武装头脑、指导实践、推动工作，做到学思用贯通，知信行合一。

六、问题挑战

（一）存在的问题

首先，继续教育体制机制不够灵活，学历继续教育特色专业建设相对滞后，人才培养的职业能力导向还不够鲜明；其次，学历继续教育占据主导地位，非学历培训仍处于从属位置。专业化的项目研发团队和市场拓展团队缺失，培训项目的管理、运作和服务能力总体偏弱，创新乏力，新兴专业建设、课程开发滞后；最后，继续教育做大做强的

发展基础还十分薄弱，与我校办学地位和发展目标不相匹配，迫切需要加大工作力度，抢占发展先机。

（二）问题对策

在制度建设方面，要进一步改革非学历管理体制和机制，形成职责分明，协调统一，效高质优的办学体制机制，完善和修订继续教育管理制度；同时，加强教育信息化建设，优化和加强成人学历教育专业建设，打造继续教育网络化教育平台，推进继续教育教师队伍建设，搭建非学历教育公共服务平台。引导和鼓励举办非学历教育的单位积极发展专业型、特色化的非学历培训，深化交流与合作，逐步打造我校继续教育和高层次培训品牌。

七、对策建议

（1）明确办学定位与任务，依托办学优势，形成开放灵活、规范有序、适应社会需求的办学服务体系。

（2）建议建立相关制度规范和法律法规，对社会上非法使用、打着高校旗号虚假招生宣传的招生中介进行全面清理，净化继续教育招生环境。

（3）建议教育行政部门充分发挥陕西教育资源密集的优势，挖掘和利用高等学校、科研院所等专业性教育教学和研究机构的资源，搭建高等继续教育合作的桥梁。

西安思源学院继续教育发展报告

一、学校情况

（一）学校概况

西安思源学院是教育部批准设立的普通本科高校和陕西省教育厅等部门联合批准设立的研究生联合培养示范工作站高校。学校成立于1998年，经过23年发展已成为一所集工、文、经、管、教、法、艺、医等多个专业学科，本科、高职、继续教育及研究生等多种教育形式协调发展的新型大学。目前学校拥有12个二级学院，2个硕士研究生工作站，全日制在校学生19000余名，学历继续教育在籍学员733人。

（二）学校继续教育总体规划与办学定位

我校十分重视继续教育的健康发展，紧密围绕省委省政府奋力谱写陕西新时代追赶超越新篇章和"四个一流"建设目标，贯彻中央精神，加深省情认识，坚定应用型办学定位。以学科建设为引领，深入推进产教融合、校企合作、协同育人，继续坚持"两个转变"，突出"四项提升"，按照"稳步发展、优化结构、深化改革、彰显特色"的工作基调，探索成人高等继续教育体系发展之路，完善继续教育人才培养目标。

本着立足陕西、辐射周边、面向全国的办学定位，积极应对经济社会发展的新挑战，增强对区域经济社会发展及行业系统的服务贡献能力，着力推进我校成人继续教育的转型发展、创新发展、开放发展、和谐发展，不断增强我校成人继续教育的综合实力和竞争力，为服务"一带一路"新经济及建设西部经济做出新的贡献。

二、专业设置

目前，我校共有继续教育本专科专业19个，其中高起专专业12个、专升本专业6个、高起本专业1个。2020年，我们把原有的高中起点专科专业从18个缩减到12个。逐步增加本科专业，兼顾专科教育，办学过程中积极申报一批特色专业。

三、人才培养

（一）学历继续教育情况

我校学历继续教育办学类型主要为业余，办学层次有高中起点专科、专升本、高起本三个层次。在籍学员733人，其中教育学4人、文学11人、工学63人、管理学648人、艺术学 7 人。

（二）非学历继续教育情况

2020 年，非学历继续教育培训共进行 282 个班次，累计 9953 人次。

（三）人才培养中的思政教育

学校十分重视学生的思想政治教育工作，主要举措：（1）加强爱国主义教育，教育学生把个人的前途同祖国的命运紧密联系在一起。（2）加强社会主义核心价值观教育，以培养担当民族复兴大任的时代新人为着眼点。（3）加强习近平新时代中国特色社会主义思想的学习，用习近平新时代中国特色社会主义思想武装起来，夺取新时代中国特色社会主义伟大胜利，实现中华民族伟大复兴。我校采取主题教育、专题讲座、生动案例、典型影像等形式教育和引导学生，增强"四个意识"、坚定"四个自信"，最终要落实到"两个维护"的具体实践和实际行动上。促进学生全面发展，着力提高学生服务国家、服务人民的社会责任感和民族自豪感。

四、质量保证

（一）制度建设

目前，我校继续教育制度相对健全，体系比较完整。建立健全一套行之有效的管理制度有利于提高继续教育的办学质量、提高管理效能。同时，基于日常教学管理需要，统一工作流程，规范各种工作表格。各项管理制度汇编成册，随时查阅，用以指导日常教学与管理工作。

（二）师资保障

为适应并促进继续教育创新和发展，需加强继续教育队伍建设，"十四五"期间建设具备多类型、多序列、高层次、新颖性、跨国型等特点的师资队伍。大力推进人才强校工程，建设高水平师资队伍。继续教育学院现有专兼职教师 37 人，其中高级职称教师 15 名，占比为 40.54%；中级职称 21 人，占比 56.76%。管理人员 5 名。

（三）资源建设

多媒体教室 242 间，实验室 105395 平方米，教学电脑 4668 台，图书 160.95 万册，教学、科研设备 14775.85 万元，可容纳 2 万余学生进行学习，可完全满足继续教育学院的教学需求。

（四）内部质量管理

设有教学质量监控与评估中心，实行院校两级监控制度。教学质量管理和监控体系由招生过程、教学计划、教学过程、教学基本建设、教学质量检查信息反馈等质量管理和监控环节组成。学校先后出台了一系列关于教学质量监控文件，进一步优化"教师评教、学生评教、专家评教、同行评教"为主要手段的教育教学质量的检查、监控体系，定期进行教学质量反馈，及时地预防和解决教学过程中出现的问题。教学质量监控的制度体系和运行体系比较完善。

（五）信息化建设

建设教学资源与教育教学平台，提供个性化的线上线下教学支持。可以基于现有资源，通过消化吸收 MOOC、微课等新型教育模式，创新教学、管理模式，提升应用型人才培养能力。

五、特色创新

（一）持续推进教学改革

人才培养质量关系着学校的生存与发展，不断提高教育教学质量，是我校继续教育一个永恒的主题。教学改革方面，学校统筹规划，制定文件和流程，出台相关政策、健全激励机制，通过一系列专业培训、学历提升、职称晋升的政策支持，不断提高教师教学能力，更新教师观念，把课程项目化理论融入到开放教育教学中，提高学生应用能力。

（二）科研持续取得新突破

2020 年完成了《应用型本科院校高等继续教育转型发展研究》课题研究。

六、问题挑战

（一）学历继续教育不断萎缩

自高校扩招以来，普通高等教育的飞速发展为学历继续教育规模的扩大带来巨大挑战，使得原来成人教育传统生源出现分流、萎缩现象，生源匮缺，成人高考生源近年来一直呈下降趋势，尤其是后疫情时代以来，对生源的组织和教学带来了新的挑战。

（二）继续教育办学优势不明显

普通高等教育与继续教育相对割裂，无法形成优势互补的办学格局，有特色的继续教育办学模式和继续教育管理格局尚未形成。需要更新观念、创新机制，根据各学校的自身优势，突出本校特色专业。教学内容还不能满足继续教育的需求。需要进一步完善人才培养方案，优化课程设置与教学内容，以满足新时代继续教育人才培养的需求。

七、对策建议

（一）发展对策

（1）建立专业动态调整机制，强化特色专业建设。以社会需求为导向，调整优化学科专业结构。建立专业设立与退出的动态调整机制和专业建设水平内部评价机制。"十四五"期间，适时规划增设国民经济新兴领域专业。

（2）积极探索 5G 技术、人工智能、大数据、云计算、区块链技术，促进"互

联网 +"信息技术与继续教育的融合发展，推动继续教育的创新与改革，构建终身学习的教育体系。

（二）政策建议

抓紧抓牢抓实"三好"：

（1）贯彻好习总书记在党的十九大报告提出要"办好继续教育，加快建设学习型社会，大力提高国民素质"，因而政府要持续加大政策的支持力度，政府要大幅度提高对继续教育的经费补贴，政府要加强继续教育队伍建设投入，提高继续教育工作者的政治地位和归属感，促进继续教育的可持续健康发展，才能通过建设学习型社会大力提高国民素质，从而为经济社会发展服务，为实现中国梦服务。

（2）落实好教育部长陈宝生在2019年全国教育工作会议上强调："适应新形势新变化，推动继续教育规范与创新，既要深度调整既有利益格局，做好'老城改造'；还要推动新的模式与路径建设，启动'新区建设'"。因而建议985和211高校快速退出成人高等继续教育，面对全国教育大会提出的新要求和赋予的新使命，继续教育需要守正创新，砥砺前行，加快发展，继续教育必将迎来"第二个春天"。

（3）抓好《中国教育现代化2035》部署的构建服务全民的终身学习体系："构建更加开放畅通的人才成长通道，完善招生入学、弹性学习及继续教育制度，畅通转换渠道。建立全民终身学习的制度环境，建立国家资历框架，建立跨部门跨行业的工作机制和专业化支持体系"。因而新时代的继续教育必须注重内涵建设，不断进行制度创新、理念创新、模式创新，推动继续教育开创新局面、开辟新天地，鼓励各高校快速转型发展，对继续教育办得好的高校大力给予表彰奖励。

陕西国际商贸学院继续教育发展报告

一、总体情况

（一）学校概况

陕西国际商贸学院坐落在历史文化名城西安市西咸新区沣西新城，由步长制药投资创办于1997年，2005年开始招收高等继续教育学生，2008年经教育部批准为本科院校，2015年通过教育部本科教学合格评估，2017年获批研究生联合培养示范单位。学校占地面积1300余亩，总建筑面积40余万平方米，现有在校生17000余人。学校坚持"地方性、应用型、有特色"的办学理念，实施"规范化、特色化、品牌化"三步走发展战略，办学层次稳步提升，服务能力不断增强，得到教育部门、地方政府和专家及学生家长的高度评价，社会声誉明显提高。

（二）继续教育总体规划与办学定位

学校"十四五"发展规划中强调大力发展继续教育，继续教育学院作为学校二级教学单位，秉承学校"立德笃学，允能躬行"校训，坚持遵循"因材施教，保证质量，规范管理，助力学校发展"的原则，制定实施一系列促使学生学习积极性的政策与措施，为学生成长成才创造良好条件。学校积极推进"双一流"建设，在构建特色学科"专业群"建设中，做好继续教育类的规划，助力做强做大药学类、经管类专业群，做精做特珠宝与艺术类等专业群，做实做优其他专业，发挥继续教育的灵活性。

（三）学校继续教育办学体制和管理机制

陕西国际商贸学院继续教育由学校主管领导分管，继续教育学院直接面向社会组织开展各类继续教育教学活动，负责各专业人才培养方案的制定和实施，认真做好继续教育制度建设、组织协调、服务保障、过程管理等工作，切实加强对继续教育工作的统筹规划和管理。

二、专业设置

（一）学历继续教育专业设置情况

依据学校重点建设经管类、药学类专业为目标，以药、商为基础，专业设置形成多学科专业体系的总体规划。为了适应地方经济和步长制药等行业发展需求，依据学校专业设置的总体规划，依托学校优势学科和特色专业，继续教育学院共设置31个成人高等教育（业余）专业，其中高中起点专科 15 个，高中起点本科 9 个，专升本 7 个，涵盖经济学、工学、医学、管理学、教育学等学科门类。

（二）专业人才培养方案制订及调整情况

我校继续教育学院专业人才培养方案坚持突出以基础和应用为人才培养目标，以适应学生学习和社会需要为中心，以学校人才培养方案为基础，结合职业教育，加强技术技能培养与实训，提高一线生产和管理人员的综合素质，保证人才培养质量。并通过企业走访、毕业生回访等了解企业和学生需求，根据专业知识结构要求和专业发展情况进行定期修订和更新，使之符合继续教育学习特点和人才培养要求。

三、人才培养

（一）学历继续教育情况

陕西国际商贸学院现有成人高等继续教育在籍学生 980 人，学习形式均为业余类型，其中高中起点专科 281 人，高中起点本科 655 人，专升本 44 人。2020 年招生人数 131 人，毕业生人数 533 人。

（二）非学历继续教育情况

我校为陕西省退伍士兵职业教育和技能培训定点机构，2020 年共招收退伍士兵 426 人。退伍士兵职业教育和技能培训全部采用线上线下混合式培训模式。退伍士兵进入学校培训实现了军到民的角色转变，掌握了一门技术，扩大了知识积累，为退役士兵服务社会、创新创业创造了有利条件。

四、质量保证

（一）制度建设

我校继续教育学院坚持依法依规办学，重视规章制度建设，坚持目标管理与过程控制相结合，形成了完善的管理规章制度。为了更好规范教学，保证质量，将制度汇编成册，依据规章制度，从严治教，从严治学。

（二）师资保障

学校现有专兼职教师 1000 余人，其中具有硕博士学位的 682 人，高级职称教师 292 人，"双师双能型"教师 218 人，国务院特殊津贴获得者 4 人，省级教学名师 6 人。我校建有院士工作站，在站高层次人才院士 1 人、教育部新世纪优秀人才 1 人、"步长学者"特聘教授 3 人。根据学校规定，所有校内专职教师有义务承担继续教育教学。本校教师承担教学达到 95%，其余均为企业兼职。

（三）资源建设

学校积极推进教学资源的建设工作，整合各学科优质教育资源，搭建多层次开放式的教育平台，建设了具有一定规模的、符合继续教育学院实际的资源库。同时继续教育学生可共享学校各类教学资源，特别是图书馆馆藏资源及实验室资源。

（四）内部外部质量保障

继续教育学院严格执行教学计划，保证规定学习课程落实，坚持每学期教学检查，通过听课、教师座谈、学生座谈、用人单位回访、阶段总结等，及时评估教学效果，实行教学事故责任追究制，严把考试质量关，严肃考风考纪，教学秩序井然。

（五）信息化建设

学校拥有独立的教务管理信息系统、官方网站、微信公众号、数字图书馆等现代信息技术手段，根据继续教育学生的特点，利用信息化手段为学生提供优质教育资源，突出职业性、实用性、开放性，实现线上线下多平台学习，满足不同层次、不同类型的多样化学习需求。

（六）经费保障

学校严格按照上级物价部门学费收取标准全额收取成人高等教育学费，由学校统一进行管理，并严格执行"收支两条线"管理规定，本着"积极筹措教育经费，优先保障教学投入，不断改善教学条件"的原则，教学经费预算逐年增加。

五、特色创新

（一）以校企合作为抓手，推进产教融合进程

我校继续教育学院是与步长制药合作最紧密的单位之一，多次与企业定向培养，在学习中实践，在实践中学习，不断提高学生素质和就业能力，为企业输送了大批量的人才。至今为止，山东步长、吉林步长等药厂的商贸毕业生70%来自我院。同时，在企业人才急缺之际，将课堂搬到企业，进行现场教学，既保证了学生的日常教学，又解决了企业用工难的问题。

（二）加强科学研究，推动教育教学改革

结合成人教育学生及学习特点，学院不断开展教学管理等方面的科学研究，推进教育教学改革。2017年教学改革项目《企业办药类高等继续教育专业教学质量保障和监控体系探索与实践》（编号17JG024），报陕西省教育厅办公室评审验收，顺利结题。2018年校级教学改革项目《全纳教育理念下高等继续教育特色专业建设研究与实践——以首饰设计与工艺专业为例》（编JG201729），经校内专家评审验收，顺利结题，评审结果为优秀。成功获批2020年校级教学改革项目《高等教育普及化背景下高校继续教育人才培养探究》（编号JG202012）。

（三）重视就业，加强高质量实习就业基地建设

继续教育学院充分利用步长集团资源优势，通过步长集团各分支机构提供的就业岗

位和推荐用人企业，主动联系，通过"走出去、请进来"的方式，深化校企合作和实习基地建设，从2016年至2020年建立了杨凌步长、四川邛崃制药、吉林步长、四川泸州制药、西诺医疗器械、西安世纪盛康药业、天士力医药物流等15个实习就业基地，确保教学与实习的连续性，保障实习与就业一体化，提高就业率。

六、问题及对策

（一）存在问题

（1）目前成人教育招生制度及学习培养模式还无法满足现代社会"人人可学、处处可学、时时可学"的需求。

（2）随着高职扩招政策的实施，学历继续教育生源出现了逐年萎缩的情况，使得成人继续教育的规模逐渐缩小。

（3）学历继续教育的特色专业建设相对滞后，应用型人才培养的导向还不够鲜明。

（4）从就业等方面看，现阶段社会对成人教育的毕业生还存在人为的歧视。

（二）问题对策

（1）进一步改革继续教育管理机制、体制，完善和修订继续教育管理制度。

（2）充分发挥办学优势，积极扩大办学影响，挖掘社会各行业资源，稳定招生规模。

（3）优化和加强成人教育专业建设，打造适合社会发展和需求的特色专业。

（4）加强继续教育人才职业培养能力的培养，增强学生就业能力。

陕西服装工程学院继续教育发展报告

一、学校情况

陕西服装工程学院是一所民办普通本科院校，其前身是创建于1994年的陕西服装进修学院。2002年6月，经省政府批准，成为普通高等职业院校。2011年根据教育部《关于同意在陕西服装艺术职业学院基础上建立陕西服装工程学院的通知》（教发函〔2011〕87号）精神，同意在陕西服装艺术职业学院基础上建立的陕西服装工程学院。2015年6月，获得学士学位授予权。

学校举办者为吕明、吕超，实行董事会领导下的院长负责制。学校董事长为吕明，院长张义明，党委书记、督导专员温锋（原陕西科技大学党委副书记）。校址位于西咸新区沣西新城同文路1号，校园占地面积1255亩，建筑面积41.7万平方米。学校下设10个二级教学单位。形成了以工学类专业、艺术类专业为主体，以管理类专业和教育类专业为两翼，以服装类专业为特色，工、艺、管、经、教多科类专业协调发展的学科专业体系。

学校致力于发挥办学优势，精心培育办学特色：形成理论固本、文化浸润、舆论引导、历史传承、"三全"育人的"五位一体大思政"格局；建成"以学生实践应用能力培养为主，基础实验、实习、实训、职业岗位能力训练四位一体"递进式实践教学体系；服装设计与工程专业走校企合作、产教融合之路，实现教育板块、产业板块、应用研究板块并举，人才培养、科学研究、社会服务、文化传承结合。

二、继续教育专业设置

我校继续教育于2005年开始申报专业，至今已有16个专科专业：服装与服饰设计、视觉传播设计与制作、市场营销、艺术设计、电子商务、广告设计与制作、计算机网络技术、首饰设计与工艺、工商企业管理、物流管理、计算机信息管理、环境艺术设计、会计、建筑工程技术、数字媒体艺术设计、金融管理。由于近年来继续教育专科需求逐渐萎缩，招生十分困难，从2017年我校开始申报继续教育专起本专业，目前已经获批12个本科专业：服装与服饰设计、市场营销、会计学、服装设计与工程、视觉传达设计、环境设计、物流管理、计算机科学与技术、工程造价、机械设计制造及其自动、物联网工程、财务管理。

三、目前存在的问题

（一）招生规模不理想

目前成人高等学历教育生源大幅萎缩，高考录取率逐年提高，高中和中专、职高、技校毕业生还可以通过陕西省分类考试入学，普通高考又放宽报考限制，一些落榜生和社会成人均有机会再次参加高考，成人高等教育生源大幅度减少，学员素质下降，办学规模锐减。

（二）招生专业结构不平衡，课程服务体系尚待确立

目前成人高等教育专业完全是依托统招专业设置，专业建设与行业、产业结构的调整与转型相对脱节。系统化、特色化、市场化、精品化的课程服务体系尚待确立，适应成人特点、满足社会应用型人才培训需要的精品教材建设相对缺乏。授课教师绝大多数缺乏成人学历教育教学实践经验，不太适应主要针对在职从业人员的教学方式，教育研发队伍及管理队伍素质、结构欠佳、缺乏主动开拓市场的能力。

（三）教育管理制度有待进一步完善

在实际工作中存在对继续教育的地位和作用的认识偏差，普通高等教育与继续教育相对割裂，没有形成优势互补的办学格局。

四、工作措施及设想

2021年，我校将不断强化继续教育专业内涵建设，规范教学管理，强化服务意识，提高管理水平，争取今年成人高等教育办学规模取得新突破。

（一）适应深化综合改革新形势，着力提升管理能力和水平

（1）加强政治理论学习，推进"学习型、服务型、创新型"部门建设工作。深入学习领会习近平总书记系列讲话精神实质，不断增强全体教师尤其是党员、干部的宗旨意识和群众观点，努力提高服务校院事业发展和广大师生的能力水平。

（2）开展专题调研，认真探索继续教育管理改革路径。一是校内调研，围绕学校继续教育管理体制改革、规范招生宣传等，召开座谈会，充分听取意见和建议；二是校外调研，走访省内高校，学习经验；三是专题研究，召开专题会议，贯彻学校深化人才培养机制综合改革要求，对调研过程中各方面反映的建议和意见进行梳理分析和专题研讨。

（二）面向经济社会发展需求，继续教育办学规模取得新突破

（1）主动适应社会需求，优化专业设置，开拓办学新领域。

（2）坚持统一宣传和分类指导相结合，加大招生宣传工作力度，提高宣传工作的针对性和有效性。适时组织召开学校继续教育专题工作会议，着力抓好办学拓展、教学基本建设和制度保障等方面工作。

（3）不断加强与地方行政主管部门、行业系统、大型企业和高职院校的学习交流，拓展招生渠道。

（4）坚持开展"全员招生、全年招生"的思路，扩大继续教育办学规模。

（5）结合学校现状，合理开发高职资源，大力发展专升本专业。我校现有在校生11930人，其中高职生人数6000多人，由于社会企业和用人单位的需求不断提升，高职生对学历提升较为渴望，所以在专业申报调整和教学计划方面尽量结合学校实际，和高职类专业接轨，做好校内高职毕业生的继续教育。

（三）加强内部建设，确保继续教育工作健康发展

（1）加强内涵建设，提升工作水平。加强队伍建设，提升管理水平，针对学校干部岗位调整，适时进行自考管理人员业务知识培训，狠抓自考助学教育规范化管理和管理人员素质提高。

（2）规范组织管理，严格审核环节。加强统筹管理，认真做好自考学生各类审查审核组织工作，严格把好资格审查关。

（3）牢固树立"服务至上"工作理念，扎实做好部门日常管理工作。

总之，继续教育工作任重道远，我们决心在省教育厅的关心和支持下，在学校董事会、校委会和党委会的正确领导下，团结一心，努力工作，提高质量，增强继续教育的吸引力与竞争力，争取在2021年开创我校继续教育新局面。

西安交通工程学院继续教育发展报告

一、学校情况

（一）学校概况

西安交通工程学院是经教育部批准的全日制普通本科高等院校，是陕西省唯一一所以轨道交通类专业为主的普通本科高等院校。学校坚持"人文、科技、创新"和谐统一的办学理念，秉承"自强不息、修德载物"的校训和"笃实惟新、负重图强、驰而不息、交通报国"的大学精神，坚持"地方性、行业性、应用型"办学定位，现有本科专业20个，专科专业25个，形成了以轨道交通类、电气信息类、人文与管理类学科群建设为重点，形成了工学、管理学、教育学、艺术学等多学科专业融合协调发展的学科专业体系。

西安交通工程学院继续教育学院是西安交通工程学院下属的二级学院，是学校全面组织实施成人学历教育、非学历教育培训、网络教育等多类型办学格局和办学实体。充分依托西安交通工程学院优质的教育教学资源，整合社会教育资源，坚持"以学生为本"，以规范管理为前提，以制度建设为根本，积极推动继续教育创新发展，促进了继续教育规模、结构、质量、效益等多方面的和谐发展。

（二）学校继续教育办学定位

学校继续教育工作坚持贯彻落实党的十九大精神和习近平新时代中国特色社会主义思想，主动适应我国经济社会发展和人的全面发展需求，树立终身学习、人人学习和多样化人才培养的观念，以现代信息技术为支撑，不断优化办学理念和服务体系；坚持继续教育、培训教育"以人为本、服务社会、稳定规模、提高质量"的办学理念，合理控制规模，教育内容多样化，教育手段现代化；立足区域经济发展和地铁、高铁铁路行业企业发展，突出培养动手能力、应用能力、适应能力，使之成为具有良好职业道德和敬业精神的高素质技能型、应用型专门人才；通过各种有效途径，与社会、企业、高校建立以质量求生存，以创新促发展，以特色赢市场，实现资源共享、合作共赢，服务于区域经济、行业和社会发展，为地方经济建设、社会发展提供人才支持和应用技术服务。

二、专业设置

学校根据市场发展和人才需求设置专业，开设了城市轨道交通运营管理、城市轨道交通车辆技术、城市轨道交通工程技术、电气自动化技术、工程造价5个专科专业和1

个交通运输本科专业。

三、人才培养

（一）学历继续教育情况

学校继续教育2020年度学历教育目前在籍学员总计22人，专科21人，本科1人。学校成人继续教育与普通高等教育相互补充、协调发展，是学校整个人才培养体系的重要组成部分，是学校为地方经济建设和社会发展培养人才、提供服务的主要方式，也是创建学习型社会和实现终身学习的有效载体和重要支撑。

（二）非学历继续教育发展情况

继续教育学院充分利用学校办学特色和学科优势，以提高岗位适应能力和创新能力为核心，积极开展非学历继续教育。由继续教育学院负责全校非学历教育工作，通过优化、整合全校教育资源，建立从上到下的专门机构，形成系统化管理体系。继续教育学院既是学校非学历教育的职能部门，又是非学历教育的办学主体，二级学院开展非学历教育项目需要经继续教育学院协调整合后方可实施。继续教育学院负责对全校非学历教育项目进行统一归口管理，如审核、审批培训项目、发布招生简章、签订相关协议、监督检查、非学历继续教育办学质量；颁发非学历继续教育证书；处理培训中的违规行为等。

1. 学校非学历继续教育项目主要包括

（1）红十字救护员培训；（2）交通类岗位技能培训；（3）在校生各类资格证书培训；（4）专业技术人员继续教育培训；（5）计算机等级考试培训；（6）普通高等院校专升本培训等。全年培训近5000余人次。

2. 培训方式

项目利用晚自习、双休日集中面授培训，在校学生证书培训项目采用面授教学模式，课件均由任课教师根据培训教材制作；

（三）人才培养中的思政教育

学校学历继续教育强化思政育人。学校认真贯彻落实习近平总书记在全国高校思想政治工作会议上的讲话精神，将成人教育学生的思想政治工作纳入学校整体思政工作进行统筹推进，把培育和践行社会主义核心价值观融入教育教学全过程，在高等学历继续教育各领域牢牢把握意识形态工作领导权。坚持将《马克思主义基本原理》《毛泽东思想和中国特色社会主义理论体系概论》作为必修课。并把每个学期开学第一课——思政教育教育活动作为长期坚持的活动制度化。并组织新生参观学校校史馆、图书馆；每年定期组织学生参加校内举办的各类专家讲座，包括学院"渼陂大讲堂"报告。

四、质量保证

为有效提高信息化建设，2020年以来，学校加大信息化建设投入，更新了现有校园网，实现了校内校园网的全覆盖。

我校继续教育与学校普通教育同步进行期中教学质量检查，通过学生问卷调查、座谈会、听课汇报等形式，检查教师教学质量，对教师进行考核、评比，考核材料存档，作为晋升职称的依据之一。通过对学生的问卷调查、座谈会及各种信息反馈，我校教师教学经验丰富，讲课效果良好，重视教书育人，政治素质和业务水平高，完全能满足继续教育教学需要。

学校成立了以分管教学校长为组长，各学院领导为副组长，各教学秘书参加的期末考试领导小组，以加强期末考试工作的组织与实施。学校领导亲自参加巡考，到考试现场指导工作，解决问题，保证了期末考考试的顺利进行。

在考试中如果发现问题，巡考人员有权根据情况进行处理。对情节严重，影响恶劣的学生给予严肃处理，决不姑息。在考务方面注重过程管理，严谨组织考试，严肃考风考纪，规范考务管理。考试的核心内容就是检查学生对知识掌握的情况和能力、水平与素质的提高程度。

学校对继续教育教学工作十分重视，每学期召开教学工作会议，实施期中、期末检查教学工作并提出指导性意见。为了提高教学质量，成立教学质量监督与评估中心，通过建立完善的教学管理制度，规范教学组织与运行，每月开展教学督导、巡视、听课、教学检查等，实施监控教学秩序和教学质量（包含有主要通过听课、教学检查、教学督导、学生评教、教师评学、考试等环节与活动），使教学质量有明显的提高。

五、特色创新

学校积极探索适合成人特点的教学方法，紧紧围绕校企合作、联合办学的特色，努力打造"订单班"品牌，教学计划在实施过程中应根据企业需求侧重选定教学内容。教师在授课辅导前到相关企业进行考察，继续教育的教学模式可以更好地结合各方资源培养出企业所需的技能人才，目前，我们学校与宁波地铁达成了"电客车司机订单培养"协议；与杭港地铁达成了"列车检修与通信信号维修订单培养"协议等。

六、问题与挑战

（一）面对的新挑战、新需求

随着高等教育大众化时代的到来及普通高等院校的大规模扩招影响，成人学历继续教育，迎来了前所未有的严峻形势。报考成人教育的人数明显下降。办学规模日趋萎缩，这些无疑是学历继续教育的最大挑战。结合近三年学校成人学历继续教育报考情况，成人高等教育、网络教育，呈招生数逐年减少，总体成人学历教育呈收缩趋势。

（二）存在的主要问题及原因

存在的主要问题：

（1）继续教育形式单一，未能充分挖掘行业培训资源。

（2）在办学定位、发展方向、组织管理、品牌建设等方面缺乏有效措施。

主要原因：

（1）传统教学模式没有完全打破；

（2）继续教育工作者危机意识不足，观念还没有完全转变，对社会和市场的需求没有准确的把握和研判。

七、对策建议

（一）发展对策

1. 工作思路

贯彻"稳定规模，加强管理，提高质量，加快发展"指导方针，在稳定中求发展，积极拓展办学领域，培育新的增长点，积极开发企业培训项目；积极争取政府支持，开展行业项目培训，探索"技能培训 + 学历教育"模式，为行业企业培养高技能、高学历实用人才，提升办学效益和社会影响力。

2. 工作重点与措施

（1）进一步完善各项规章制度，着力推进各项工作的制度化、规范化进程，以制度规范教学秩序和日常管理。

（2）为适应继续教育现代化的发展，针对少数教学管理人员文化底蕴不足、业务素质偏低的现象，通过校内培训、外出学习等方式，加强管理人员继续教育理论的学习，深入开展继续教育改革研究，进一步提高继续教育管理队伍的整体业务素质和管理工作水平。

（3）尽快建立健全用人和分配激励机制，细化落实培养措施，做好专兼职任课教师的选拔与培养，加大从企业外聘和返聘教师的力度，尽快建成一支热爱继续教育事业，理论水平高，实践能力强，掌握现代教学技术，能更好地满足教学工作的高水平师资队伍。

（4）应加强网络教学平台和教学资源的建设完善，积极推广网络教学，有效缓解工学矛盾，使学生随时随地都能利用碎片化的时间进行学习。

（5）利用学校实习实训中心资源优势，进一步提升其教育教学、培训、生产和技术服务功能，充分发挥学校职业技能鉴定站的作用，利用师资和实训资源，校企、校校合作，积极开展职业技能培训、创业能力培训和技能鉴定等服务创效创收。

西安明德理工学院继续教育发展报告

一、学校情况

西安明德理工学院是经教育部批准设立的全日制民办普通高等学校,前身为西北工业大学明德学院(本科层次独立学院),依托西北工业大学雄厚的办学资源优势,形成了规模适中、特色鲜明的办学体系,为国家培养了近4万名应用型本科人才。专业设置以工为主,经、管、文、艺协调交叉跨界发展,突出新工科、新文科、新商科背景下的产教融合、军民融合。学院与中兴通讯、新华三大学、北斗开放实验室、楷博财经等多家企业合作,先后建立了88家校外实践教育基地。与英国、美国、德国、日本等9个国家17所高校建立了长期校际合作关系。

2020年学校开启申报并获批独立建制的成人学历教育业务,成立继续教育学院,是学校高等继续教育的归口管理和具体实施部门。

按照学校战略发展规划中"发挥学校资源优势,稳步发展继续教育,加强质量内涵建设"的整体要求,继续教育学院面向成人继续教育,以适应社会需求为导向,规划打造理工类专业为主,经管文艺类专业为补充的专业布局。另外,学院坚持质量与效益兼顾原则,以拓展招生渠道、优化管理及业务流程、稳定规模、提升教育教学质量为办学定位,将不断强化专业特色与内涵建设,在继续教育业务板块逐步形成特色明显、管理规范、规模稳定、人才培养质量高的优势,期望未来成为服务区域地方经济建设的中坚力量。

二、专业设置

2020年,学院申报并获批高等学历继续教育专升本、高起本两个层次3个专业,分别是机械设计制造及其自动化(专升本)、计算机科学与技术(专升本、高起本)、国际经济与贸易(专升本)。

三、人才培养

我校继续教育学院负责学历继续教育业务,目前处于全面招生阶段,暂无在籍学生。

四、质量保证

为规范继续教育学院教育教学管理工作，保证教育教学质量，学院已分别从制度建设、师资保障、资源建设、内部外部质量保障、信息化建设等方面着手展开了工作。

（一）制度建设

继续教育学院已制定了《西安明德理工学院继续教育学院师资库建设管理办法》《西安明德理工学院继续教育学院函授站工作条例》制度，2021年拟新建《西安明德理工学院继续教育学院函授教师聘任及管理方法》《西安明德理工学院成人高等教育本科毕业生学士学位授予工作实施细则》等教学管理及服务相关制度，实现以制度为引领，促进学院的规范发展。

（二）师资保障

为保证人才培养质量，提升我校继续教育品牌影响力，根据专业人才培养方案，依托二级学院教师队伍，拟选聘具有多年一线教育教学经验，熟悉成人教育教学知识体系的优质骨干教师为我院学生授课，并建立师资库，实行动态聘任管理机制，为持续提升学院教学质量服务。

（三）资源建设

1. 场地资源

学校在教学场地资源分配方面，加大了继续教育板块资源分配的比例，为后续教学提供充足的场地资源，包括普通教室、实验实训室。

2. 教师资源

继续教育学院可以调用各二级学院优势师资，组建专业师资团队，承担教学研究及授课任务，服务继续教育学院专业的持续发展。

3. 教材资源

结合专业特点，课程教材在具备应用型、实践性基础上，优选国家规划教材、获奖新版教材，教材使用采用传统纸质教材与电子教材相结合的模式。

（四）内外部质量保障

1. 外部管控

遴选外部函授站点（学习中心），在省教育厅公布的合格站点名单中遴选可合作站点进行合作，严格审查站点资质，严格管理与监控，杜绝虚假宣传、乱收费与教学管理混乱等现象的发生。

2. 内部管理

（1）人才培养方案科学合理。人才培养方案是专业人才培养的规范性纲领文件，也是实施人才培养和开展质量评价的基础依据,我院专业人才培养方案的制定是经过了内外部调研、行业及学术专家意见征询、专家委员会论证等环节,确保了方案的科学合理性。

（2）内部质量监控架构及职责明确。制定了内部教学质量管理体系及流程,成立了继续教育工作领导小组,成员由校院两级人员构成,从专业建设、招生环节、教学运行管理、考试管理及毕业管理等环节逐环把控,确保教学各环节符合质量标准。

（五）信息化建设

根据成人教育特点,应国家教育教学信息化发展趋势和全民学习新需求,经过考察与谨慎优选,与知名线上教学服务平台服务机构达成了合作协议,提供的课程来源于国家精品资源库、MOOC 平台等优质资源,涵盖人才培养方案的 80% 左右,课程内容持续更新。

另外,学校教务系统、学生互动教学系统、数字化管理系统、OA 办公系统均支撑继续教育学院业务的开展。

五、社会贡献

从高校扩招以来,成人继续教育逐渐在教育现代化中扮演着越来越重要的角色,市场相关教育资源呈现紧缺状态,其发展遇到了新的挑战,因而让更多的普通高等院校承担起成人继续教育人才培养的职能,是解决资源紧缺与规范管理,把控培养质量的有效途径。

为积极响应国家政策,服务地方经济发展,西安明德理工学院继续教育学院成立至今,积极与行业企业对接,着力于一线人员的继续教育,同时无偿为企业提供学校软硬件学习资源,协助企业进行人员能力的提升,得到企业好评。

六、特色创新

在新的社会形势下,企业面临着创新发展,而一线员工的创新发展能力也至关重要,成人继续教育承担着一线员工继续深造发展的重任,知识、素质和能力三者的协调发展是创新人才培养的关键,我校从师资选聘、课程教学内容的设计、教学手段及实践环节的落实方面进行优化调整,以培养学生的专业技能和综合素养为宗旨,注重创新综合能力的培养。

七、问题挑战

目前开展成人继续教育的高校逐渐增多,进而带来了一些新的问题:

（1）成人继续教育运作模式市场化严重,招生管理大多依赖校外教学站点,教学站点业务量大幅增加，其规范化管理及教育教学质量堪忧。

（2）成人教育业务相对较市场化，学员对教育服务的提供院校的品牌知名度盲目追求，导致新加入的普通院校发展受到极大限制。

八、政策建议

针对成人继续教育存在的新问题，建议如下：

（1）对于成人学历教育，建议政府进一步进行管控，均衡招生计划，各高校严格依据招生计划进行招生及录取工作，进而对因品牌影响力导致的教育资源利用的两极分化现象起到一定的调控作用。

（2）高校在专业申报方面，建议紧密贴合市场需求，精准定位服务群体，突出实践应用性，切实起到服务地方人才培养的作用。

（3）主办高校应主动做好校外教学站点的教学管理工作，对其严格要求，加强过程管控，保证教学质量，上级监管部门加大检查力度，对教学问题频发，教学秩序混乱的，对主办院校及相关站点进行通报批评，要求终止合作。

西安汽车职业大学继续教育发展报告

一、学校情况

（一）学校概况

西安汽车职业大学是全国首批本科层次职业教育试点院校、陕西省唯一以汽车命名的省属本科层次职业大学，也是"陕西省教育系统文明校园"。

至2020年底我校共有教职工六百余人，专任教师592人，具有高级专业技术职务的344人（其中教授42人），具有研究生学历及以上的有220人，"双师型"教师216人，还有来自行业企业的产业导师、兼职教师52余人，专业带头人、教学团队配备齐全，师资力量雄厚。现在校本科生3397人，三年制高职学生7847人，继续教育学生214人，学校面向全国招生，招生规模近几年呈下滑趋势，近三年毕业生就业率均在96%以上。

（二）继续教育工作的总体情况

随着社会的发展，我校高职在随着市场的需要新增专业，新增的专业已经成熟，教学计划师资已经稳定，在这个前提条件下，继续教育也增加相应的专业，使我们的继续教育适应社会多元化，专业多样化，培养社会所需要的各类人才，为各类学子搭建继续教育的平台。

学校将继续教育纳入了学校重点建设工程项目，继续教育招生由学校招办统一招生，教学由教务处统一管理，人才培养方案由专业所在院系具体负责，学生管理由学生处和院系的辅导员管理，其余事务性工作由院系承担。

二、专业设置

学校设有汽车工程学院、电子信息工程学院、新能源汽车学院、智能制造工程学院、交通与运输工程学院、轨道交通工程学院、经济管理学院、增设人文学院、设计与艺术学院、马克思主义学院等10个二级学院。

学历继续教育专业共12个，省级重点专业5个，理工类专业9个，文史类3个。分别是机械制造与自动化、汽车制造与装配技术、汽车检测与维修技术、汽车电子技术、汽车改装技术、道路桥梁工程技术、道路运输与路政管理、道路养护与管理、汽车运用与维修技术、新能源汽车运用与维修、汽车营销与服务、城市轨道交通运营管理。

三、人才培养

(一) 总体规模

2020 年西安汽车职业大学继续教育专科在籍人数 214 人，毕业 249 人，录取新生人数为 12 人。近些年我校继续教育招生人数呈下滑趋势。

(二) 生源分析

我校在籍学生 20 岁以下占比 30%，21~30 岁占比 68%，男生占学历继续教育在籍学生 89.7%。

四、质量保证

学校不断完善教学管理制度，逐步实现教学管理过程全覆盖的制度管理，保障教学过程的顺畅运行。学校坚持和完善校、院（站）二级教学质量保证与监控体系。除学校的教学督导小组外，各二级学院还建立了自己的教学督导队伍。各级督导组通过深入课堂、随机听课、定期检查等方式，对各教学单位教学管理工作的监督、检查、评价和指导不断深入。各教学单位通过调查问卷、座谈等方式积极开展教学质量评价，充分采纳好的意见和建议，改进教学方法与教学模式，不断提高教学质量。

五、社会贡献

(一) 培养优秀毕业生

学生对在校学习较为满意，工作后遇到问题会结合在校所学解决问题，达到了预期的学习效果。

(二) 解决用人单位对人才的需求

社会用人单位对我校毕业生普遍反映较好，每年学生还未毕业，就业单位就开始到校招聘，并和就业办谈及合作事宜。

六、特色创新

(一) 开启混合式教学模式

经过前期大量的调研，开启了"以学生为导向、线上线下融合、资源众筹共享、管理运行高效"的"面授+网络"的混合式教学模式。

(二) 支持特色课程建设

2020 年 5 月，组织有关专家对 2018 年立项的校级特色课程进行验收，评选出 3 门优秀课程，6 门合格课程，投入特色课程建设经费 5 万余元。

七、问题挑战

（一）保障方法不完善

高校继续教育质量保障的方法主要有内部评估和外部评估，只有建立内外结合的评估机智才能有效保障高校继续教育的质量。当前，我校的继续教育质量保障方法比较单一，主要体现在各级教育部门的检查和监督。这种检查本质上离评估还有一段不小距离，因为教育部门监管的大都是常规化的审批和监督，系统性和科学性的程度较低。

（二）观念上仍对继续教育有误解

有不少人认为继续教育是非正式的教育，只是学历教育的补充，而非社会上认可的主流教育，在这个观念的支配下，高校的继续教育发展思路也跟随着社会发展的需求。只是把继续教育作为一项"副业"，没有对继续教育进行系统的研究和规划，重视的程度也不够。

（三）教学质量有待提高

我校的继续教育历经十几年的发展，有了一定的规模，但学生大部分都是在职人员，他们来接受继续教育的目的不是很明确，急功近利，没有充沛的精力和时间放在真正的学习上，这样严重影响了我校继续教育的质量。

（四）教育投入不足

在对继续教育的投入上，由于继续教育经费不在学校的统筹计划之中，或者占的比例相对小，继续教育只能自力更生。

八、政策建议

（一）进一步规范办学行为

严格遵循教育发展规律，遵守国家关于成人高等教育发展的规章制度，依法办学，照章办事。根据我校发展需求，进一步规范成人高等教育管理办法，规范教学管理。利用好成人继续教育的窗口功能，扩大学历教育、非学历教育办学规模，推动我校继续教育向更大更好发展，提高办学质量，提升学校声誉。

（二）优化专业布局、稳定招生规模。

对现设专业进行梳理，根据市场需求新增专业，并着重打造优质专业，集中精力重点宣传，稳步扩大招生规模。

（三）积极拓展非学历教育培训市场

整合校内外优势资源，建立专家团队，搭建培训工作平台，发挥地域优势和学校特色，创建品牌培训平台。

杨凌职业技术学院继续教育发展报告

杨凌职业技术学院以习近平新时代中国特色社会主义思想为指导，牢固树立新发展理念，全面贯彻党的教育方针，坚持立德树人根本任务。贯彻落实党中央、国务院对职业教育工作的决策部署和全国教育大会精神，推动全面落实《国家职业教育改革实施方案》，不断完善职业院校治理体系建设，提高职业院校治理能力和治理水平，更好培养主动适应经济新常态的高素质技术技能人才，为职业教育现代化提供智力支持和人才保障。

学校办学以全日制专科高等职业教育为主，继续教育与成人培训、国际合作教育协调并进，联办、创办本科专业。突出农业特色服务立足陕西，面向西部，辐射全国，培养适应生产、建设、管理、服务一线需要的高素质技术技能人才。2020年从学校八大专业类群中遴选并重新申报开设有道路桥梁工程技术、畜牧兽医、园林工程技术、建筑工程技术、工程造价、水利工程、药品生产技术七个函授专科专业。按照"四位一体"人才培养方案要求，对接国家和社会对人才培养的需求、行业企业标准、生产过程、质量标准，及时调整优化各专业人才培养方案，优化专业布局，突出专业特色，加强专业内涵建设，提升人才培养质量。

继续教育与培训学院准确把握学院面临的新挑战新使命，秉承"积步致远 以为民述"的院训，弘扬"诚朴、勤奋、求实、创新"的校风精神，按照学校提出的"德技并修、全面可持续发展"的发展目标，依托学校"照准目标、矢志不渝"的学科布局，创办一流的继续教育，服务创建学习型社会和终身学习体系的国家发展战略，服务经济社会发展需求。

一、学历继续教育

2019年，学校继续教育学校站点正式启动招生，2020年学校继续教育站点总体规模为80余人，其中函授建筑工程技术和畜牧兽医专业人数居多，本科段学生集中在会计学、土木工程、工商管理专业。

2020年，学历继续教育生源中男女性别为6：2；年龄结构为18~35岁符合求学深造年龄峰值，体现继续教育发展初衷；生源地以陕西省西安市为主，共其次来源于我省的其他地区；只有极少部分外省学生。生源分布初汉族之外有土家族、回族、蒙古族等少数民族分布；从生源职业看，以专业技术人员为主；学生的学习需求以提升学历层次为主，其次为提高现工作岗位能力。

二、非学历继续教育

2020年完成陕西省贫困县区动物防疫技术项目、农产品质量安全定量及定性检测项目、全省职业院校教师素质提升计划国培省培项目、全省高素质农民培育项目、(中德)校长(书记)高级研修、陕西省基层农技人员培训项目、苏陕扶贫协作项目、各区县定制培训项目、退役军人就业创业项目、工程测量员等培训任务线上+线下30万人天以上。其中"苏陕扶贫协作现代农业实用技术培训"107家融媒体同步直播,线上培训51000人天;完成农村青年致富带头人等公益线上培训21万人天。

培训实施了"培训内容模块化、系统化、国际化、规范化和精品化,培训形式多元化、灵活化和信息化"取得了很好的培训效果,培训过程中不仅注重学员数量的提高,更注重培训质量的提升。逐步实现了杨职院培训品牌,由过去地找学员到现在的学员找,充分发挥了我院作为全国示范高等职业院校的示范引领作用。

三、继续教育质量保证

学校建立了完善的继续教育办学规章制度,涵盖学历继续教育、非学历继续教育所有环节,形成了由章程、办法、规定、细则等构成的制度体系,发挥了规范、引导、约束和激励作用,有力保证了继续教育教学质量。

学校具有二十一年继续教育与培训经验,有一支相对稳定、具备实际任课能力和教学经验、专业结构和年龄结构合理的师资队伍。截至2020年现有专任教师713人,校外兼职教师601人,校外兼课教师150人。专任教师中,教授58人,占比8.1%;副教授242人,占比33.9%;45岁及以下青年教师506人,占比71%。教师队伍专业、年龄、职称等结构合理,具有丰富的教学经验和过硬的实践教学能力。在2019年教育部全国职业院校"双师型"师资队伍建设典型案例征集活动中,学院师资队伍建设案例入选全国职业院校"双师型"教师队伍建设典型案例。

继续教育与培训学院多年来始终坚持以服务社会为办学宗旨,充分利用学院农业科技教育优势,积极开展学历继续教育及各种职业技能培训与社会服务,受到有关政府部门的表彰奖励。先后荣获"全国优秀成人继续教育院校""陕西省成人教育先进集体""陕西省农村成人教育先进单位""杨凌示范区农业科技示范推广工作先进集体"等荣誉称号。

四、社会贡献

(一)办学特色鲜明

积极服务乡村振兴和脱贫攻坚战略,在全国率先探索形成了以新生代(在校生)职业农民培养为主体，以职业农民（乡村干部）学历提升培养和综合实用技术培训为两翼的"一体两翼"新型职业农民培养与培训体系，全国首创，为高职百万扩招学生人才培养做出先行实践，成为全国同类院校"范本"。

（二）社会服务能力明显提升

围绕乡村振兴，创新社会服务工作机制，打造社会服务优质品牌。校政融合，在省内成立了11个职业农民培训学院、乡村振兴学院，由校、县本着"优势互补、相互协作，共同发展"的原则共同建设，主要进行职业农民培养培训、职业农民学历教育和实用技术培训等专业技术培训服务，根据农业科技创新与农业产业升级的需求，结合农业产业示范园建设，采用点面结合、农闲时间讲理论、生产季节现场教学的方式方法，开展不同形式的农业实用技术培训、产业体系构建、经营体系培育、基层治理提升等，助力乡村振兴和区域经济发展高质量发展，为当地高质量发展提供技术和人才支撑，促进区域农业农村现代化，服务国家一带一路建设、西部大开发以及脱贫攻坚成果巩固与乡村振兴的有效衔接；与行业协同发展，成立了3个产业学院，对接产业标准和职教标准，实施产教深度融合，助力产业发展，服务行业科技创新及持续高效发展。

五、特色创新

（一）"五共五各"创立培训品牌

坚持以市场为导向创新非学历教育工作，坚持特色化发展，制定具有我院办学特色培训项目；树立市场观念和品牌观念，为企事业单位量身定制个性化的培训课程体系，逐步打造专业化的特色培训品牌；强化成本效益意识，切实通过开展非学历教育实现社会效益和经济效益双丰收；与各单位"共商、共建、共管、共享、共赢"，形成合力，最终实现"各在其位、各尽其责、各展所长、各具特色、各得其所"，多层面开创非学历教育工作新局面。通过制定品牌战略、实施品牌创建、打造三农特色，"杨职培训"品牌已经初具影响力和知名度，相信会在进一步深化服务中，不断彰显品牌的独有魅力。

（二）"三三四四"创新培训模式

针对非学历教育工作，积极开展调研分析，为各类学员量身定制个性的培训方案，通过调研、研讨、论证、实践、逐步完善方案等方法，探索形成我院的特色短期培训模式——"理论教学+现场教学+研讨交流+服务跟踪"四位一体的培训体系，形成了与服务对象"共同寻求痛点、共同开发需求、共同制定方案、共同监管质量"的四共同的培育模式，形成了"三进三结合"的党建+职教服务乡村振兴育训模式。

（三）"五化战略"提升培训质量

培训多元而不失系统化、灵活而不失规范化、多样而不失精品化，在此基础上实施了"内容模块化、供给菜单化、手段全息化、服务国际化、育训衔接化"的五化战略，取得了很好的培训效果，培训过程中不仅注重学员数量的提高，更注重培训质量的提升。逐步实现了"思想淬炼+能力提升"的杨职院培训双线品牌，由过去地找学员到现在的学员找，充分发挥了我院作为全国示范高等职业院校的示范引领作用。

整个培育过程分为培训准备阶段、目标调研分析阶段、集中培育阶段、评估反馈阶段和持续跟踪服务阶段。每个阶段都有详细的实施方案，并按方案按时、按质、按量完成教学任务。通过问卷调查、走访和课后反馈的形式对农技人员在培训中的实际需求和对现有的培训形式的意见进行了解。

陕西工业职业技术学院继续教育发展报告

一、学校情况

陕西工业职业技术学院是 1999 年 3 月经教育部批准改制升格的西北地区首家高职学院。2011 年被教育部、财政部确定为"国家示范性高等职业院校";2016 年国家优质高职院校建设项目获批立项;2019 年跻身国家优质专科高等职业院校并入选教育部、财政部中国特色高水平高职学校和专业建设计划建设单位 A 档(全国前十)。先后被评为"全国高职院校服务贡献 50 强、教学资源 50 强、教学管理 50 强、学生管理 50 强、实习管理 50 强、产教融合 50 强"。陕西省先进集体、陕西省文明校园、陕西省平安校园、陕西省高技能人才工作先进单位、陕西省人才工作目标责任制优秀单位、陕西省首批示范高校就业创业指导服务机构、陕西省首批深化创新创业教育改革示范高校。

学校占地面积 1140 余亩,校外教学用地 1200 亩;建有校内 209 个门类齐全、设备优良的实训基地和工程训练中心。图书馆文献总量 210 万册,清华同方和万方资源数据库同时开通,校园网出口带宽 3.5G,教学区和办公区无线网覆盖,涵盖"一卡通"管理系统、数字化校园平台、办公自动化系统、档案信息化系统、学生职业资格证书库等信息化管理平台的智慧校园管理平台运行有序。

学校教职工 1174 名,建院以来教授累计 104 人(二级教授 6 人、三级教授 12 人)、副高职称以上 483 人,博士、硕士研究生 724 人。

"十三五"期间,发挥学院全国重点建设职业教育师资培养培训基地作用,实施职业院校教师素质提高计划,优化培训内容、创新培训形式、提升培训质量;发挥陕西省退役军人教育培训联盟理事单位功能,为退役军人提供就业创业和技能培训,服务军民融合发展。积极拓展"线上+线下"培训、工业园企业通用培训、教师上门培训等形式。丰富成人教育形式内容,扩大职业农民、村镇干部学历教育,服务全民终身学习。

二、专业设置

目前,学院学历继续教育以函授形式为主、业余形式为辅,层次为高起专,共有 14 个专业,,分别是电气自动化技术、应用化工技术、计算机应用技术、大数据与会计、电子商务、汽车技术服务与营销、汽车制造与实验技术、材料成型与控制技术、智能焊接技术、机电一体化技术、机械制造及自动化、数控技术、现代纺织技术、服装与服饰设计。

三、人才培养

（一）学历继续教育情况

截至 2020 年底，陕西工业职业技术学院学历继续教育在籍学生数 254 人。

（二）非学历继续教育情况

2020 年学院非学历继续教育工作平稳发展。全年累计完成陕西省职业院校师资培训、企业职工培训、大学生创业培训、教育扶贫培训、专业技能考前培训等各类培训 70 个班次，总计 5032 人次。其中，陕西省职业院校师资培训 12 个班次，累计培训 432 人次；企事业单位职工培训 18 个班次，累计培训 1346 人次；大学生创业培训 11 个班次，累计培训 275 人次；教育扶贫培训 10 个班次，累计培训 649 人次；其他培训项目 19 个班次，累计培训 2330 人次。

1. 单位职工培训

全年，分别为陕西省益秦集团公司、山西工程职业学院、滨州职业学院、京东、咸阳纺织集团、青海省高职院校等单位开展了服装技术与管理、教研室主任能力培训、物流、纺纱工、织布工、数控车、加工中心、汽车发动机维护维修、钳工等多个工种的员工培训，合计培训企事业职工 1346 人，得到企业的好评和社会普遍赞誉。

2. 师资培训

学院作为"全国重点建设职业教育师资培养培训基地""陕西省职教师资培训基地"，2020 年共完成省教育厅师资培训任务 12 个项目，432 人次。培训学员涉及全省所有高职和中职院校，培训项目包括应用电子技术、数控技术应用、焊接技术应用、电子商务、机械制造与自动化、Web 前端开发、BIM 建筑信息模型、汽车维修以及教学管理人员业务培训等。

3. 大学生创业培训

学院作为咸阳市大学生创业培训定点培训机构，全年累计完成咸阳市大学生创业培训 11 批次，累计培训 275 人次。

4. 农民培训

截至 2020 年底，学院贯彻落实党的十九大报告中提出的"实施乡村振兴战略"，依靠在我院设立陕西省乡村振兴人才培养基地开展乡村技术技能人才培训，全年累计培训农民工及乡村基层工作人员 649 人次。

四、质量保证

（一）师资保障

学院现有教职工1174名，建院以来教授累计104人（二级教授6人、三级教授12人）、副高职称以上483人，博士、硕士研究生724人。"十四五"期间，我院将继续完善教师师德师风建设长效机制建设，推行师德考核负面清单制度，完善诚信承诺和失信惩戒机制，加强监督和师德考评，实行师德失范"一票否决"；深化"双带头人""双语""双师"三双教师团队建设，以提升教师实践技能和专业化能力为目标，实施创新实践能力提升计划；构建"入职新教师培养""青年教师培养""骨干教师培养""高层次人才培养"四级分层培养体系，助推新进教师"快成长"，夯实全体青年教师教育教学专业能力，加强青年教师理论联系实际能力与动手能力。提升教师队伍整体素质和技能水平。

（二）资源建设

教材建设方面，入选"十三五"国家规划教材6本，国家规划教材增至42本；省级优秀教材新增9本，增至21本。

截至2020年末，学院建筑总面积增至58.2万平方米，图书馆藏210万册。总资产增至16.95亿元，比十二五末增加4.96亿元；固定资产增至11.99亿元，比十二五末增加2.81亿元；教学科研仪器设备总值达3.09亿元，比十二五末增加1.19亿元。

（三）信息化建设

截至2020年底，学院基本建成了现代网络与信息管理制度体系，完成校园网大二层改造，建成万兆骨干、千兆到桌面的高速校园网，拥有11000余有线信息点及1000余颗无线AP，实现了有线、无线全覆盖。引入先进的信息技术，建设具有服务器虚拟化集群技术的数据中心，完成数据中心升级改造，存储资源系统数据整合迁移及优化，提供高质量虚拟化服务等，建成数字化校园三大平台，统一资源门户、统一身份认证、统一数据平台，实现教职工无线终端无感知认证。新增智慧学习空间2个、52间多媒体教室、52间标准化考场；新增崇明楼、精艺楼网络信息点392个、高密AP212颗。完善网络安全保障工作体系，设立信息网络安全事件应急小组，负责信息网络安全事件的组织指挥和应急处置工作。

五、对口支援、教育帮扶情况

"十三五"期间，学院与安康市汉滨区签订了《教育扶贫协作框架协议》，2019年与礼泉县签订了对口帮扶支援协议。双方在农民职业技能培训、贫困家庭学生高考升学、中高职联合办学等方面进行协作，以实际行动助力国家脱贫攻坚战略。2017年学院与安康市汉滨区新建职业中专共建成立农民培训基地。2020年，学院又分别与陕西省农业广播电视学校礼泉县分校、富平县职业教育中心、蓝田陕西长安职业技术学校合作成立农民培训基地。

2020年，我院克服新冠疫情的影响，积极开展陕西乡村振兴工作，合理制定乡村振兴年度工作计划并狠抓落实，全年累计完成10期农民农村实用技术培训，合计培训649人次，培训内容涉及魔芋种植、蔬菜养殖、果树栽培、电商营销等。组织学院教师和学生开展科技下乡6次，为乡镇企业提供技术服务和支持，专业涉及汽车养护服务、光伏发电、营销策划、电商平台建设等。组织教师和学生开展文化下乡9次，为农村留守儿童开展心理疏导、艺术培养等支教活动，同时为村民进行文艺演出。全年通过购买贫困地区产品210余万元来促进贫困地区农民增收。

六、问题挑战

一是专业教学计划的调整跟不上社会对相关专业学生技术要求，从而影响学员学习的积极性；二是新专业的申报滞后于产业转型升级的需求；三是产业技术的快速发展对教师队伍的发展提出了更高的要求；四是学校与企业合作的动力不足，对学校紧跟技术发展的步调不一致，以及企业对员工的成长没有良好的规划。

七、对策建议

一是降低学历继续教育入学门槛，让有意愿继续学习的在职人员和社会闲散人员有继续学习的机会；二是持续开展人人技能工程，鼓励在职人员和社会闲散人员参加各种技能培训；三是鼓励企业建立健全员工成长计划。

西安航空职业技术学院继续教育发展报告

一、指导思想

2020年，在省教育厅、行业协会的关怀与指导下，西安航空职业技术学院继续教育工作坚持以习近平新时代中国特色社会主义思想为指导，加强党对教育工作的全面领导，全面贯彻党的教育方针，牢记习总书记对教育工作"培养什么人、怎样培养人、为谁培养人"的寄语与重托。西安航空职业技术学院培训工作以"服务学生，造福社会"为原则，立足航空产业，主动适应陕西经济发展对人才的需要。继续教育聚焦社会用人热点，培训教育紧跟执业资格认证体系，在教育实践中，学院坚持学历教育与技能培训结合，积极探索和践行全民教育体系、终身教育服务模式。

二、组织保障

西安航空职业技术学院是中国特色社会主义高水平高等职院建设单位、国家百所示范性高职院校，国家优质高等职业院校，是教育部批准的具有高等学历教育招生资格的全日制公办普通高等职业院校，直属陕西省教育厅，面向全国招生。学校现有南、北、东3个校区，占地面积1000多亩，在校生12000余人。开设了通用航空、航空维修、制造、材料、管理、自动化、电子、计算机、汽车，门类齐全、航空特色鲜明的高职类专业50个，涵盖了航空设备维修、机械装备制造、电子信息技术、航空管理服务、交通运输营销等职业门类。现有航空、机械等实验实训室133个，校内实训基地21个（其中15个为中央、省级重点实训基地），依托航空产业的校外实训基地297个。西安航空职业技术学院具备开展专业对口社会培训工作的条件。西安航空职业技术学院培训工作由继续教育学院统筹管理，继续教育学院负责全校继续教育学历教育、各类培训、社会服务等资源，按照"教培并重、区域融合"的运行模式，通过教学及培训两大职能，实现学历提升、非学历教育、短期培训、跟岗学习、全民教育及社会服务功能。

三、继续教育运行模式

（一）继续教育总体规划

我校以提高办学质量为重点，以"依法办学、规范办学、诚信办学、服务学员"为原则，稳步推进继续教育工作，根据地方经济建设及社会发展需要，培养"政治上可靠、能力上可行"的全面人才。根据我省成人学历教育发展现状,结合我校实际,切实加强我校成人高起专的招生宣传工作力度,重点加强区域企业单位员工学历提升工作,结合企业需求开设专业,与企业共同制定人才培养方案,教学形式采用线上线下混合式教学,我校采取"送教上门"等教学服务。为进步发挥我校社会服务职能,为社会人员提供"专升本"学历提升服务工作,与西安交通大学合作开展网络教育专升本,与西安理工大学合作开展成人教育学历,发挥我校"双高"建设单位引领作用大力发展高起专成人学历教育。利用"三校"资源,形成了高起专、高起本和专升本三种学历层次,30多个专业的继续教育学习形式。学校作为陕西省职业院校教师素质提高计划("国培")师资培训基地之一、先后开班40余期,培养了逾千人的师资队伍,赢得我省职业院校的一致好评。随着信息化的普及以及快节奏的生活方式的到来,近几年继续教育工作的发展凸显一些问题,比如教学内容的更新、教学方式方法的改进、个性化学习要求越来越突出、掌上学习已经成为趋势,亟须建立学习平台,打造手机APP的学习终端,信息化的应用为继续教育的发展提供了强心剂。尤其2020年全球爆发了"新冠"疫情,导致传统的线下培训受到制约,我校将培训的工作重点向线上线下混合式教学模式发展,努力打造精品培训项目。继续做好区域经济发展服务工作,为航空产业基地、阎良区政府以及企事业单位提供培训服务,今后继续教育学院积极开展培训项目,采用主动联系,深入交流,周到服务,切实做好企业培训项目的开发和实施工作。积极申报各级政府培训项目入库单位,目前我校已入库陕西省职业院校教师素质提高计划培训基地、陕西省"农民工"技能培训基地、首批国家示范职教集团建设单位、西安市退役军人培训基地、西安市高技能人才培训基地、西安市人社局职业能力鉴定、西安市人社局就业失业创业培训备案单位、机械行指委师资培训单位等资质。

(二)学校继续教育办学定位

秉承"尚德躬行、笃学擅用"的校训,坚持"产教融合、校地融合、军民融合"战略,坚持面向国家经济建设和社会发展需要,以区域经济学历教育提升为目标,提供成人学历教育服务链;大力开展非学历继续教育,主动适应区域经济转型发展、产业升级和企业需求,逐步完善企事业单位员工培养,技能提升、技术攻坚及资格认证体系。积极开展培养模式的改革与创新,构筑多元化全民学习模式。我校继续教育将逐步形成特色鲜明、品牌影响培训培养基地,为服务地方经济建设提供人才支撑,更好地服务区域经济社会发展。

(三)学校继续教育办学体制

我校2019年10月成立继续教育学院,与国家航空高技术产业基地培训学院(2005年10月成立),中德培训学院合署办公。下设培训教育部、成人教育部和航空科技馆,仅仅依靠学校整体资源。发挥办学特色和优势,利用现代化教育手段等方式面向社会依法大力开展高等学历和非学历继续教育。学校依托国家航空高技术产业基地培训学院、陕西航空职业教育集团，阎良区企业家培训学院等融合平台着力于区域经济的发展，为企业提供了强有力的人才保障，为行业提供多维度的技能强化之路。

四、学历教育工作开展情况

（一）学历继续教育专业设置情况

2020年我校设置的学历继续教育层次只有成教高起专，设置专科层次学历继续教育7个专业。依据学校办学层次、类型和特色，通过函授学习形式，在教学质量、学生管理等方面把好关，与学校的办学定位、办学要求和社会声誉保持高度一致。

（二）专业结构布局

我校严格按照教育部制定印发《高等学历继续教育专业设置管理办法》的有关规定，结合我校优势专业，设置高等学历继续教育成人大专拟招生专业，具体专业情况汇总如表1所示。

表1　西安航空职业技术学院2020年高等学历继续教育拟招生专业情况汇总表

序号	专业代码	专业名称	培养层次	学习形式	修业年限
1	460101	机械设计与制造	高起专	函授	2.5
2	460103	数控技术	高起专	函授	2.5
3	500211	汽车运用与维修技术	高起专	函授	2.5
4	500409	飞机机电设备维修	高起专	函授	2.5
5	510103	应用电子技术	高起专	函授	2.5
6	510202	计算机网络技术	高起专	函授	2.5
7	530302	大数据与会计	高起专	函授	2.5

（三）工作成效

2020年我校成教专科招生专业以服务地方经济为目标，在2019年8个招生专业的基础上停招了1个专业，依托学校自身设置专业和特色、师资等优势，设置专科层次继续教育7个专业，我校将各专业的公共基础课采用网络学习、在线答疑的方式实施教学，学生通过网络平台完成学习，专业课程采用传统面授教学，实践课程严格按照理论+实操考试考核，全过程监督网络教学和面授教学过程管理，保证了教学任务的顺利完成。

五、非学历教育工作开展情况

近年来，我校认真贯彻落实《国务院办公厅关于印发职业技能提升行动方案（2019—2021年）的通知》《教育部办公厅等十四部门关于印发＜职业院校全面开展职业培训促进就业创业行动计划>的通知》等国家政策，不断扩大非学历继续教育培训规模。2020年，我校非学历继续教育培训工作有了新的进步和转变、新的创新和突破，2020年共获批"国培""省培"项目12项，2020年成功获批教育部首批示范性职教集团培育单位，西安市退役军人培训单位，西安市高技能人才培训基地等资质。非学历继续教育培训服务为13.4万人次，非学历培训到款额为460余万元。

（一）项目申报工作

完成西安市退役军人培训机构申报工作并获批，完成西安市高技能人才培训基地申报工作并获批，完成国家示范型职业教育集团（联盟）申报工作并获批，完成国家级院校长培训基地申报工作，完成2020年度陕西省职业院校教师素质提高计划项目申报工作，共计申报23个项目，获批12项。修订《西航职院普通高等教育专升本工作实施办法（试行）》《西航职院社会服务（培训）项目管理办法（试行）》等文件，为进一步开展继续教育工作提供了政策保障。

（二）社会服务工作开展情况（详见表2-表7）

2020年度我校开展各类社会培训项目176项，表2-表7列举部分项目情况。

表2 政府培训项目完成情况（部分）

序号	类别	培训项目	培训时间	培训对象	培训人数	培训总课时	培训人次
1	政府培训	2020年贫困人员职业技能培训	2020.8.15	阎良区武屯中学	51	40	51
2	政府培训	潼关古渡口景区服务人员仪容仪表礼仪、职场礼仪	2020.7.27-7.28	潼关县旅游局	60	6	60
3	政府培训	Excel使用技巧、助你高校办公（一）（二）	2020.7.23-7.28	阎良区数据信息服务中心	200	6	200

表3 院校培训项目完成情况（部分）

序号	类别	培训项目	培训时间	培训对象	培训人数	培训总课时	培训人次
1	院校培训	航空机电设备维修专业师资培训	2020.10.17-12.30	嘉兴职业技术学院	2	300	2
2	院校培训	全国48所院校师资	2020.5-2020.10	谷歌开源技术师资培训	131	6	131
3	院校培训	工业机器人应用编程	2020.12.7-12.13	陕西汉来达智能装备科技有限公司	5	56	5

表 4　线上培训项目完成情况（部分）

序号	类别	培训项目	培训时间	培训对象	培训人数	培训总课时	培训人次
1	网络培训	完善创新创业教育生态体系 提升创新创业大赛育人功能	2020.5.26	网络培训	339	1.183	339
2	网络培训	陕西省职教学会职业院校治理能力和治理体系现代化水平研讨会	2020.11.13	以两级考核为抓手推动高职院校内涵发展	45	4	45
3	网络培训	国家教育行政学院中国教育干部网络学院课程资源库	2020.12.2	《中国特色高水平高职学校建设汇报》	1000	4	1000

表 5　国培省培培训项目完成情况

序号	类别	培训项目	培训时间	培训对象	培训人数	培训总课时	培训人次
1	省培国培项目	2019年度国培项目	26天	2019空中（高铁）乘务专业	27	160	27
2	省培国培项目	2019年度国培项目	26天	2019国培平面设计专业	27	160	27
3	省培国培项目	2020年现代职业教育质量提升计划培训项目	40天	教师企业实践（建筑工程技术）	10	320	10

表 6　企业培训项目完成情况

序号	类别	培训项目	培训时间	培训对象	培训人数	培训总课时	培训人次
1	企业培训	航空发动机材料性能	2020.7.21	陕西长羽航空装备有限公司	85	3	85
2	企业培训	特种设备焊接作业考试培训	2020.11.20-11.21	陕西宝昱科技有限公司	9	16	9
3	企业培训	世界技能大赛参赛人员	2020.6.10-6.15	中航飞机股份有限公司	5	48	5

表 7　公益培训项目完成情况

序号	类别	培训项目	培训时间	培训对象	培训人数	培训总课时	培训人次
1	公益培训	航空科技馆线下接待	2020.1-12	社会人员	18600	—	18000
2	公益培训	航空科技馆线上接待	2020.1-12	社会人员	56800	—	50000

六、经验做法

（一）依托集团平台，拓宽培训途径

十余年来西安航空职业技术学院积极搭建校企合作的平台，积极参与教育教学改革，积极参与社会培训工作，扮演好社会服务的角色。我校高等职业教育一直处于高速发展的态势，学校2006年成立了国家航空产业基地培训学院、2009年成立了陕西航空职业教育集团，2019年成立了西安市阎良区企业家培训学院，我校立足这3个社会服务平台，为社会教育事业的发展提供了发展的平台，为企业发展提供强有力的人才保障，为学校开拓了多维度的技能强化之路。

1. 政军行企校"五方"协同育人，引领发展方向

我校紧跟国家"中国制造2025"及航空工业发展战略需求，紧扣职业院校产教融合、校企合作发展主题，从"十一五"到"十三五"分别提炼出了"工学四合""五个发展""三融战略"（产教融合、校地融合、军民融合）的发展理念，校准新时期学校发展新航向。

"双高"建设期间，学校立足航空行业特色和区位优势，对接航空高端产业，深化产教融合，坚持战略领航，创新驱动，以专业人才培养定位和模式改革为重点，形成了"两航齐追蓝天梦 五方共育航修人"的育人理念，科学制定了"3211"发展战略目标和规划，引领学校未来15年的发展。即坚持"三融战略"，打造2个航空特色高水平专业群，打造1个技术技能创新服务平台，创建1个国家级航空职业教育改革试验区，面向军航和民航领域，紧跟航空行业产业转型升级和新技术新要求，通过政军行企校"五方"协同共育航空维修方面的高素质技术技能型人才。

2. 创新体制机制，提升融合发展水平

一是构建协同发展格局。"十三五"期间，学校与航空产业基地、试飞院、西飞公司等区域内企业进行深度合作，形成了"同在航空城、都是航空人、都有航空梦"的同气连枝的紧密关系和融合共进的协同发展格局。学校牵头组建了"航空城职教联盟"和"企业家培训学院"等，为区域发展提供智力支撑。二是创新合作模式。学校在与企业合作过程中，充分发挥企业"主体"育人地位，让企业深度参与人才培养。与中国人民解放军第5702、5720工厂开展"现代学徒制班"培养，建立了"兄弟+伙伴"的合作机制；三是搭建合作平台，学校成立理事会，优化了理事会议事规则和运行机制，发挥其咨询、协商、议事和监督作用。牵头组建陕西航空职业教育集团，吸纳多元投资主体，聚集陕西省政府、省军区动员局、航空高科技产业基地、全国航空行指委、航空工业集团、中国航发集团、中国民用航空西北地区管理局、西北工业大学等各界力量，为构建高层人才校企互聘、育人体系多方共建、中高职衔接、产学研用协同创新的"政军行企校"五方联动共建共治共享的体制机制搭建了平台，不断拓展学校服务功能。陕西航空职集团

2020年入选第一批国家级示范性职业教育集团（联盟）培育单位。

3. 对接产业发展，提升专业服务能力

一是专业布局上，学校不断推进与行业产业的融合，紧跟航空产业升级步伐，聚集飞机城航空资源优势，按照航空产业链的上下延伸，不断优化专业设置，形成以飞机机电设备维修、无人机应用技术2个航空领先专业群为龙头，航空服务、航空材料等6个航空专业群相互支撑的集群发展格局。

二是资源整合上，学校按照"一个中心、六个特色学院、九个二级专业学院"（简称"169"系统）和"以群建院"的思路调整了学校内部机构。整合校内优势资源，按照专业群设置了9个二级学院，形成专业群合力，实现专业群内管理、信息、资金等要素，特别是校企合作等各类资源的高度共享。

三是协同育人上，针对学校教学资源无法与航空产业最新技术、最新工艺、最新规范同步问题，充分发挥航空行业龙头企业的设备先进性、人才高端性优势，将课堂及实训场地搬至企业车间、将企业技术人员聘为授课教师、将航空生产任务转化为项目式教学内容，实质性推动专业群与航空行业龙头企业协同育人。

（二）厘清校内培训清单，精准培训服务

2019年学校深化机构改革，为了提升社会服务能力，成立继续教育学院，与航空产业基地培训学院、中德培训学院合署办公，下设培训教育部、成人教育部、航空馆三个科室，负责国家航空产业基地培训学院、陕西航空职业教育集团、西安市阎良区企业家培训学院日常事务。

继续教育学院先后出台《西安航空职业技术学院普通高等教育专升本工作实施办法（试行）》《西安航空职业技术学院社会服务（培训）项目管理办法（试行）》文件，为进一步开展继续教育工作提供了政策保障。

目前，继续教育学院全面梳理学校可开办培训项目清单，根据办学能力分为校内独立自主培训项目、社会力量合作培训项目；根据办学地域分为校内培训项目，校外（含国外）培训项目；根据培训规格分为常规培训和高端培训项目。厘清学校可开办培训项目，有利于培训项目管理，有利于培训质量提升，有利于与企业对接。继续教育学院加强与企业多维度合作，深入企业调研，积极探索培训形式，实现校企双方共赢发展。

（三）航空科技馆公益化运营，促进区域全民教育新模式

我校航空科技馆不断提升科学化管理水平、提升服务品质、加强内涵建设，成为弘扬航空精神的重要物质载体，科普航空知识的重要实践基地，开展思想政治教育的重要学习场所，发挥立德树人作用的重要育人平台，推进全民终身学习的重要特色品牌。2019年获评陕西省科学技术协会-陕西省科学技术厅"2018-2022陕西省科普教育基地"、共青团陕西省委"陕西省青少年教育基地"、西安市科学技术协会"西安市科普教育基地"、

第二部分 2020年学校继续教育发展报告（摘编）

西安市教育局"西安市民终身学习体验基地"。

2020年我校在教育厅的指导和帮助下继续教育工作取得长足发展，2021年我校将立足陕西面向全国，对接市场需求，锐意进取，扎实有效推进继续教育工作，为社会培养更多的人才，为党的百年华诞献礼。

陕西交通职业技术学院继续教育发展报告

一、学校情况

（一）学校概况

陕西交通职业技术学院是由陕西省人民政府举办的公办高等职业院校，以培养高素质交通技术技能人才为己任，建校69年来累计培养人才七万余名，被誉为"中国西部交通建设管理人才的摇篮"。

学校现设有公路与铁道工程学院、建筑与测绘工程学院、汽车工程学院、经济管理学院、轨道交通学院、交通信息学院、继续教育与国际交流学院、基础学科部、思政部、体育部等10个教学单位，共开设全日制高职专业39个、成人教育专业7个。学校是全国高职院校教学工作诊断与改进试点院校、教育部首批现代学徒制试点单位，并率先通过教育部复核和验收。

（二）办学体制

学历继续教育方面，学校除了办好本校专科层次成人学历教育外，还积极探索合作办学途径。先后与北京交通大学、重庆大学、长安大学等"211工程"和"985工程"重点建设大学合作开展本科层次的现代远程教育、函授教育。目前已形成了专科、本科等多层次、多规格的成人高等学历教育体系。

非学历培训方面，学校立足交通运输行业，依托交通特色品牌专业，优化整合学校专业教育资源，以定向培训为主，社区培训为辅，围绕交通行业和社区驻地企业，积极开展成人继续教育培训。不断增强学校面向交通类企业持续开展职工继续教育的市场意识，提升学校继续教育课程资源建设、师资队伍建设和信息化建设水平，全面促进学校管理创新，全面提高教育教学质量，全面提升服务经济社会发展的能力。通过面向交通类企业和社区驻地企业持续开展职工继续教育，提高交通类行业和社区驻地企业职工的职业理想和职业道德、技术技能、管理水平以及学历层次。

二、专业设置与学生情况

（一）专业设置

目前学校开展的学历继续教育类型为业余，及网络教育，层次为高起专，专升本，专业为专科层次：汽车运用技术、道路桥梁工程技术、城市轨道交通运营管理；本科层次土木工程、交通运输、工程管理、工程造价、电气工程与自动化、工商管理、会计学、公共事业管理、计算机科学与技术、机械设计制造及自动化。

（二）学生情况

目前我校专科在学学生为 38 人，其中男性 35 人，女性 3 人；20 岁以内为 4 人，21~30 岁的为 33 人；30~40 岁的为 1 人。所有学生均为汉族，户籍均为陕西省户籍，职业均为企业一线工人。本科网络教育学生共 638 人，多数为 21~40 岁人员，职业多为企业一线工人。

三、非学历继续教育基本情况

学校认真领会全国、全省干部教育培训工作会议精神，把实现"资源最丰富、管理最科学、组织最精细、服务最优质、效果最优良"作为培训工作主攻目标和努力方向，适应了经济社会发展需求，实现了培训资源共享。全年组织开展各类培训共 71 期，11607 人次。其中，面向交通运输系统开展培训 38 期，3318 人次；面向教育系统及社区开展培训 32 期，3788 人次；通过网络开展全省专业技术人员继续教育培训 1 期，4501 人次。与经济管理学院合作，成功入选省人社厅培训机构目录清单，获得全省快递员职业技能提升培训项目。圆满完成西安、安康等地市的快递员培训项目，共计培训 3238 人次。组织能力及教学实力得到了省邮管局及两市邮管局的高度认可。

四、质量保证

（一）师资保障

学校现有教师 538 人，正高职称 52 人（三级及以上教授 3 人）、副高职称 192 人，博士 27 人、硕士 357 人，重点专业"双师"比例 100%。2020 年学校加大企业带头人的选拔工作，19 个专业聘任企业带头人，通过内培外引新进 21 名青年教师，选派 52 名教师暑期下企业实践锻炼，组织 62 名教师参加职业院校教师素质培训。新增"双师双能"教师 24 人，重点专业"双师素质"教师比例达 100%，师资队伍结构进一步优化。下设继续教育科、国际交流科，共有专职管理人员 8 名。

（二）资源建设

2020 年度，学校主持国家级专业教学资源库 1 个，参与完成国家级专业教学资源库 4 个，主持完成省级专业教学资源库 4 个，建成校级专业教学资源库 5 个，建成精品在线开放课程 17 门，建设校级精品在线开放课程 10 门，构建了线上线下混合式教学的新格局，实现了教学资源的开放共享。

（三）内部质量保障

学校继续教育学院狠抓落实和教学质量监控，重视服务督导，结合贯彻落实《陕西省教育厅关于深化改革提高高等继续教育质量的意见》（陕教规范 [2015]9 号），先后深入校内多个部门，上门征求意见，加强服务与管理，统一了思想，提高了认识，明确了方向，对推进高等继续教育质量和水平不断提升起到了积极作用。

学校继续教育学院始终把加强内部人员管理作为开展继续教育工作、促进学院发展的首要任务，在国家相关制度及工作流程基础上明确制定了继续教育学院的各个岗位职责、工作计划、业务流程及质量标准。做到分工明确、各尽其责，互相协作，井然有序，以使继续教育学院的工作规范化、科学化，制度化，保证继续教育的教学质量和健康发展。

五、社会贡献

（一）服务全民、搭建学习提升渠道

为实现"形成全民学习、终生学习的学习型社会"的宏伟目标，促进陕西教育和经济发展，学校不断吸收合作院校先进的办学理念和继续教育办学特色，共育高层次技术人才。学校社会服务能力名列全省高职院校前茅，现设有陕西省交通培训中心、陕西顺通公路监理技术咨询有限责任公司、陕西路桥勘察设计所、陕西交职院工程检测有限公司、陕西交院汽车驾驶培训学校、陕西通福物业公司、北京交通大学现代远程教育中心、重庆大学网络教育学习中心、长安大学函授站等教育培训和服务机构，年均开展各类培训2万余人次。

（二）积极开展对口支援帮扶

学校组织西乡县职业中学教师参加技能培训，针对参训教师实际需求，邀请西安地铁、西安铁路局资深专家进行授课，精心设计培训内容。选派汽车工程学院、经济管理学院的多名专任教师赴西乡县职业中学，对汽车机电维修、手工制茶、酒店服务专业技能大赛参赛团队进行培训指导，获得了陕西省中职技能大赛一等奖，极大地提升了西乡县职业教育的影响力。

六、特色创新

（一）需求定制，创新培训模式

学校培训根据学员需求，重点加强新政策、新技术、新装备、新知识的培训，提升综合能力；采取理论学习、专题讲座、实践教学、现场参观、研讨交流等灵活多样教学方式，实现理论与实践紧密，培训质量受到省交通运输厅和学员的充分肯定。

（二）持续推进、深化一带一路合作

为进一步推进学校国际化教育的发展，加强学校对外合作交流，培养具有国际宽阔视野的高素质劳动者和技术技能人才，继续教育与国际交流学院经考察调研，特请示以西北大学中韩教育中心为纽带，与韩国国立群山大学进行联合办学，开展教育和研究领

域的学术与文化交流活动。

来自缅甸、老挝及柬埔寨等国家的留学生因疫情原因，在本国开展网络教育学习。2017级在韩国学习的学生顺利毕业，取得学士学位，继续在全北国立大学攻读硕士学位。创新"政校企"国际教育合作模式，学校与长安大学及中国路桥集团积极推进柬埔寨交通分院设立，预计每年为柬埔寨培养50~100名交通专业技能人才，为服务国家"一带一路"倡议做出贡献。学校与陕西华山国际工程有限公司签订海外实习协议，选拔18名学生到该公司的海外工程项目实习就业。

七、问题与挑战

（一）教育教学改革的挑战

国务院印发《国家职业教育改革实施方案》后，相继出台了一系列职业教育改革文件，如何优化专业群设置，深化办学体制改革和育人机制改革，促进高质量就业和适应交通行业发展需求，加快高素质技术技能人才培养、高水平专业发展、双师型教师队伍建设、1+X证书试点改革、高效能技术成果转化，是我们继续教育面临的一大挑战。

（二）继续教育存在的问题及原因

1. 学历继续教育生源数量逐年减少

受高考生源总量持续减少及单独考试招生改革等客观因素影响，近三年生源数量持续减少，生源质量问题有所显现。加强招生宣传，争取优质生源是学院健康发展的又一项主要任务。

2. 非学历教育培训项目的开发单一性

非学历教育培训是学校继续教育工作的核心组织部分，近年来社会需求旺盛。我校培训项目行业性强，缺乏全面性。要注重实现跨行业、跨区域举办培训，使培训对象及内容多元化；与多个领域内教师达成长期合作，加强培训教师建设，优化培训师资库。

陕西能源职业技术学院继续教育发展报告

一、学校情况

（一）学校概况

陕西能源职业技术学院是由陕西省人民政府举办的公办省级示范性高职院校。1953年开始举办中等职业教育，2001年开始举办高等职业教育。学院校本部位于咸阳市，设有临潼医学校区和西安培训中心。学院现有教职工699人，全日制普通在校学生17340人。现有专任教师549人，其中副高职称以上人数182人，博士以上学历4人，建有教室232间，实验实训室149个，校外实训基地217个，国家级实训基地2个，省级实训基地3个。学院设有煤炭与化工产业、建筑与测绘工程、智能制造与信息工程、护理、医学、经济管理、人文与教育、继续教育等8个二级学院，设置涵盖机电工程、地质工程、矿业工程、测绘工程、建筑工程、电子信息、化学工程、制药工程、经济管理、医学护理、医学技术、艺术设计等12个大类共计49个高职教育专业。学院坚持以服务发展为宗旨、以促进就业为导向、走产教融合、校企合作的特色发展道路，形成了全日制教育、继续教育、职业培训等多层次、多形式的职业教育办学格局。

（二）学校继续教育总体规划与办学定位

陕西能源职业技术学院继续教育与普通高职教育共同构成学院完整的人才培养体系。学院继续教育的"十三五"发展定位为：坚持党的基本路线和教育方针，按照《国家中长期教育改革和发展规划纲要（2010—2020年）》的部署和《国家职业教育改革实施方案》要求，立足煤炭，面向社会，以满足行业和社会需要为宗旨，以市场为导向，坚持"强化特色、提高质量、充实内涵、外向发展"的总体发展思路，大力发展多种形式的继续教育，逐步形成多层次、有特色、与学院办学地位相适应的技能型人才培养基地。努力拓展办学空间，稳定招生规模，突出办学特色，提高教育教学质量，实现学历教育和各类培训"规模、质量、效益"的协调发展。

二、专业设置

学历教育所设置专业主要依托学校主干专业，现有煤矿开采技术、机电一体化技术、煤田地质勘探技术、工程测量与监理、矿井通风与安全、应用化工技术、护理、电厂、建筑、临床、会计11个专业。其中煤矿开采技术、机电一体化技术、矿井通风与安全依托学校背靠的煤炭行业产业优势，在册人数相对较多，其他专业人数相对减少，目前学历教育在册人数 396 人。

三、人才培养

（一）学历教育总体情况

1. 总体规模

学院学历继续教育坚持从严治教，规范办学。2020 年，成人学历教育业余专科开设 9 个专业；在籍学生 396 人，毕业 102 人。

2. 人才培养模式及教学情况

围绕能源化工产业，与陕西延长石油集团、陕西彬长矿业集团、旬东长安煤矿等煤炭企业合作，校企共同修订了专业人才培养方案，严格按照教学计划开设课程、组织教学活动，共建课程教学资源、师资队伍。通过产教融合、校企"双元育人"，培养培训适应煤炭产业需要的高素质技术技能人才。根据 2020 年开课计划，完成业余学生 9 个专业的教学工作。坚持规范办学，积极推进"信息化教学+面授+考试"教学管理模式建设。

（1）坚持教学与管理并举。

继续教育学院是二级教学单位，具有独立管理职能。学校依靠多年积累的办学经验、师资优势和教学资源优势对招生录取工作、学籍和教学管理及学生进行统一管理。

（2）推进"网络教学+面授+考试"教学管理模式。

积极推进"互联网+面授+考试"教学管理模式建设。灵活授课方式，提高授课的针对性和实效性。根据人才培养方案要求和学员特点，采用"课堂+现场"研讨式、体验式、案例式教学。创新教学手段，提高学员的主动性和积极性。继续教育学院与学院二级学院合作依托云课堂智慧职教平台，推进"互联网+面授"，探索用互联网、人工智能等信息化手段，开发手机 APP，让课堂更有感染力、教学更有吸引力。要求学员进入网络课堂学习并将上网学习的考核作为各专业课程形成性考核的一项重要内容。大部分学员通过网上教学，培养了上网学习的意识和兴趣。此外，根据学员业余学习时间的特殊性，学院安排任课教师通过对学员提供面授辅导、网上答疑等形式以弥补上网学习的不足。学期末，统一组织考试，最终形成学员的综合考评结果。

（二）非学历继续教育情况

全年，学校先后与 40 余家煤矿企业开展包括企业负责人、副矿长、总工、区队长、班组长、特种作业人员以及生产技术从业人员的培训，共计举办各类安全培训班 59 期，技能鉴定培训 18 次，订单委培班级 1 个，彬长技能提升 17 个班级，培训各类人员 35325 人次，其中安全培训 10576 人次，技能鉴定培训 6301 人次，成教部企业技能提升与订单委培培训 18448 人次。

（三）坚持立德树人，强化思想引领，加强学生思想政治教育工作

学院继续教育始终坚持立德树人，强化思想引领，因事而化，因时而进，因势而新，坚持改革创新，着力加强学生思想政治教育工作。具体工作：一是在编写修订学历教育学生培养计划和教学大纲的过程中，重视思想政治理论课与全日制专科思想政治理论课的衔接，注重理论课时与实践课时的协调，注重习近平新时代中国特色社会主义思想进教材、进课堂、进头脑，大力开展理想信念教育和社会主义核心价值观教育，构建全员全过程全方位育人的思想政治工作格局。让成人学历教育的思想政治理论课成为成人教育学生正确理解马克思主义理论的重要渠道。二是在培训工作中设置"党性教育单元"，邀请专家学者将党章党规、时事热点、反腐倡廉教育、"不忘初心、牢记使命"专题讲座，并不断探索将党性教育有机融入培训主题和培训内容中，均取得良好效果。

四、社会贡献

（一）面对区域经济发展，积极开展学历教育和培训

学院秉承积极服务地域经济与行业产业发展的传统，积极对接陕西省煤炭行业产业技术升级需求，开展针对煤炭行业的学历教育和煤矿职工安全培训，2020 年，煤矿职工学历教育在册人数为 396 人，为煤矿企业培训培训职工 35325 人次，在合作企业的大力协助下，在学员的共同努力下，取得了良好的培训效果，助力煤炭企业人才技能提升战略，为区域经济发展提供了人才支撑。

（二）开展对内外服务

结合当前市场需求和大学生就业形势，积极开展职业技能培训工作，有效提升在校大学生的综合素质和就业空间，本着"面向社会、服务师生"的工作宗旨，认真开展学院职业技能培训，积极推进学院职业技能培训和相关鉴定工作。组织教师考评员考试，培训考评员 186 人次，涉及 184 个工种，对接国家"1+X"证书制度，针对在校毕业生，开展技能等级培训。对外服务能力增强，依托"国家煤炭行业职业技能评价中心"，面向陕西省煤炭企业积极开展技能培训、鉴定工作，培训人数达 35325 人次，服务企业达 40 余家。

（三）服务扶贫攻坚战略

加大了对新疆技师学院的对口援建工作。双方共同在煤炭开采技术、机电一体化技术会计三个专业联合开展成人函授学历教育，在专业建设、实验室建设以及技能大赛训练等方面加大支持力度，互派骨干教师和管理人员锻炼，培训教师。

陕西铁路工程职业技术学院继续教育发展报告

一、学校概况

（一）学校概况

陕西铁路工程职业技术学院创办于1973年，前身是铁道部渭南铁路工程学校。2003年改制升格为专科层次的高等职业技术学校。学校以交通运输类和土木工程类专业为主干，培养铁路、城轨、公路、建筑等基础设施工程建设管理需要的技术技能人才，形成了以大专层次的全日制高职教育为主，成人教育、短期培训和技能培训鉴定相结合的办学格局。

（二）学校继续教育总体规划与办学定位

学校章程规定：学校采取学历教育和非学历教育融通的多形式、多规格、多层次的办学形式。

按照学校继续教育发展"十四五"规划，成人学历教育在校生规模达到3200人，开展各类继续教育培训18万人日。

学校已将继续教育纳入学校"双高"建设项目，作为其中一个重要的建设内容。

学校将立德树人作为学校的根本任务，各项工作必须服从于育人工作。

（三）学校继续教育办学体制与管理机制

学校继续教育工作由学校继续教育学院统一管理。继续教育学院负责学历教育的招生、日常管理及非学历教育的业务联系、组织实施等工作；学校其他二级学院等其他教学部门负责继续教育的教学工作。

二、专业设置

（一）学历继续教育专业设置情况

学校学历继续教育设有铁道工程技术等9个专业，涵盖了4个骨干院校建设专业和1个央财支持建设专业，以及5个省级专业综合改革专业。

（二）学历继续教育专业调整情况

学校积极申报了城市轨道交通运营管理等3个继续教育专业。

（三）专业人才培养方案制订及调整情况

学校学历继续教育专业人才方案与全日制相关专业匹配。鉴于继续教育的学员普遍具有理论知识学习偏弱，实践能力较强等特点，我们适当加大了理论课时比例，减少了实践课时的比例。

三、人才培养

（一）学历继续教育情况

1. 总体规模

学校学历继续教育的办学类型为函授高起专，2020年招生829人，在学人数为2250人，毕业971人。

学校非常重视继续教育与全日制教育的协调发展，注重根据全日制专业中的优势办学资源开展学历继续教育。

2. 生源分析

学校学历继续教育的生源主要来自交通土建类中职院校的毕业生，以男性为主，年龄大都在18-21周岁，主要为交通土建类的一线工程技术人员，多数家住在陕西，学习专业主要集中在铁道交通运营、铁道工程技术、铁道通信与信息化技术、工程测量技术四个专业。

3. 人才培养模式与教学基本情况

学校在保持传统函授办学模式的基础上，积极探索采用"平台+资源"为内容的教学模式，采用送课下现场、送考进工地等模式，有效解决了异地办学人才培养面临的工学矛盾。

（二）非学历继续教育情况

1. 总体规模

2020年，受新冠疫情影响，企业学员无法到场培训，非学历教育受到很大冲击。学校采用网络授课与赴企业面授相结合的方式，共组织国内外企业26个职业技能提升培训班，累计培训10705人次。同时，学校还开展了8期扶贫技能培训班。

2. 培训模式

学校开展非学历继续教育主要是企业员工培训和社会资格考试培训，采用的教学模式是线上与线下相结合的方式。学校的每一个培训项目都具有稳定的培训团队、标准的培训流程及丰富的资源包，建立了"校企双考三结合"培训考核模式。

四、质量保证

（一）制度建设

2020年，学校结合诊断改进工作，进一步完善了继续教育工作标准、工作流程，修订了继续教育质量管理手册，对《陕铁院社会培训管理办法》等10项制度进行了修订和完善。

（二）师资保障

学校学历继续教育的授课教师从全日制教育授课教师中聘用，约占学校全日制教师数量的5%左右，所有授课教师均具有中级以上职称、本科以上学历。

（三）资源建设

学校全日制与学历继续教育实现了资源共享，教材选用与全日制同专业情况一致，学校开发的教学资源库对学历继续教育学生免费开放，实现了非全日制和全日制学生同教学要求、同资源共享。

（四）合作办学及校外教学站点建设和管理情况

目前，西南交通大学在学校设立了专升本函授站，西安建筑科技大学、长安大学和学校合作进行函授专升本教学工作，学校没有设立校外教学点。

（五）内部外部质量管理

学校严格执行相关政策和规定，认真完成新生入学资格审查、信息校对等工作。实施质量工程，严格执行相关管理制度，加强面授辅导、答疑、考试、毕业答辩等教学环节的管理工作，保证人才培养质量。

近两年，学校函授站接受了西南交通大学和西安建筑科技大学的教学质量评估，评估反馈意见为良好。

（六）信息化建设

为了满足学校继续教育的发展需要，结合学校的信息化建设进程，主要完成了以下工作：

（1）对继续教育学院二级网站进行升级改造，将继续教育管理平台接入了二级网站。

（2）开发了继续教育管理平台，提升了继续教育管理效率，相关资源正在不断完善中。

（七）经费保障

学校对学历继续教育实行目标责任管理，责权利进一步得到明确，有效地支持了学历继续教育的发展。

五、社会贡献

（一）继续教育服务国家战略、行业及经济社会发展与学习型社会建设情况

学校继续教育在服务国家战略等方面主要做了如下工作：

学校开展了26次企业培训，帮助企业在培养和储备高素质的专业技能型人才方面打下坚实基础，助力企业进一步提质增效。

学历教育稳步发展，在校生规模突破 2000 余人。

学校开展了 8 期扶贫技能培训班，助力国家脱贫攻坚。

（二）继续教育资源面向校内、社会开放服务情况

学校学历继续教育面向全社会招生，函授学生享有与全日制学生同等的教学资源。

学校的 42 项企业培训项目也是面向全社会的，培训对象涵盖企业员工、下岗职工、贫困人员甚至是农民工。

六、特色创新

（一）实践特色与模式创新

学校继续教育主动适应行业经济发展对成人教育工作的新要求，形成以下特点：

（1）依托学校本体资源，结合行业背景和地区特色，拓展继续教育专业。

（2）不断完善各种管理制度，使继续教育工作向科学化、制度化、规范化方向迈进。

（3）坚持培训服务及职业技能鉴定工作相结合。

（二）国际交流与合作情况

2020 年，学校国际交流与合作推进困难，"走出去"战略无法实施，"引进来"战略取得了一定的进展。通过多次视频会议协商，菲律宾国家铁路局及马来西亚吉隆坡建设大学组织了 50 多名技术工人和教师通过网上教学的方式开展铁路技术培训。

学校与俄罗斯萨马拉交通大学进行合作办学，采用"国内+国外"的教学模式。目前已有 411 名国际班学生在学校就读，预计办学规模将达到 1200 人。

（三）教育教学研究与成果等情况

顺利完成陕西高等继续教育特色专业——铁道交通运营专业预期建设目标。

七、问题与挑战

（一）面对的新挑战、新需求

学校继续教育发展迎来的新的机遇和挑战，具体如下：

（1）现代交通运输领域急需大量高素质技能型人才，为学校继续教育事业的发展提供了难得的发展机遇。同时，继续教育与全日教育的发展存在着竞争资源现象。

（2）发展知识经济，建设创新型国家和学习型、技能型社会为继续教育提供了持续发展的机遇。同时，全民学习、终生学习的庞大需求与因迫于生计难以抽出大量时间学习的工学矛盾也日益突出。

（二）存在的主要问题及原因

2020 年，学校继续教育发展取得了一定的成绩，但也存在一些问题，具体如下：

（1）学历继续教育工学矛盾比较突出，造成很多学员不能按期毕业。

（2）招生宣传手段跟不上形势的发展，造成继续教育规模扩大比较困难。

（3）校企双方的信息不对称，造成培训业务拓展困难。

八、对策建议

（一）发展对策

为进一步做好继续教育工作，学校将采取以下措施：

（1）加大招生宣传力度，加强与企业的合作，探索建立校企联合培养模式，稳定成人高等学历教育的办学规模。

（2）整合校内外优质教学资源，做好企业调研工作，为企业打造适合其发展的培训包。

（3）探索适应形势发展和符合学校生源特点的其他成人教育形式。

（4）搭建继续教育管理平台，通过信息化手段消除校企双方的信息不对等现象。

（二）政策建议

（1）将成人自考、网络教育、函授教育等多种成人教育形式进行融合，形成一种最优化的学历继续教育形式。

（2）希望国家出台相关政策，鼓励企业与学校加强产学研等诸方面的合作，互通有无，有利于为国家培养更多高素质的技能人才。

陕西航空职业技术学院继续教育发展报告

一、学校情况

（一）学校概况

陕西航空职业技术学院始建于1982年，坐落于国家历史文化名城——汉中市。学院是经陕西省人民政府批准、教育部备案的一所具有高等学历教育招生资格的全日制公办普通高等职业院校，隶属于陕西省教育厅和中国航空工业集团公司。学院于2008年在教育部高职高专院校人才培养工作水平评估中获得"优秀"等级，2010年跻身于陕西省级示范性高等职业院校行列，先后荣获陕西省国防科技工业系统"优秀学校"、陕西省"先进职业技能鉴定单位"、陕西省"计算机信息高新技术考试星级考试单位"、陕西省"平安校园"、陕西省"教育系统精神文明建设先进单位"等荣誉称号。现为航空工业高技能人才培训基地、陕西职业技术教育学会副会长单位和汉中职业教育集团副理事长单位。

学院充分发挥行业办学优势，不断深化内涵建设，凝练形成了"工厂建在校园里，课堂设在企业中，教学生产一体化，工作学习相结合"的办学模式和"循环递进、工种对接、提升素养"的人才培养模式，彰显了"依托航空、校企合作、产学结合"的办学特色。学院继续教育办学近四十年，伴随学院普通高等学历教育办学的成长壮大而发展，特别是作为航空工业高技能人才培训基地，立足航空，以区域经济社会发展需求为导向，围绕立德树人这一根本任务，依托专业优势，为国防工业及地方经济建设培养了一大批技术技能人才。

（二）继续教育工作的总体规划与办学定位

学院继续教育工作全面贯彻落实党的十九大以来历次会议精神和习近平总书记系列重要讲话精神，主动适应我国经济社会发展和人的全面发展需求，牢记立德树人根本任务，树立终身学习、人人学习和多样化人才培养的观念，以现代信息技术为支撑，积极推进优质资源建设与共享，不断优化办学和服务体系，积极探索具有成人特点的多样化人才培养模式的改革与创新，积极构建灵活开放的终身教育体系，加快推动全民学习、终身学习的学习型社会建设，更好地服务区域经济社会发展。学院充分发挥航空产业优势，坚持与企业紧密合作育人，采取学历教育和非学历教育融通的多形式、多规格、多层次的办学形式，其中"非学历教育，主要开展继续教育、企业员工培训和职业技能鉴定与培训"。

（三）继续教育办学体制与管理机制

学院把继续教育工作列入年度重点工作，为开展继续教育工作提供了有力的政策支持和良好的发展环境。继续教育工作由一名校领导分管，继续教育与培训学院是学院继续教育工作的主管部门，负责对全校的继续教育工作组织实施，落实招生、教学组织与考试安排、学生日常管理等工作。校内各单位不得以各自的名义自行举办或与外单位合办学历继续教育或非学历继续教育，任何个人、校外机构未经学院许可不得在校内开展学历继续教育或非学历继续教育。

二、专业设置

2020年起，学院已停办学历继续教育，目前也无学历继续教育在册学生。

三、人才培养

作为中国航空工业集团公司"高端技能型人才培训基地"之一，2020年，圆满完成中国航空工业集团公司人力资源部所下达的年度技术培训，培训企业职工技能提升1500人，企业新型学徒制938人，学员均为来自企业员工；开展退役士兵、部队技术骨干培训，为战略支援部队驻汉某部和火箭军某部共培训现役军人及部队技术骨干181人；开展面向就业困难群体培训，先后为略阳、佛坪、洋县等县区培训农村剩余劳动力等1388人，为地方脱贫攻坚贡献了力量。

四、质量保证

（一）制度建设

学院有完善的教育教学管理制度，规范继续教育工作管理，并结合校内自主管理需求，继续教学与培训学院对有关规章制度不断进行完善和补充，探索更加规范的社会培训过程管理模式，做到按章办事、有章可循。

（二）师资保障

学院继续教育师资队伍以专任教师为基础，从行业企业一线聘请以国家突出贡献专家、全国劳动模范、世界技能大赛冠军等多位航空工业领军人物为代表的技术管理骨干和能工巧匠中聘任校外兼职（兼课）教师146人，形成了一支数量较为充足、结构比较合理、实践能力强的高素质专兼职教师队伍。

（三）资源建设

学院拥有专业门类较为齐全的校内实验实训基地，建设有专业资源库2个、精品课程30门，及相关图书资料，继续教育学生与全日制普招学生共享学院校园网的网络教学资源。

（四）设施设备

学院拥有校内实验实训室 85 个、校外实习基地 196 个，已建设完成国防科技工业职业教育实训基地 1 项、中央财政支持建设的高等职业教育实习基地 2 个，国家生产性实训基地 1 个，省级高等职业教育示范性实训基地 3 个。

（五）合作办学及校外教学站点建设和管理情况

学院无学历继续教育，故不存在校外站点。

（六）信息化建设

学院的在线开放课程的视频或课件均放在校园网教学平台上，网络教学平台向每一位学生开放，学生可免费浏览或下载课程视频或课件。学院继续教育的管理人员建立了 QQ 群和微信群，相关管理文件、教学文件、通知均通过 QQ 群、微信群或 QQ 邮箱发布。

（七）经费保障

学院 2020 年度非学历培训收入共计 394 万元，用于教师报酬和教学业务开支。无学历继续教育收入。

五、社会贡献

（一）为行业及区域经济社会发展的贡献

学院整合校内教育教学资源，立足航空，充分发挥航空行业优势，为航空工业所属企事业单位的职工加强技能培训和面向社会人员、在校学生提供技术培训服务，为"建设知识型、技能型、创新型劳动者大军"做出积极贡献。同时，学院紧紧围绕校企合作联合办学的特色，充分利用学院的师资力量、教学设施，强化学生的理论教学，利用企业资源优势增加相应的技能实训，实现了理论与实践的深度结合。

（二）对口支援、教育帮扶情况

学院党委高度重视对宁强县教育扶贫和结对帮扶工作，成立了党委书记、院长任组长的教育扶贫工作领导小组，多次召开党委会、院长办公会和领导小组会，专题研究部署扶贫工作。与宁强县职教中心开展"产学研一体化"示范基地师资培训及法律、体育、创业培训、心理教育等系列专题培训。还发挥学院教育资源优势，面向就业困难群体，先后为略阳、佛坪、洋县等县区培训农村剩余劳动力等 1300 多人。

六、特色与创新

从航空工业员工培训实际需求出发，以解决实际问题为出发点，以提高学员的能力和促进企业的发展为终极目标；企业专业技术人员培训，培训之后让教师深入相关单位进行回访反馈，弥补技术培训与企业人才提升需求的不足，课程设置上更贴近培训需要达到的预期效果。还根据省市有关文件精神，积极推行新型学徒制试点工作。

七、问题挑战

继续教育社会认可度不高，尤其是业余专科学历继续教育已显现招不到学生的现象。因此，提高人才培养质量，走内涵式发展之路；紧紧抓住信息技术变革带来的机遇，大力加强学院继续教育网络资源建设及开放共享；积极推进教学方式变革，以过去面授教学为主向面授和网络教学并举发展，继续大力发展非学历继续教育培训，充分发挥学院办学优势，整合学院资源，以社会需求为导向，创新培训模式，提高培训水平，拓宽职业培训和技能鉴定项目，把服务社会做实。

八、对策建议

在办好高职学历教育的同时，继续大力发展非学历继续教育培训，充分发挥学院办学优势，以社会需求为导向，创新培训模式，提高培训水平，拓宽职业培训和技能鉴定项目，把服务社会做实。整合校内外优势资源，建立专家团队，搭建培训工作平台，更好地发挥高校资源优势，形成品牌效应。坚持"走出去，引进来"，加强当地教育、乡村振兴办、卫健委、人力资源与社会保障局等有关部门联系，建立良好的合作关系，争取更多的培训项目。

陕西邮电职业技术学院继续教育发展报告

2020年学院继续教育工作以习近平新时代中国特色坚持社会主义思想为指导，深入过贯彻党的十九大和十九届二中、三中、四中、五中全会精神，坚持"依托通信信息产业，立足陕西，面向全国，培养高素质技术技能人才"的办学定位；坚持"做精日校、做强培训、特色办学、精品发展"的办学理念，以把学院建设成为日校规模适中，办学特色鲜明的通信信息类教育培训型高等职业学院为目标，积极做好学院学历继续教育和培训教育工作。

由于生源比较少学院从2017年停止学历继续教育的招生，2020在经过对市场的调研后，学院将原有的3个招生专业进行了调整，保留了2个具有社会需求的专业恢复招生，并结合日校的培养计划对学历继续教育相应招生专业进行了调整和优化，加大了学生实际操作环节教学课的占有比例。对学历继续教育管理制度进行了部分更新，参照学院日校教学线上教学的经验，制定了对部分课程实行线上远程教学和管理的流程和考核办法，为以后继续学历教育的开展和质量提升提供了保障。

2020年培训中心共举办各类培训班351期，培训业务收入3045万元，实现净利润156.51万元，其中包括资格认证、岗位认证、考试服务、培训服务等类别，主要面向对象有电信公司、各类运营商、政企客户。

一、在项目研发方面

（1）更新陕西电信现场综合化维护认证大纲，实现项目模块化，进一步完善了课程体系。截至12月底，综合化维护认证16期，咸阳电信综维五级认证两期，陕西电信四级认证11期，三级认证3期。

（2）举办各类通信行业机务类、业务类技能鉴定共10期，535人次，合计收入约30万元。

（3）举办陕西省通信行业协会安全员、费用编审员、施工员、材料员、资料员、质量员等共15期，培训人数约3000人，收入约300万元。

（4）上传至陕西省专业人员继续教育平台一门专业课程《新型数字基建--信息基础设施建设探究》，目前培训学员1200余人次，收入约25万元。

（5）申报计算机技术与软件专业技术资格考试授权报名站；申报中国电信云网融合技术支撑人才实训基地。

二、市场拓展及业务承接

线下培训因疫情受到了很大的限制，我们的转型窗口期突然被压缩，培训主战场转移到线上，构建新的培训模式，与客户的需求相匹配，开发线上加线下课程。

（1）通过小鹅通线上直播平台开展2020年通信行业四大员在线培训；《现场综合化维护》录播课程已免费向公司运维部推送；《党建系列课程》方案已完成，正在打磨党建系列线上课程；

（2）引进项目为西安电信和咸阳电信举办"利用抖音进行门店营销"的线上培训；为西安电信举办"智群计划—社群运营实战训练营"线上培训；为省电信公司举办"政企行业客户营销"线上培训；

（3）加快推进快递从业人员职业技能培训"246"工程，根据陕西省邮政快递业发展实际，开展邮政快递从业人员技能提升，全面提升快递员技能水平。通过线上和线下培训全方位提高快递从业人员的职业综合素养，提升专业技能、营销能力和管理能力。截至12月底榆林开展四期，延安开展三期，咸阳开展两期，渭南一期，铜川两期，共培训人数1500人左右，预计收入为90万。

宝鸡职业技术学院继续教育发展报告

一、学校情况

（一）学校概况

宝鸡职业技术学院是2003年4月经陕西省人民政府批准，教育部备案的一所公办全日制普通高等职业院校，地处宝鸡国家高新技术产业开发区东区，校区占地2300余亩，设有15个党政群部门、6个二级学院，继续教育学院（处）、二级甲等附属医院各一所。有教职员工1373人，其中，专任教师707人，正高级职称33人，副高级职称229人，中级职称524人，博士、硕士348人，双师型教师509人。现有全日制在校学生1.8万余人，开设三年制高职专业54个，涵盖12个专业大类、33个专业类。校内各类实验实训场所达83354平方米，实训中心11个，各类实验实训室230个，各类实践基地350多个，学院形成以医药卫生、装备制造、电子信息、财经商贸、土木建筑、生物与化工、教育与体育、农林牧渔、文化艺术等12个专业大类为主，融高等职业教育、职业技能培训与成人教育于一体的办学格局。学校是省级示范性高职院校、省级文明校园、省级平安校园、省级园林式单位、省级智慧校园示范校、全省普通高校心理健康教育与咨询示范中心、国家乡村振兴人才培养优质校、中国职教就业百强院校。

（二）学校继续教育工作的总体规划和办学定位

在《宝鸡职业技术学院"十三·五"教育事业发展规划（2016–2020年）》中提道："把服务区域经济发展作为学校的办学宗旨。加强与市政府、行业、企业的合作，提高学校对宝鸡地区经济社会发展的参与度与贡献率"。"鼓励教学单位在做好人才培养的同时，面向行业企业积极开展'校–行'、'校–企'合作，面向农村开展农业技术推广、农村劳动力转移等服务"。

依托学校优质教育资源，实施高职教育的"双轮"驱动战略。稳固成人学历教育阵地，通过探索与强化校校之间，校企之间的合作模式，开拓新的生源基地。利用校内优势教学资源，采取"走出去、引进来"的工作措施，与地方行政、教育、企事业单位积极对接，拓展社会服务领域，大力开展各类校内外培训工作。

（三）学校继续教育办学体制与管理机制

继续教育学院（处）既是学校开展成人学历提升教育、职业技能培训、学生考证服务和承接社会考试的业务部门，又是学校继续教育工作的统筹规划、指导协调归口管理部门，是隶属学校的二级单位。目前，继续教育学院配备院长一名（正处），副院长一名（副处），内设学历教育科、培训科、考证科（办公室）三个内设科室，现有正式员工 15 名。

二、专业设置

（一）学历教育专业设置情况

专业设置紧紧围绕我校全日制优势和特色专业，相互配置，协同发展。紧密结合区域经济社会发展实际需要，设置专业方向，不断凝练和凸显专业特色。截至 2020 年开办了高起专护理、学前教育、机械制造与自动化、机电一体化技术、会计、园林工程技术、建筑工程技术、汽车检测与维修技术等 8 个专业。

（二）学历教育专业调整情况

根据近年来招生情况及人才市场的需求，学校党政领导多次召开会议研究成人学历教育办学方向，专业设置等事项，以"附身贴地，提升能力，服务宝鸡四城建设"为办学理念，结合区域经济社会发展和人才需求特点，对招生专业进行调整，以突出学校特色，集中力量办好优势专科专业。

（三）专业人才培养方案制订及调整情况

经广泛调研，依据行业相关岗位（群）需求，2020 年学校继续修订完善了继续教育专业人才培养和课程体系结构方案。重点修订高起专层次、业余学习形式共计 8 个成人高等学历继续教育专业人才培养方案。修订侧重突出学校特色，体现继续教育向创新型、复合型、终身性发展的特点；以培养目标为前提，以突出质量内涵为基础，以培养合格的应用型人才和岗位创新型人才为目标，优化了课程体系。

三、人才培养

（一）学历继续教育情况

1. 总体规模和招生情况

我校成人继续教育有现代远程网络教育和函授两种类型，高起专、专升本两个层次。现代远程网络教育与中国农业大学进行长期友好合作，在籍学员 1073 人；成人函授、业余教育依托本校优质教育资源独立开展，在籍学员 51 人。

面对生源市场空间的不断减少，创新工作思路，积极探索与校校之间，校企之间成人学历继续教育新的合作模式，不断培植稳定的生源基地。已开始与宝鸡吉利汽车部件有限公司、宝鸡二建公司、宝鸡阜丰生物科技有限公司等企业积极接洽，商谈建立生源基地事宜。

2. 人才培养模式与在籍学习情况

我校高等成人教育以，以职业型、技能型人才为培养目标，坚持联合办学，教学资源共建，优质资源共享的培养模式。加强教育教学质量管理，建立健全继续教育教学管理制度。突出教学过程的监督和管理，严格按专业教学执行计划和课程教学大纲组织教学，推行混合教学模式，开展线上教学和线下教学相结合的授课方式，积极引导和督促学生主动学习。

严格执行中国农业大学等联办学校远程与网络教育考试的各项管理规定，认真组织实施各个环节的考试、考核和考察，试卷传递过程责任明确，严格执行保密制度，每学期考试学习中心都成立考试领导小组，严格考风考纪，联办高校派巡视员到学习中心巡查考试情况。通过严肃考纪倒逼教学管理，引导学生树立良好学风。在2020年度中国高校现代远程教育优秀校外学习中心评选活动中我学习中心被评为"优秀校外学习中心"。

表1　2020年在籍学生人数统计表

序号	办学形式	2020年在籍学生人数		
		本科	专科	合计
1	现代远程网络教育	410	663	1073
2	成人函授、业余教育		51	51
	合计	410	714	1124

（二）非学历继续教育发展情况

2020年依托学校优质教育资源，共计完成各类培训22个项目，线上线下培训共计82个班次，培训近6042人次。

四、质量保证

（一）制度建设

一方面，为了加强对继续教育工作的统筹规划，领导协调，明确职责，实施科学化、规范化管理，同时，在项目实施中，为体现依规管理，发挥激励机制，实现高质量的过程管理，配合全校继续教育工作的改革发展需要，对《宝鸡职业技术学院继续教育管理办法（试行）》《宝鸡职业技术学院成人学历教育教务管理实施办法》《宝鸡职业技术学院培训管理规定》等进行了修订完善。

目前，正进行工作调研，下一步将重点进行激励机制、考核制度建设，制定继续教育奖励措施、课时费支付标准与方式等方面的制度规定。

（二）师资保障

成人本科学历教育以与国内著名本科院校联合办学模式进行，师资队伍主要依托联办院校的专业教师。成人专科层次教育以学校师资为依托，严格按照教育部和各省级继续教育主管部门的要求，从各二级学院、部调配相关爱岗敬业、教学能力强的教师充实到各专业课程教学团队，其中70%的授课教师具有较强的实践操作能力，教学经验丰富，满足了中心学员的学习和辅导需求。

技能与职业培训师资选聘坚持专兼职结合，以专职为主的原则，专职教师以校内专任教师为主，一般选聘职称副高以上、教学经验丰富、实践工作能力强的教师担任，外聘兼职教师主要从常年工作在企业、行业一线的能工巧匠中选任。

（三）资源建设

（1）在远程网络教育资源建设方面，学院现有适应教学的专用计算机成套设备70台，校园网络有线无线全覆盖，网络出口带宽10GB。建成校本数据中心，部署各类应用服务器76个；业务应用系统22个。同时经过教学反馈，协助联办院校进行了教学资源的修改完善和资源库建设工作。

（2）建立培训工作档案库制度，为我校培训教学资源的规范化、标准化建设进行资源储备。

（四）设施设备

我校现配备8间多媒体教室，4间标准教室，每间容纳学生150人。配套相应的打印机、复印机、传真机、笔记本电脑、照相机等办公设备，满足了日常管理与教学工作。并与院内二级学院共享资源，保证了实践教学环节的落实。学校现有各类图书、资料（含电子图书）175.5万册，教学设备总值2.09亿元，为学员提供了良好的网络、面授学习条件。

（五）内部质量管理

根据学校内涵建设的总体要求，制定了继续教育学院（处）质量管理手册，从规范部门及岗位的工作职责、工作标准、工作流程、质量保证体系建设及评价考核等方面加强了内部质量管理保障。完善质量管理工作机构，设立招生、教学服务、学籍管理等服务机构，由专人负责学历继续教育的招生、教学、学籍、毕业管理，保证质量管理工作的责任落实。

五、社会贡献

（一）服务地方、行业及经济社会发展与学习型社会建设情况

（1）依托我校教育资源，积极开展养老护理员培训。全年举办养老护理员培训班7期，培训社会人员850人次。

（2）全年开展退役军人职业教育培训268人次。

（二）面向校内、服务学生提升能力促就业

为助力校内学生学历提升、考取资格证等需求，积极开展针灸、刮痧、计算机类培

训以及专升本考前培训等服务工作；适应国家职业技能资格认定制度的调整，积极筹建我院职业技能等级认定中心，为校内学生和社会人员提供国家职业技能资格认定服务。

（三）促就业对口支援、产业扶贫情况

因地制宜开展花椒病虫害防治、经济作物科学种植等培训，惠及贫困人口54户。新型职业农民培训150人。在千阳县、麟游县、凤县、太白县、陈仓区等地区积极开展宝鸡农村电子商务培训项目8次，累计培训1000多人。

六、特色创新

（1）积极推进社区教育研究。申报省级社区教育实验项目4个，填补了学校在社区教育方面的空白，为进一步提高学校服务社会能力，拓展服务领域奠定了理论基础。

（2）创新方式，编制全省养老护理员培训师范课程2章，为全省养老护理员规范化培养贡献了宝职智慧。

咸阳职业技术学院继续教育发展报告

一、学校情况

（一）学院概况

咸阳职业技术学院是经省政府批准成立、咸阳市政府直属的普通公办院校。学院占地1300亩，总建筑面积40万平方米，固定资产总值9.5亿元。校企合作共建院内实训室、实训基地237个、院外实训基地211个，形成了理实一体、教练融合的实习实训体系。开设有医学、机械、电子、建筑等大类52个高职专业，拥有国家高水平专业群1个，国家骨干专业3个，省级示范专业3个，省级一流专业2个、一流培育专业5个。教师获国家级教学成果二等奖1项，全国职业院校教学能力大赛一等奖1项，国家规划教材1部，省级教学成果特等奖1项、一等奖1项、二等奖4项。全日制在校生突破2万人。

（二）继续教育规划与发展

咸阳职业技术学院高度重视继续教育工作，高点定位继续教育事业发展，确立了职业培训和学历教育并重的继续教育工作发展理念，组建有知名专家、省内著名学者、一线骨干名师为主体的教学团队超90人。先后建有国家级、省级、市级培训基地近30个，年度社会培训规模近4万人次。

二、专业设置

（一）学历继续教育专业设置情况

学院积极开展高起专层次的成人学历教育工作（业余）。在学院50多个高职专业中筛选并申报了建筑工程技术、数控技术、汽车制造与试验技术、畜牧兽医、护理、大数据与会计、学前教育等7个高起专层次的学历教育专业。依托学院专业特色及"双高建设"发展成就，组建专兼职结合、理实一体，以高级职称、中级职称（10年以上）教师为主体的优秀授课团队。

（二）学历继续教育专业调整情况

以服务区域经济社会发展为目标，致力于培养社会经济发展紧缺型人才，结合学院当前建设和发展成效，根据区域产业发展需要和生源实际，对现有学历教育专业进行综合调研与评估，适时开展相关专业调整工作。

三、人才培养

（一）加强制度建设

学院重视和加强继续教育制度建设。先后出台了《咸阳职业技术学院关于调整继续教育工作领导小组成员的通知》《咸阳职业技术学院继续教育经费管理办法》《咸阳职业技术学院职业技能培训工作实施细则》等多个管理制度及规章制度，统筹发展、精细管理，为继续教育可持续健康发展提供制度保障。

（二）学历继续教育情况

1. 总体规模

学院开设有建筑工程技术、数控技术、汽车制造与试验技术、畜牧兽医、护理、大数据与会计、学前教育等 7 个高起专层次的业余学历教育专业，当前已毕业人数 1 人，在校学生 3 人，2021 年预期毕业学生 1 人。

2. 人才培养模式与教学基本情况

围绕服务地方经济社会发展和人才培养需要，按照学院"工学结合、理实统合、校企联合、教练融合"的"四合"人才培养模式，积极开展学历教育人才培养及教学工作。

（三）非学历继续教育情况

1. 培训情况

学院大力加强培训基地建设，积极实施职业技能培训。2020 年度先后开展了 16 个培训项目，年度培训总班次 33 期（个），培训规模 21029 人（次）。

2020 年职业培训数据统计表

序号	项目名称	培训人数（次）	备注
1	专业技术人员继续教育	17026	
2	咸阳市教育局小学教师培训	1488	
3	退役士兵培训	62	
4	护士从业资格考试培训	76	
5	住房和城乡建设领域施工现场专业人员职业培训	178	
6	养老护理人员技能培训	252	
7	归侨侨眷职业技能培训	33	
8	彬州农业农村局职工培训	77	
9	农民工百日线上免费技能培训	153	
10	城镇社区工作人员培训	520	

续表

序号	项目名称	培训人数（次）	备注
11	老年大学	181	
12	人力资源师国家职业资格考试	61	
13	新型企业现代学徒制培训	490	
14	电子商务从业人员培训	260	
15	幼儿园园长培训	60	
16	"双百工程"教育扶贫义务培训	112	
	合计	21029	

2. 积极推进"双高计划"项目建设

深入推进"双高计划"项目实施，项目培训及团队建设任务完成情况如下：

"双高计划"社会服务培训及团队建设数据统计表

序号	项目名称	培训人数	备注
1	西部地区幼儿园所和照护机构青年教师	60	
2	医养健康培训师	6	
3	幼师培训	310	
4	健康教育服务	1200	
5	全民健身服务	1100	
6	农业科技服务	4500	
7	新型职业农民	10000	
8	动物疫病诊断技术服务团队		
	合计	17176	

四、质量保证

（一）内聘与外聘结合，建立非学历教师资源库

充分利用学校资源优势，依托科研项目，努力为教师提供学习机会。打造一批行业内优秀的"双师型"培训教师。聘请行业内有一定影响力、同时又热爱非学历教育培训的退休教师。大力引进企业高管、政府领导、高级工程师、专职讲师等拥有较强实战经验的实践型讲师加盟我校非学历教育阵营，从而形成校内名师＋校外专家＋专职讲师＋其他行业热爱非学历培训的名师授课数据库。

（二）完善教学管理机制，确保培训运行顺畅

首先，拥有健全的培训管理制度。为确保培训工作的有序进行，学院制定并颁发了14个关于非学历培训组织实施的文件，包含管理办法、准入制度、工作流程、师生考核、后勤服务、学习指南、师资聘用、证书发放、学分转换效果评价、档案管理等各个方面。其次，严把培训教学关。从开班到结业，各个环节精心准备、妥善安排，为学员提供最为有利的后勤保障及生活服务。最后，打造了一支高素质培训管理队伍。一是定期对管理人员进行培训，提升其专业素养。二是成立培训项目研发小组，不断开发符合行业发展需求的培训项目。

（三）信息技术快速融入非学历教育领域

借助学院网络资源发展契机，积极探索线上线下混合教学模式，搭建自己的网络课程及报名平台。高校非学历继续教育必须适应时代发展要求，不断了解学员特征，创新教学方式和手段，才能为学员提供最为优质的学习服务和体验。

五、社会贡献

（一）"双一流"高校建设的新需求

非学历继续教育能够积极发挥其人才培养与社会服务的功能。顺应了学院"双一流"高校建设的高质量、高标准要求，提高了培训的整体质量，提升了参训学员的专业素养及工作技能。

（二）高校非学历继续教育聚集了课程、师资、科研等资源优势，业已成为辐射地方发展的新兴力量

随着非学历继续教育需求的不断增长，各种非学历教育机构也层出不穷。普通的非学历教育机构因缺乏系统全面的课程建设及教学资源，难以满足学员对非学历继续教育在学习内容、质量、效果等方面的更高要求。而高校非学历教育因聚集了高校课程、师资、科研以及浓厚的文化氛围等资源优势而日渐成为人才培养战略的重要组成部分及辐射周边的新兴力量。

六、特色创新

（一）国际交流与合作

1. 积极拓展国际培训基地

2020年11月，咸阳职院与菲律宾亚洲圣多米尼克学院进行线上签约，正式在咸阳职院成立菲律宾亚洲圣多米尼克学院"'一带一路'工程教育中心"。

2. 国际学生培养稳步推进

2020年，学院共接收和培养了来自9个国家的21名留学生，实现了留学生招生工

作的新突破。学院制定了《来华留学生质量规范》等相关文件，为留学生日常生活和学习活动提供制度保障。

除此之外，2020年，学院在境外办学及参与国际论坛方面也实现了积极突破。

（二）教育教学研究与成果

2020年，学院立项院级教学改革研究项目17项，立项"双高"专项40项，立项省教科所"1+X"证书制度专项项目一项。获2020年度陕西省职教学会优秀论文14项，并获得2020年度职教学会思想政治理论课教育教学指导委员会优秀论文3项。

七、问题与挑战

高等教育持续快速发展、高职扩招等现象造成学历教育生源严重萎缩，学历教育发展需寻求新的增长点。另外，随着培训项目及规模的日益增长，职业教育培训环境也有待进一步优化和提升。

八、政策建议

针对当前面临的招生困境，可设置专门的学历教育招生区域负责人，深入行业及领域内部，组织招生及宣传。同时，应尽快建立健全高校非学历继续教育质量标准及一体化评价机制，加快推动形成高质量继续教育体系。

铜川职业技术学院继续教育发展报告

一、学校概况

（一）学校概况

铜川职业技术学院是经陕西省人民政府批准、教育部备案的全日制公办高等职业院校，学院2004年批准设立，2005年9月正式挂牌运行。学院一期占地面积180亩，二期项目规划占地面积228亩。学院现设师范教育与管理学院、机电工程学院、建筑与材料工程学院、孙思邈医学院、继续教育学院、基础部、培训部、马克思主义学院8个教学单位，质量管理办公室、图书馆2个教辅机构，办公室、组织人事处等12个党政群机构。现有教职工338人，其中专任教师254人，具有研究生学位的教师79人，具有高级职称教师44人（其中副高41人，正高3人）。截至目前，学院现有全日制在校生学生近6600人，成人教育在校学生近4000人，年培训各类人员近万人。

建院十五年来，累计为社会培养12000多名各类实用型技能人才，为经济社会发展做出了积极贡献。目前学院正在为建设特色鲜明的省内"双一流"高职院校而努力奋斗。

（二）学院继续教育总体规划和办学定位

继续教育工作是学院整体工作的重要组成部分，学院在办好全日制普通高职教育的同时，积极创造条件多层次、多渠道举办各类成人教育，稳妥推进社区教育工作。"十四五"期间，将继续坚持"稳步发展学历继续教育，大力发展非学历继续教育"的办学定位，积极开展成人学历教育和各类培训。

（三）学院继续教育办学体制与管理机制

学院统筹指导继续教育发展。建立健全继续教育激励机制，加强继续教育监管和评估，建立领导体制、管理体制、办学体制等，完善发展机制、评价机制、监督机制等。现设立有继续教育学院及培训部两个办学机构，依托学院的办学资源和师资队伍，不断提升办学质量，稳定办学规模，开展成人高等学历教育及社区教育、社会培训等非学历教育。

继续教育学院依托铜川职业技术学院的办学资源和师资力量，积极与省内外知名高校合作，立足铜川，辐射周边，开展高等继续教育学历教育，为区域经济发展培养了大批急需专业人才。

培训部主要负责学院职业技能鉴定、铜川市专业技术人员继续教育和各级各类非学历教育的培训、考试工作。主要业务包括：铜川市普通话水平培训测试中心、陕西省专业技术人员继续教育基地、陕西省就业培训项目定点机构、陕西省创业培训项目定点机构、陕西省退役士兵教育培训定点机构、铜川市中小学继续教育基地（兼办公室）、卫计委全国卫生专业技术资格人机对话考试铜川考点。

二、专业设置

（一）学历继续教育专业设置情况

我院开展学历继续教育40年来，学院学历继续教育先后开设了汉语、初等教育、计算机教育、英语、数学与应用数学等专科成人教育专业。

（二）学历继续教育专业调整情况

主动适应铜川市经济社会发展和产业结构转型升级需要，进一步完善学科专业建设规划，积极推动专业建设，优化专业结构。建立广泛参与、多方协作的继续教育大格局，积极搭建高校、行业、企业继续教育联盟，引进行业、企业参与专业建设，推进校企合作，充分利用行业企业和社会优质资源，共建继续教育实践基地和产学研基地，打造贴近企业、服务行业的继续教育大格局。2021年结合我院全日制专业发展实际，拟申请开设汽车制造与试验技术、建设工程管理、机电一体化技术专业。

三、人才培养

（一）学历继续教育情况

学院设立的学历继续教育汉语、初等教育、计算机教育、英语、数学与应用数学等专科成人教育专业，由于种种原因，从2015年起，已停止各专业学历继续教育招生，没有在校生。学历继续教育主要是依托铜川职业技术学院及铜川开放大学与省内外高校联合举办的开放教育、远程教育、函授教育等。

经陕西省教育厅批准，我院现设有延安大学成人高等教育函授站，西安交通大学、西北工业大学、陕西师范大学现代远程教育、奥鹏公共服务体系四个校外学习中心，开展学历继续教育。截至2020年底，联合办学共有在籍学生4109名。

（二）非学历继续教育情况

2020年学院非学历教育共培训90班次6508人次。非学历继续教育主要对象为全国党政干部、中小学教师、企事业单位干部、行业企业职工、精准扶贫脱贫对象等。培训模式采用面授培训、网络在线培训方式进行。

（三）非学历继续教育取得的成绩和主要特色

1. 利用培训基地和培训机构平台开展培训

2020年，依靠学院优质的教育教学资源，狠抓培训质量，提升服务意识，打造出了我院优质的培训教育品牌，提升学院对外的社会影响力，尤其是在全省普通话培训测试工作、养老护理员培训中，取得了较好的成绩，进一步增强了学院影响力。

2. 加大开展继续教育工作的宣传力度，积极拓宽培训市场

借助政府和学院网站、学院微信公众号、院团委微信公众号（抖音号）、院学生处微信公众号、QQ等线上平台，积极宣传省市有关政策，进一步扩大政策知晓面。同时采取基层调研、走访等形式，多方征求参训单位、参训人员对继续教育各类所开设课程的意见和建议，从不同角度对全市继续教育工作的开展进行研究探讨，确定了适合我市实际的培训科目，制定培训计划。

3. 重视师资队伍的建设

为了确保培训收到实效，经过多方努力，我们先后聘请了多名国家及省、市级专家和我院的名师进行授课，确保了培训质量。

4. 以丰富多彩的教学形式增强继续教育培训吸引力

在培训方式上，采取网络学习、面授、自主研修、送教上门等培训模式，充分调动学员学习的主动性和积极性，不断增强培训的吸引力。

5. 规范化管理，确保学习培训不流于形式

为保证培训的正常进行，面授培训中选派责任心强的年轻同志担任班主任。加强班务管理，严格请假制度，认真考勤，如实记录参培人员出勤情况，将考勤与考核挂钩，在保持较高出勤率的同时，提高了培训的整体效果。

四、质量保证

继续教育依托国家开放大学和各主办高校优质教学资源，充分利用远程教育平台开展面向学生的各种形式网上教学活动，包括网上直播、课件点播、答疑、讨论、咨询、作业、考查等，跟踪记录每个学生的网上学习过程、并将网上学习过程纳入课程考核范围。

为规范办学行为，结合我院实际，进一步修订完善正在执行的相关制度，为继续教育工作的正常运行和发展，提供了有力的制度保障。

继续教育学院形成了专职教师为骨干、兼职教师为主体的教师队伍，网络教学辅导教师配备率达到100%；非学历教育培训师资主要以校内副高以上职称教师为主，外聘专家为辅。同时，遴选一批业务能力高、责任心强的教师，进一步充实培训工作教师队伍，并逐年扩大培训工作教师师资库，优先选派外出参加培训和学习，不断夯实培训工作基础，激发教师工作积极性。

建立健全教师管理、学生管理主要环节质量标准，包括入学与学籍管理、师资队伍建设与管理、教学过程控制、学习支持服务、实践教学、课程考试等相关制度与规范。一是加强新生开学典礼和平台操作培训工作；二是拓宽信息发布渠道；三是在线学习指导服务常态化。

五、社会贡献

(一) 继续教育服务国家战略、行业及经济社会发展与学习型社会建设情况

积极做好高等继续教育学分银行铜川分部工作。陕西高等继续教育学分银行铜川市分部积极推进铜川市各级各类学习成果的存储、认定、积累和转换，满足人民大众化学习、终身学习和个性化学习的需求，2020年平台开户3332人，成果存储量500余条。同时积极指导学分银行宜君工作站开展工作，宜君工作站平台开户52人，为我市推进终身教育体系和学习型社会建设奠定了良好的基础。

(二) 对口支援、教育帮扶情况

认真贯彻落实省委省政府教育扶贫工作部署，实施继续教育2020年"双百工程"工作计划，对铜川市耀州区开展教育帮扶工作。一是适当减免建档立卡户学员学费，2020年度共减免7名建档立卡户学员学费各500元。二是开展"一村一名大学生计划"学历教育，为农村提供人才保证和智力支持，2020年度共招收15名农村学员。

六、问题挑战及对策

(一) 面对的新挑战、新需求

学历继续教育工作如何适应人们个性化、多样化的学习需求，为学习者提供充足的学习内容和方便的学习方式，是当前亟须解决的问题；非学历教育社会培训需求的多样化向我们提出了需要增设培训项目等情况，都对今后培训工作提出了一定的挑战。

(二) 对策建议

1. 设置成人高等教育专业，积极培育我校高等学历继续教育专业

根据社会经济发展和受教育者发展需求，结合当地经济社会发展实际，灵活设置成人高等教育专业，争取在我院专科学历继续教育工作上有突破。

2. 勇于创新，转型发展，大力发展非学历继续教育，扩大培训范围和规模

创新工作思路，充分利用各类"站、中心、基地、机构、平台、考点"等优势，积极开展各类培训工作。组建一支了解和掌握非学历教育的特点、规律和运作方式的专业项目管理团队。整合资源，开发精品培训课程，打造具备非学历教育市场竞争优势的品牌培训课程，为地方经济社会发展提供智力支撑。

3. 建章立制，积极稳妥推进社区教育工作，为构建终身学习型社会做出积极贡献

一是进一步完善社区教育指导中心和社区大学内设机构及人员配备，建立健全三级网络平台，制定相关管理制度，推进规范管理。二是拓展社区大学专业，满足社区居民日益增长的精神文化需求。三是依托陕西省社区教育指导中心建立的终身学习教育网络平台，发挥铜川社区教育指导中心职能，建立具有地方特色的社区教育公共服务网络平台。

渭南职业技术学院继续教育发展报告

渭南职业技术学院继续教育工作以习近平新时代中国特色社会主义思想为指导，全面贯彻党的十九大和十九届二中、三中、四中、五中全会精神及中省教育大会精神，贯彻落实中省职业教育改革实施方案、《中国教育现代化2035》等文件精神，以改革创新、开放融合为主题，深刻领会新时代继续教育工作的新特点；以国家成人教育政策法规为指导，以"双高校"建设为抓手，进一步提升教育质量和管理水平，努力办好人民满意的高等继续教育。

一、学校情况

（一）学校概况

渭南职业技术学院是陕西省人民政府批准、教育部备案的一所高等职业学校。学校地处陕西东大门—渭南市，东临华山，北抱渭水，西望长安，南依秦岭，风景秀美，交通便利，历史文化底蕴丰厚。学校有高新、朝阳两个校区，占地面积880亩，建筑面积33.1万平方米。现有教职工887人，其中专职教师517人，在职副高以上职称211人，硕士以上学位317人，双师型教师401人，聘请兼职教师118人，客座教授73人，陕西省科技新星、省级教学名师等省级以上优秀人才17人。馆藏图书99.19万本。教学用计算机1600台。校内实验实训室217个，国家级实训基地5个，省级实训基地2个。校外实训基地215个。在校学生14700人。下设护理学院、医学院、师范学院、经济管理学院、机电工程学院、农学院、3D打印学院、创新创业学院、建筑工程学院、基础课部、继续教育学院、马克思主义学院等12个教学单位。开设三年制高职专业43个，五年制高职专业7个，5个教育部重点专业，7个陕西省一流专业。涵盖了医学、教育学、农学、工学、管理学、经济学等六个学科。

在新的历史起点上，学校主动适应国内外高职教育改革发展的新形势，用大胸怀、大视野、大思维系统谋划学校发展，规划继续教育工作，深化综合改革，加强对外交流，提升办学水平，促进转型发展。同时借鉴国外先进教育理念和教学经验，引进国外优质教育资源，逐步搭建起符合国际潮流的高等职业人才培养基本构架，努力建设国内一流高职院校。

（二）学校继续教育工作的总体规划、办学定位

学校继续教育工作以习近平新时代中国特色社会主义理论为指导，主动适应学校发

展定位的要求和需要，积极谋求继续教育的规模、结构、质量、效益、健康可持续发展；观念要新，机制要活，事业要广，贡献要大；坚持依法办学、规范办学、诚信办学，加强管理，全面提高人才培养质量和社会服务能力。

发展成人学历教育。充分利用学校优质办学资源和办学特色，广泛吸收兄弟院校成功办学经验，积极开展学校成人学历教育和联办网络教育，通过科学设置专业、建设精品课程、加强教学管理、构建开放学习服务平台等，进一步扩大在校生规模，提高继续教育质量和办学水平。

拓展非学历培训教育。依托学校全省成人继续教育社区教育培训基地、陕西省养老护理员培训基地、省级专业技术人员继续教育基地、渭南市中等职业学校师资培训基地，在巩固已有培训项目的基础上，针对培训市场的新变化，拓展培训项目，改革培训方式。由政策性培训转变为市场性培训，由普及型培训转变为高端型培训，由一般性培训转变为特色性培训；由短期培训转变为短、中、长期相结合培训，并积极探索跨地市社会服务培训，加强面向社区成员开展与生活密切相关的职业技能培训，以及民主法治、文明礼仪、保健养生、生态文明等方面的教育活动。

二、专业设置与人才培养

（一）学历继续教育办学情况

学校学历继续教育工作主要开办了专科层次函授教育。分别是：中药、护理、畜牧兽医、大数据与会计、学前教育。2020年函授招生11人，目前在籍学生数为11人。

为了做大做强我校学历教育事业，促进继续教育工作迈上新台阶，扩大招生数量，提高招生质量。2021年，根据学校办学专业特点，我校成功申报了工程造价、建筑工程技术、汽车制造与实验技术等3个新专业。

（二）非学历继续教育办学情况

2020年共开展各级各类培训项目11批次，涉及国培计划、专业技术人员公需科目培训、渭南市养老护理员培训、专升本培训、教育考试辅导培训等，共计培训5480人次。

学校非学历继续教育招生方式主要有：政府委托、项目申报、企业委托和社会培训等，完全符合国家有关继续教育招生的规定，教学模式主要是集中面授。

（三）幼师国培工作

幼师国培工作是我校多年来精心打造的精品工程。2020年，我校再次承担并实施了幼师国培项目，分别是"国培计划"（2020）——陕西省民办幼儿园园长法制与安全教育培训项目，培训学员50名；"国培计划"（2020）——陕西省幼儿园幼儿营养与健康专项技能提升培训项目，培训学员50名。通过专题讲座、案例研讨、观摩实践、座谈交流、个人感悟等方式开展培训。精心从国培计划项目专家库遴选专家12人，幼儿园一线教学能手6人，聘请我校教师8人，开展讲座12次，举办课标解读、案例研讨、发展对话、个人感悟等专题讲座15次，教学观摩4次。举办专栏10余版次，编印国培简报10期。得到了省教育厅、省国培计划项目执行办公室、市教育局以及学员的高度评价。

三、质量保证

一是学校加强继续教育工作规章制度建设，根据国家有关继续教育工作的政策文件精神，先后制定了若干继续教育工作规章制度，做到严格管理、有章可循，保证了学校继续教育工作的顺利开展。二是在管理、教学、后勤服务等各个环节实施精细化服务，落实为学员服务无小事的工作要求，主办单位和所有参训学员都对我们的工作表示肯定，学员投诉率为0。树立了非学历继续教育工作的"渭职院"品牌。三是我们建设了"渭南职业技术学院继续教育师资库"。遴选邀请全国有关方面专家教授担任我们非学历继续教育工作的教学任务。在学校内部，我们精心选择思想品德高尚，教学能力优良，具有副高级以上职称的教师担任继续教育工作教学任务。为非学历继续教育工作的开展提供了坚实的保障。

四、社会贡献

渭南职业技术学院继续教育工作以服务当地社会经济发展为主要目标，努力为社会做出贡献。按照构建终身教育体系、学习型社会和高等职业教育创新的要求，全面推进成人继续教育，完善成人继续教育网络，以服务为宗旨，以需求为导向，更新观念，加大投入，提升内涵。学历教育与职业培训并举，多形式发展成人继续教育，努力建设全民学习、终身学习的学习型社会。

（一）积极开展各种培训项目

2020年共开展各级各类培训项目11批次，涉及国培计划、专业技术人员公需科目培训、渭南市养老护理员培训、教育考试辅导培训等，共计培训5480人·天。

（二）开展"基地依托渭南市图书馆开展社区服务"项目工作

我校是陕西省成人继续教育社区教育培训基地，2020年，我们申报成功陕西省社区教育项目"基地依托渭南市图书馆开展社区服务"。以服务群众，服务居民为宗旨，法德兼治，从我做起，立身处事，诚信为本，坚持把办校的重点放在提高社区居民的思想、道德素质上来，争做文明、和谐社区。主要开展了社区送图书、经典诵读等活动，促进社区和谐发展，为渭南社会发展做出积极贡献。

（三）开展"继续教育工作服务经济转型升级面向行业企业开展职工继续教育创新"项目工作

全面启动继续教育工作服务经济转型升级面向行业企业开展职工继续教育创新项

目，建立健全组织领导和协调机构，各项建设任务分解落实到位，完善制度建设，推进硬件设施建设，营造创新创业氛围。

五、改革创新情况

我们积极开展继续教育改革创新，成功申报"陕西省高等职业教育提质培优行动计划（2021—2023年）"子项目，落实《教育部 人力资源社会保障部关于推进职业院校服务经济转型升级面向行业企业开展职工继续教育的意见》。积极与渭南市行业企业合作，开展职工继续教育工作，服务国家继续教育战略，促进渭南市经济社会发展与学习型社会建设。

六、问题挑战与政策建议

随着新时代中国特色社会主义现代化国家建设向纵深发展，对我校继续教育工作带来了新的机遇，也提出了新的挑战。为了进一步深刻领会新时代继续教育工作的新特点，促进新时代继续教育工作的开展。我们将以改革创新、开放融合为主题，从以下几个方面迎接新的问题和挑战。一是加强领导完善制度。学校始终强调继续教育工作的重要性。把继续教育工作纳入各部门目标任务考核。落实继续教育工作奖励办法，激励全体教职工积极参与继续教育工作，形成上下联动的良好工作氛围。二是创建办学机制。充分发挥校政行企作用，调动各方办学积极性，形成学校主导、政府支持行业企业通力协作、共同参与的办学机制。三是完善有关评价考核制度，形成行业、企业、学校、社会共同参与的继续教育工作评价考核制度，制定相关评价考核办法，并在执行过程中不断完善。四是营造良好社会环境，积极开展宣传工作，与政府、行业、企业协作，形成全社会都关心继续教育工作的良好氛围。

延安职业技术学院继续教育发展报告

一、学校情况

（一）学院概况

延安职业技术学院是由原延安师范学校、延安教育学院等10所大中专院校合并而建的一所全日制普通高职院校，是陕西省示范性高职院校，国家优质专科高等职业院校立项建设单位。

学院占地830亩，涵盖石油、化工、机电、经管、农林、建筑、医学、师范、航运、士官及艺术等领域的40个专业。拥有10个实训中心、151个实训室、186个校内外实训基地，条件优良。

现有在编教职工781人，其中专任教师515人，教授31人，副教授202人，各类在籍17284人，在校学生10001人。

（二）学院继续教育总体规划和办学定位

学院高度重视继续教育的发展，充分认识到继续教育是我国高等教育体系的重要组成部分。学院将继续教育纳入总体办学体系中，提出"以高职专科教育为主体，积极发展继续教育，推进优质专业本科联合培养试点，构建多形式、多层次人才培养体系"。制定了《延安职业技术学院继续教育发展规划》，把继续教育的发展规模和质量、日常运行等纳入学院的总体规划。

（三）继续教育办学体制、管理机制

在学院发展过程中，相继成立了继续教育学院、职业技术技能培训中心二个培训机构。由学院统一领导，继续教育学院主要负责学院成人学历教育和高层次的、政府行为的职工干部培训；职业技术技能培训中心主要承担行业企业职工技能技术培训。

学院制定有利于促进终身教育管理办法，完善学院宏观主导、继续教育机构组织实施、系部积极参与的终身教育服务体系。做强"陕北技工"培训品牌。

二、专业设置

学院学历继续教育是与陕西师范大学、西安交通大学等5所高校以及北京奥鹏远程教育中心联合举办远程教育形式进行的。

三、人才培养

（一）学历继续教育情况

1. 总体规模

2002年以来，经陕西省教育厅批准，相继设立陕西师范大学、西安交通大学、西北工业大学、中国石油大学（北京）、中国农业大学现代远程教育、奥鹏远程教育校外学习中心。截至2020年12月底，学历教育在籍学生共2862名（其中高起专721名，专升本2141名）。

2. 生源分析

远程教育在籍学生以学前教育、护理学、管理类专业为主，工程类和农业类专业为辅；男生1606人，占比约56%，女生1256人，占比约44%；生源地主要集中在延安市境内，其中宝塔区生源占比约69%，其他县区占比约29%。省内市外及省外约占2%；学员以专业技术和技术辅助岗位较多，占比约50%，企事业单位人员为辅，占比约24%。30岁以下在籍学员占比约89%。

3. 人才培养模式与教学基本情况

依托高校优质教育资源和师资力量，通过远程教育管理平台，推送网络课程和辅助教学资源。严格按照各主办高校的要求，在学习过程各个环节规范操作，全年无任何违规行为。2020年被陕西师范大学评为"优秀校外学习中心"。由于疫情的影响，本学期学生学习过程均在网上完成，全员完成本学期的学习活动。

（二）非学历继续教育情况

1. 总体规模

2020年学院非学历教育培训各类学员53698人；职业技能技术培训6848人。

2. 培训模式

①职业技能技术培训，采取集中培训、实训基地实操，先后开展了电工、蜜蜂养殖、电子商务、地方特色小吃、养老护理员等工种及市属煤矿企业在岗职工职业技能提升培训、汽车驾驶等职业技能培训，全年培训学员6848人。

②对延安市卫健委、工信局等政府部门开展干部职工培训，采取集中面授、分析讨论、互动交流、实地考察等形式，全年共完成培训学员4800人次。

③对延安市市直部门专业技术人员进行继续教育培训，全年共完成约40000人次培训。

四、质量保证

（一）制度建设

修订完善了《延安职业技术学院学历继续教育学籍管理办法》《延安职业技术学院

非学历教育管理办法》《延安职业技术学院继续教育及社会服务管理办法》等规章制度。

（二）设施设备

学院继续教育学院、技术技能培训中心拥有独立的场地，教学、实训、食宿设施、设备齐全。无线网络全覆盖，完全满足各类培训所需。

（三）经费保障

学院单独预算和划拨专项继续教育经费，保障每一项任务圆满完成。

五、社会贡献

（一）继续教育输送人才于行业企业

学院自成立以来，立足当地，侧重陕北，以区域经济社会发展需求为导向，依托学院学科和专业优势，共向社会输送各类成人教育合格人才40000多人。

（二）继续教育资源服务于校内校外

结合当前市场需求和大学生就业形势，积极开展职业技能培训工作，先后开展了"护士职业资格证""学前教育资格证"约3800人次；学生单项职业技能考试约5430人次，为学生取得"1+X"证书创造了良好的条件。向延安大学学生开放金工实训室；承接延长油田股份公司旗下企业油质、地质样本化验分析2000多个。承担各类社会考试13次，共计18726人次。

（三）对口支援、教育帮扶情况

学院发挥自身优势，组织农业技术、教育专家深入乡村、学校，对安塞区、志丹县、延川县、黄陵县、富县对口开展扶贫、支教帮扶。为农村基层干部、专业技术人员、贫困劳动力、贫困家庭子女、外出务工人员、乡村医护人员、基层教师、产业致富带头人等各类人员培训。

六、特色创新

（一）构建"以需求为导向"的培养模式

学院围绕延安地方经济发展和产业调整，构建政府＋企业＋学校＋基地的培养模式，开展再就业培训和行业企业职工岗位技能培训。按照社会、企业对人才的不同需求实行"订单式"委托培养，成为区域人才提升能力的"加油站"。

（二）培训内容模块化

与行业企业共同开发新的培训项目，精准对接行业企业职工在职培训需求，制定符合实际的培训方案，坚持理论与实践并重。培训内容模块化，推出"精品菜单""主打菜单"等，实现培训单位"菜单式"点课。

七、问题挑战

（一）面对的新挑战、新需求

1. 成人学历教育形势严峻

一是报考成人教育入学考试及最终参加入学的人数明显下降。二是远程教育从数量规模向质量提升转变，总体成人学历教育呈下降趋势。

2. 非学历继续教育竞争激烈

非学历教育培训的开展主要来源于长期形成的合作企业和政府部门的安排，或者是"打友情牌"，依靠人际关系网络来争取培训项目，存在生源不稳定、可持续性差的不足。

（二）存在的主要问题及原因

学院一直非常重视继续教育管理制度建设，但在具体实施环节，由于涉及部门多、牵扯关系复杂、部分人员规范意识薄弱等，还存在执行力度不够，落实不彻底的问题。培训项目与行业企业的契合度有待进一步提高。

八、对策建议

（一）发展对策

1. 稳步开展学历继续教育

认真贯彻落实教育部和省教育厅高等学历继续教育要求，进一步优化专业结构、加强内涵建设，提升教育质量的精神。根据社会经济发展和受教育者发展需求，结合延安经济社会发展实际，科学设置成人高等教育专业。

2. 全面提升教育教学质量

认真执行省教育厅关于现代远程教育的各项政策，按照主办高校的要求和安排，提高服务意识和服务水平，保障教育教学质量不断提升。

3. 积极拓展非学历教育培训市场，突出品牌效应

与高校、企业合作开发培训项目，整合资源，开发精品培训课程，打造具备非学历教育市场竞争优势的品牌培训项目和课程。

4. 完善管理运行机制

由继续教育学院牵头，进一步规范培训机构之间的关系，明确各自职责和范围，引进市场化运作模式，实行项目责任制。

（二）政策建议

建立企业对技能型职工开展技术技能培训年度考核机制，推动企业主动开展培训工作。建议出台本科院校帮扶高职院校开展继续教育的激励政策，以提高高职院校开展继续教育的能力。

汉中职业技术学院继续教育发展报告

一、总体情况

汉中职业技术学院是经陕西省人民政府批准，教育部备案，由汉中市人民政府主办的全日制公办普通高等学校，是陕西省省级示范性高等职业院校。学校占地面积690余亩，建筑面积29万平方米，在校学生15000余人，教学仪器设备总值1.5亿元。全校共有488名专兼课教师，其中教授、副教授127人，具有硕士、博士学位218人，"双师"素质教师占比68.3%。毕业学生"双证书"获取率达85%以上，就业率保持在94%以上。学校着力打造区域经济社会发展需要的基层线高素质技术技能型人才，奋力建设陕西省特色高水平高职院校和西部职业教育强校。

汉中职业技术学院继续教育学院属副处级建制，有书记、院长各一名，教职工岗位职数12人，设综合办公室、成人教育科、培训科，与各二级学院课程、师资、实训实验等资源共享，财务收支由学校统一管理。

二、专业设置

学历继续教育目前开设有护理、学前教育、会计、畜牧兽医、物流管理、汽车检测和维修技术、园林技术、旅游管理共8个成人函授（业余）专科专业。其中护理和学前教育专业是我院的省级重点专业。各招生专业均制订了完整的人才培养方案，包括培养目标、培养要求、招生对象、学习形式和学制。每个专业设置18门左右的课程，共1500左右学时。包含公共基础课、专业基础课、专业核心课、实践课、选修课（技能拓展课）等。

三、人才培养

（一）学历继续教育

汉中职业技术学院的学历继续教育为高起专函授教育形式。2020年共有在册学员1人，为高起专畜牧兽医专业。学校制订了完整的人才培养方案，并通过模块细化，合理突出各专业特点，努力创新人才培养模式，不断完善课程教学大纲，保证教学活动高质量运行。根据相关制度规定，全面监控管理，跟踪教学过程来保障教学质量，将教学管理环节都落在实处。教学互动建立了网上"函授教育"专栏，通过师生在线联系，每门课程都可以实现网上答疑解惑，促使学员较好地完成规定的课程学习。在教师队伍建设方面，我们依托本校各专业的优质教师队伍，师资配备与教学资源达到相关规定，支持服务到位，能够满足教育教学要求。

（二）非学历继续教育

2020年度，学校共开展面向各行各业专业技术人员继续教育网络培训、义务阶段基层中小学幼儿园教师教育能力培训以及面向社会各行业技能培训，总培训人数7万余人次。非学历继续教育招生方式主要依托市县政府单位的支持，培训模式也在不断探索创新。面对全国新冠肺炎疫情形势的不断变化，在新冠肺炎疫情防控工作总要求下，针对不同类型的培训项目，因地制宜，利用线上平台采取网络培训模式，利用自身师资优势和先进教学设备，针对性的设计课程，培训定位明确、生源稳定、培训范围遍及全市各县区，取得了有较好的经济与社会效益。

四、质量保证

（一）制度建设

2020年汉中职业技术学院先后建立并修订了《继续教育学院工作职责》《继续教育学院工作制度》《继续教育学院培训科工作职责》《继续教育学院成人教育科工作职责》等多项管理规章制度，以建章立制的方式保证继续教育教学质量。

（二）师资保证

师资与学校共享，在校内聘请优质专兼职教师和辅导教师，统一接受学校的教学管理。按照《成人高等教育教学质量评估办法》对教师进行教学质量评估，全方位提升教育服务质量。

（三）设施设备

汉中职业技术学院继续教育学院设有8个设备齐全的专用教室，1个多媒体教室，配有投影仪、计算机房、电子白板等设施，结合千兆双线网络和数字图书馆，能完全满足现代化继续教育的教学需要。

（四）质量管理

汉中职业技术学院继续教育学院是专门从事成人学历教育和非学历教育培训的教学教辅机构，管理人员分工明确、责任到位、相互合作、协调配合，工作机构设置完善，确保对管理人员、学生以及各项工作环节的管理。

（五）经费保障

办学所需要的经费全部由汉中职业技术学院计划财务处收支，开具行政事业收费票据。收费手续符合规定，无超范围收费、捆绑收费等乱收费问题，学费收入主要用于辅导教师的课时津贴、考试监考、教学设施的购置等。

五、社会贡献

2020年，汉中职业技术学院积极认真履行职业院校学历教育与技能培训并举的法定职责，大力开展非学历教育职业培训。以贫困地区产业发展对高素质人才的需求为出发点，深化社会服务职能，充分发挥地方高校服务区域经济发展的作用，开展技术技能提升培训，着力彰显地方高校在脱贫攻坚工作中的重要作用。全年开展了各项非学历继续教育培训服务达70782人次。

六、特色创新

（一）发挥培训基地作用，大力开展继续教育培训

2020年，在新冠肺炎疫情防控工作总要求下，继续发挥附设在我院的陕西省专业技术人员继续教育基地、陕西首批高校农民培训基地、陕西省成人继续教育社区教育培训基地、陕西省养老护理员培训基地等20余个基地（中心）的作用，通过"互联网＋继续教育"优势，创新管理服务措施和教育学习平台，大大提高了参训人员的技术技能水平，为汉中市人才队伍建设和知识更新工程的实施做出了积极贡献。

（二）强化社区教育，推进全民终身学习

学校以"积极推进社区教育，加快构建终身教育，促进学习型社会的形成"为目标，开展"四进四送"社区教育系列活动，有序推进第三批全省社区教育实验项目，全力组织开展全市全民终身教育学习活动，努力营造全民终身学习氛围。同时深入挖掘和建设社区教育项目品牌和公共精品课程，全年先后录制了社区教育课程25门，选送四门社区教育精品课程上报省教育厅，其中《巧手匠心，手作课堂》被评为2020年"陕西省终身学习品牌项目"。

（三）实施秦巴乡村服务，助力脱贫攻坚

学校通过开展农林技术服务、实施基层卫生帮扶、援助基层基础教育、提高支农惠农能力、助力美丽乡村建设、推广文体专项培训等方式实施秦巴乡村服务工程，帮贫致富形式多样，服务三农成果丰硕。落实"双百工程"教育结对汉台区、勉县，实施帮扶"八大工程"，成效显著，为帮贫致富提供了人才和技术支持。学校帮扶的贫困村全部实现脱贫，被勉县县委、县政府授予结对帮扶"先进单位"，被陕西省高教工委、省教育厅评为"双百工程"工作先进单位。

七、问题挑战

近年来，高职高专录取方式的多样化及录取率的逐年提高，以及百万扩招等政策的实施，目前主要存在问题是生源过少、不能形成规模、无法经常组织面授等教学活动，

对学历继续教育的人才培养质量有较大的制约。非学历教育的挑战主要来自一些政策因素制约了参训人员接受新理念、新技术、新的管理方式的主动性,个别参训人员对培训的重要性认识不足。在后续跟踪服务方面,目前没有完全做到培训效果的跟踪调查,必要的反馈信息形成不足,不利于对后期培训进行指导。

八、对策建议

继续加大免费学历教育培训力度,充分发挥高职院校服务于地方经济建设的作用。利用信息化平台,继续落实好各项惠民政策,以提高基层人员学历层次和技术技能水平。继续拓展职业培训范围,坚持产业需求导向,坚持多层次、多渠道、多形式,提高覆盖面,满足培训对象的多样化培训需求。做好培训跟踪服务,按照培训要求,要及时掌握培育对象的动态情况。强化互联网功能,加强技术指导和发放技术资料,上门一对一帮扶服务,提高课堂知识转化为实践运用的效果。认真总结培训中的经验,挖掘典型,学习其他高校职业培训的先进做法,强化服务意识,全力做好后勤保障,充分发挥高职院校服务于区域经济社会发展的作用,为汉中市乡村振兴做出应有的贡献。

商洛职业技术学院继续教育发展报告

一、学校情况

（一）学校概况

商洛职业技术学院创建于 2005 年，是经陕西省人民政府批准、教育部备案，陕西省教育厅和商洛市人民政府共建共管的综合性全日制公办高职院校。学院坐落于秦楚文化交汇地、享有"秦岭最美是商洛"美誉的"中国气候康养之都"商洛市。前身是有百年历史的商洛师范学校和 70 余年历史的省部级重点中专商洛市卫生学校。学院先后被授予省级"文明校园"、省级"平安校园"、中央财政支持建设项目学校、教育部《高等职业教育创新发展行动计划》试点项目学校、陕西省专业综合改革试点项目学校。

市政府在学院设立的商洛市职教培训中心，下设 7 个省级培训基地和 17 个市级培训基地。市职教中心坚持"培训质量至上、社会效益优先"的理念，依托学院雄厚的学科优势和师资力量，形成了"管理精细、课程按需、师资优配、理实结合"的培训创新体系，年培训逾 2 万人次。

近年来，学院全面总结多年高职教育办学经验，确立了"坚持一个中心，实现两翼齐飞"的办学思路。"一个中心"即努力为区域经济结构转型培养高素质技术技能型人才；"两翼齐飞"，一翼是培养，即全日制学历教育；一翼是培训，即各类职业培训，坚持培养和培训并行发展，走内涵提质和特色兴校之路。

（二）学校继续教育总体规划与办学定位

学院坚持学历教育和职业培训并重、培养和培训"两翼起飞"的发展思路，不断完善现代职业教育体系，通过开发、优化培训系统，建立科学规范的培训机制，提高培训质量和效益等措施，做大做强职业教育培训，服务商洛经济社会发展大。

（1）扩大职教培训规模。在现有基础上将培训设施建筑规模扩大到 2.3 万平方米，为职教培训提供硬件支持。年培训在保持 2 万人次的基础上，2025 年年收入达到 1500 万左右，"十四五"培训总收入较"十三五"增长 40% 以上，培训总人次达到 10 万人次以上，新增省市级培训基地 5 个以上。"十四五"期间，继续加强与人社、教育、卫生、农业、扶贫、民政等部门和企事业单位的联系，通过扩大培训基地建设、增加职业技能认证鉴定能力、提高培训管理科学化水平等措施，不断壮大市职教培训中心优质培训资源，进一步提高在省市的影响力和竞争力。

（2）推动职教培训提质增效。建立质量提升机制，开发培训系统，加强规范化管理，提升业务能力，优化分配制度改革，推动培训工作提质增效。以专业技术人员线上继续教育、教育类国培省培市培项目建设、住房和城乡建设领域施工专业人员职业培训等为重点，提高培训质量和效益。业务收入利润率保持在20%左右、开发网络课程4类10门以上、开发培训系统教材5本以上。紧密联系区域实际，围绕当地"转方式、调结构、促升级"，通过培育特色，打造1–2乡村劳动力培训品牌，建立健全大健康、涉农、育幼、家政等紧缺领域人才培养培训体系，探索形成一批各具特色的职业培训新机制、新方法。依托"宁姐月嫂"培训学校商洛分校和"木耳产业高质量发展协作单位"品牌，配合省、市重大战略，精准对接产业发展需求，结合地方经济社会发展需求，做实以"商洛大健康产业发展、木耳产业高质量发展"等为引领的重点培训。

（三）学校继续教育办学体制与管理机制

商洛市政府在学院设立了商洛市职业技术教育培训中心，实行"两块牌子、一套人马"，院长兼任职教培训中心主任，培训中心全面负责实施继续教育工作。

二、专业设置

（一）学历继续教育专业设置情况

学院学历继续教育层次为高起专，共有10个专业，分别是建设工程管理、建设工程监理、汽车检测与维修技术、临床医学、医学检验技术、医学影像技术、药学、护理、学前教育、小学教育。

（二）专业调整情况及思路

我院学历继续教育主要靠依托学院在全日制专业发展过程中的优势专业积累成果，开设学历继续教育相关专业，结合近几年成人大专招生情况和社会人才需求情况，对成人大专开设专业进行调整。2020年我院成教专科招生专业从精简专业的思路考虑，在2019年18个拟招生专业基础上精减为10个专业，主要以学院特色专业和精品专业为主。

（三）专业人才培养方案制定及调整情况

我院以全日制成人大专的专业人才培养方案为基础，结合相关成人大专教学的相关政策规定，制定了学校所有已开设成人大专专业的人才培养方案。

三、人才培养

（一）学历继续教育情况

我院现有在校生63人。我院建立了比较完善的继续教育教学管理规章制度，教学管理工作执行严格，按照教学计划开设课程。能严格执行学籍管理办法和工作程序要求，及时、完整、准确地报送新生的学籍注册数据。办学过程规范，规模有待扩大。

（二）非学历继续教育情况

职教培训中心面向地方政府、企事业单位开展各类非学历继续教育，具体情况如下。举办了教育类国培、省培，专业技术人员继续教育、职业农民等培训项目。培训过程扎实，委托培训单位满意，增强了学院和培训中心的影响力，2020年完成各类培训2.17万人次。

四、质量保证

我院继续教育管理规范、制度健全，制定了一系列规章制度，做到各个环节的管理有章可循。学院培训的师资都是既具有丰富教学经验，又具有扎实可靠实践能力的优秀副高级职称以上行业名师。我们遵循体系完整、局部超前、科学合理、经济适用、繁中有序的原则，注重发掘新理论、新技术、新技能、新信息、新知识、新方法，结合讲师自身优势，提炼出与培训人员相匹配的精品内容，采取集中面授、课后研修以及网络考核的多种教学手段形式，方法灵活，形式多样，丰富了学习内容，更新了专业理念，简化了考核流程，达到了学以致用的效果。

五、社会贡献

我院利用优势教育资源积极服务商洛区域经济、社会发展。面向地方政府企事业单位开展各类非学历继续教育，培养了一批当地社会急需的应用型专业技术人才和管理人才，受到了用人单位的充分肯定，取得了良好的社会声誉。

六、特色创新

职业技能教育在提高劳动者素质、促进就业、实现经济增长方式转变和缓解就业压力、促进地方经济社会发展、促进社会和谐稳定中发挥着积极重要的作用，商洛市政府在我院挂牌成立商洛市职业技术教育培训中心，为培养更多的技能型人才提供了重要平台，搭建了新的载体，为进一步加快推进商洛职业教育新一轮大发展起到重要的作用。

七、问题挑战

（1）继续教育经费投入不足，制约了继续教育的发展。建议加大高校继续教育的投入，支持高校继续教育的发展。

（2）学员专业知识水平和技能水平参差不齐，教学难度交大。加强加血资源建设，积极创新教学方法和教学手段，采取混合式的教学模式，提高学员自主学习能力。

（3）激励机制有待改善。在学校管理上，继续教育的运行机制、激励机制等方面尚需进一步改善，如何建立有利于继续教育持续发展的运行机制和激励机制，是新形势下高校需要重新认识的问题。

八、政策建议

（1）进一步出台相关政策，将学校继续教育工作纳入企事业单位的人才培训计划中，给予企业员工相应的学历提升、工资晋级等方面的政策支持。

（2）坚持政府推动、行业指导、需求导向，主动适应经济发展新常态，充分利用学院资源，特别是实训教育资源，与行业、企业共同开发合作继续教育项目，创新发展途径，为行业企业提供多层次、多类型、立足岗位需求的技术技能继续教育服务。

（3）构建继续教育健康发展环境。出台加大继续教育的配套激励政策，积极调动授课教师的积极性，把成人大专授课的课程工作量作为教师职称评定的重要依据，营造继续教育工作发展的良好氛围。

陕西机电职业技术学院继续教育发展报告

一、学校概况

陕西机电职业技术学院是经陕西省人民政府批准设立的省属公办全日制普通高等职业院校。学院现有蟠龙、宝福路两个校区，占地面积约1000亩，建筑面积约29万平方米，各类在册学生9000多人。学院坚持走好以"扩规模、提质量、创特色、树品牌"为核心的内涵式发展之路，构建以现代智能制造专业群为主体、以电子信息和交通运输专业群为两翼、兼顾土木建筑和财经商贸专业群协调发展的"一体两翼"专业发展格局，突出"理论实践一体化"教学、"校企双元"和"现代学徒制"育人机制的人才培养模式，人才培养质量深受社会和用人单位认可，毕业生就业供不应求。

二、专业设置

学院设有智能制造学院、电子与信息学院、汽车工程学院、铁道工程学院、经管与艺术学院5个二级学院，开设三年制高职专业32个。依靠全日制专业师资和实训设施，结合区域经济社会发展和人才需求特点，学院高等继续教育开设电子信息工程技术、机电一体化技术、汽车检测与维修技术、汽车营销与服务、数控技术、建筑工程技术、工程造价等7个成人专科层次（业余）专业。这些专业是学校特色专业，师资力量雄厚，教学实训设施完备。

三、人才培养

学校以培养岗位型、技能型、应用型人才为目标，采用"专业知识＋就业技能＋创业素质"的叠加式教学体系，不断深化人才培养模式、教学方面的改革，逐渐形成了自己的办学风格和特色，探索建立的"理论实践一体化"教学模式和"校企双元"育人机制在全国深有影响，人才培养质量深受社会认可。面向继续教育学员，学校坚持以"学员第一，服务至上"的宗旨，坚持巩固与提高的工作原则，不断创新助学服务手段，提高助学质量，打造助学品牌，扩大招生规模，提高办学效益。

学校继续教育目前有各类学员1239人，其中本校成人大专在册学员13人；北京理工大学现代远程教育在册学员106人；西安交通大学现代远程教育在册学员369人；退役士兵教育培训在册学员391人，专升本培训学生342人。生源中以宝鸡地区为主，占到95%。2020年共计招生学历教育学员78人，退役士兵学员130人。

四、质量保证

1. 组织保证

陕西机电职业技术学院高等继续教育由继续教育中心负责，面向社会开展专科层次的成人高等继续学历教育和退役军人非学历继续教育培训。设有西安交通大学现代远程教育、北京理工大学现代远程教育学习中心。设有学历教育科和教育培训科两个科室。

2. 制度保证

学校始终重视继续教育工作的制度建设，近两年依据工作需要及时完善和修订了28项管理制度，建立常态化的制度修订完善改进机制，使学校继续教育各项工作都能做到规章制度健全，日常管理有章可循。

3. 过程保证

学校始终重视高等继续教育的规范管理，严格依照教育行政部门相关政策和规定，组织开展教育教学活动。招生录取工作严谨规范，严把生源入学关，坚决杜绝虚假宣传、违规承诺、乱收费的行为。把从严治教，从严治学有机结合起来强化考务管理，严格督导、管理严格，考风考纪严明，保证了考试的公平性、严肃性。

学校始终将提高继续教育办学质量作为工作重心，致力于构建学校内部质量控制、教学质量监控保证体系。制定了部门质量管理手册，加强了内部质量监控管理。

学校始终树立"以学生为本"的服务理念，认真做好继续教育各项工作。从招生录取、学籍管理、教学活动等实施全方位全过程指导服务。建立辅导员管理与网站、微信公众号信息管理相结合的服务支持体系。保障与学生的紧密联系沟通，认真听取学生诉求和教学建议，及时解决学员的实际问题。

五、社会贡献

自2004年起，学校为宝鸡市各大企事业单位职工学历提升、技能培训、技能鉴定、招考服务等教育培训服务了3万余人。其中，2012年起与宝鸡市民政局合作，承担宝鸡地区的退伍士兵职业教育与技能培训工作，累计已培训退役士兵3000余人。学校继续教育中心多次被西安交通大学、北京理工大学评为优秀校外教学站点。

六、特色创新

学校作为宝鸡市退役士兵教育培训定点学校，为了积极承担社会责任，让这些为国防建设做过贡献的士兵更好的就业，在地方建设中再立新功，2014年起与西安交通大学协商，对符合入学条件的退役士兵学员，实行学业补助政策，使这些退役士兵有机会提高学历水平，圆了大学梦。截至目前共有1000余人享受到政策，金额合计200余万元，这充分体现了学校拥军为民的爱国情怀和主动担当的社会责任，为退役士兵能够顺利军转民做出了积极的贡献。

学校针对退役士兵学员相对文化基础差，底子薄的情况，加强助学服务工作，配有专职辅导员督促完成学习计划和解决各类问题，使退役士兵有归属感和凝聚力，学习状态良好，学习积极性比较高，成绩合格率较高。同时也利用学校的安置就业资源，积极帮助退役士兵就业。

学校对退役士兵实行"技能+学历+就业"的三合一的双证书培训模式，既支持了国防建设，也为国家分忧为社会解困，切实解决退役士兵学历、就业的问题。有力地支持了我省的双拥工作，深受省市领导的称赞和退役士兵学员的欢迎。2015年，在全省退役士兵培训工作会中该中心这种模式被作为典型案例予以推广，取得明显的社会效益，省内外一些培训院校也纷纷仿效我们这种培训模式。

七、问题挑战

学校在积极开展高等继续教育的同时，也遇到了诸多实际问题。随着高等教育大众化，成人学历教育生源趋向于本科等高层次学历，专科层次招生越来越难，加上报名条件中的地域限制，学校成人专科学历招生和在校生规模下降趋势明显。继续教育招生工作受市场化运作的影响，我们的激励机制和激励政策相对还比较保守，不能充分调动参与人员的积极性。同时高等继续教育工作部门是单独设立，往往集招生宣传、学籍管理、教务管理、学生管理、助学服务、就业指导于一体，管理和服务工作人员人手紧缺。

八、对策建议

1. 对策

针对目前的困境，学校在积极开展高等继续学历教育的同时，也不断加强开展各类培训等非学历教育的工作。当前职业教育迎来前所未有的发展机遇，技能培训市场前景广阔，加大在职职工技能培训项目研发，要紧跟培训市场需求，积极主动地与当地人力资源和社会保障局、区域内各大小企事业单位对接，主动走出去开拓培训市场，了解需求，找准切入点，制定一企一策的培训方案，来实现规模效益的双增长。

加强对专业教师的业务培训，特别是企业文化的培训，使其在业务培训中能够快速融入企业职工中，取得信任，以提高培训质量和培训效率。加强从事继续教育工作人员的国家政策和计算机应用能力的培训，提高服务质量和工作效率。加强继续教育管理人员的校际交流，取长补短，形成共识，共同开拓教育培训市场。

在人员资金方面加强对继续教育工作的政策支持力度，以促进做大做强继续教育工作。

  2. 建议

  建议教育管理部门进一步重视继续教育的发展，加强调研，帮助高校在目前社会需求新变化和网络、媒体技术不断发展进步的环境下，协调继续教育特点与新教学形式、管理模式的深度融合，探索出更加灵活、适应性强、教学质量高的办学道路。

西安海棠职业学院继续教育发展报告

一、学校情况

（一）学校概况

西安海棠职业学院是在1996年创办的"陕西海棠中医美容培训学院"基础上发展而来，2004年经陕西省人民政府批准，教育部备案的全日制民办高职院校，教学业务受陕西省教育厅管理和指导。学院是全国最早开设中医美容学历教育的院校之一，过20多年的发展，学院逐步走上以内涵建设为主的发展道路，创立了以中医美容为特色的办学品牌。学校推动校企全面加强深度合作，深化复合型技术技能人才培养培训模式改革，借鉴国际职业教育培训普遍做法，推行实行1+X专业能力证书制度。2019年4月，教育部等四部门印发《关于在院校实施"学历证书+若干职业技能等级证书"制度试点方案》部署，启动"1+X证书"制度试点工作，把学历证书与职业技能等级证书结合起来，是职教20条的重要改革部署，有助于提高人才的综合能力。学院积极参与1+X证书制度试点申报工作，2019年6月，我院被教育部职业技术教育中心列为首批老年照护1+X证书制度试点院校。

（二）学校继续教育工作的总体规划、办学定位

学校继续教育工作落实全员育人作为制度要求。在大力提升高校教师的思想政治素质和业务水平，切实增强教师教书育人的荣誉感和责任感的同时，积极推进思想政治工作信息化，牢牢占领思想文化阵地。迈入信息社会，当今的教师不能用现代信息技术与学生交流，就失去了一个非常重要的沟通渠道。

学校继续教育工作的办学定位是：围绕应用型人才培养目标，积极探索具有成人特点的多样化人才培养模式的改革与创新，立足陕西，紧贴市场，面向一线，服务全国，稳固发展学历教育，大力开拓非学历继续教育，为服务地方经济建设提供人才支撑，更好地服务区域经济社会发展。

（三）学校继续教育办学体制、管理机制情况

为了进一步推进学校管理制度化、规范化和科学化的进程，形成有章可循、按章办事、规范高效的管理体制，学院在发展过程中要不断建立健全规章制度，使得我们的办学目标和教育教学过程有法可依，有章可循，确保学院师生学习和工作秩序正常化，有助于学院的办学方向更加明确，办学思路更加清晰，管理过程更加规范、科学与精细。

二、专业设置

（一）学历继续教育专业的设置情况

2020年，学院立足本校，面向市场，充分考虑学生需求，学校成人高等教育招生专业总计13个。学院坚持应用性和实践性的原则，对所有专业的人才培养方案进行了修订，改革课程体系与课程内容，按照学年制的要求，将课程体系分为公共课、专业基础课、专业课、专业技能课，更好地适应经济社会和个人发展的需要。

（二）专业调整情况

学院组织各专业的负责人对2021级成人专业的人才培养方案进行了修订，编制了新专业的人才培养方案。在新编制的人才培养方案中，要求按照学年学分制的原则，将课程体系分为公共基础课、专业基础课、专业课、专业技能课，要求更加注重专业特色塑造、课程体系优化、人才培养模式创新、优质教学资源建设和共享，力求以特色提高质量，提升水平，塑造品牌，形成优势。培养目标清晰、准确，课程体系的设计充分体现了成人教育的职业性、实践性和开放性。

三、人才培养

2020年，学校成人高等教育高起专招生专业13个，学习形式有函授、业余两种。招生对象主要为社会从业人员，招生地域为陕西省内。2020年，我校共录取专科新生81人；截至2021年6月6日，成人高等教育在学人数507人。

四、质量保证

（一）制度建设情况

1. 严格执行依法办学的举措

根据近几年继续教育发展实际情况，结合教育部关于诊断与改进工作，在2019年，先后修订了招生管理、学籍管理、教学管理等一系列规章制度。2020年，学校继续落实有关规定，规范招生、教学管理、收费管理等方面，有效规范了我校继续教育的办学模式，提高了教学质量，赢得了良好的社会声誉。

2. 学习支持服务管理制度与标准建设、执行方式与效果

学校为了注重学生学习效果，并未在校外开设学习中心、学习站点等，最大限度地遏制了中介招生、违规收费、虚假承诺和宣传等现场。

3. 内部质量保证的机制建设及实施效果

为了掌握成教学生学习效果，继续教育学院定期进行教学质量调查，了解学生需求。面授期间，我们定期进行课堂教学质量调查，学生对教师的教学态度、教书育人、教学

方法、教学内容、讲授能力等方面较满意。实行教师课堂上口头调查和调查问卷调查等形式。学生对我校的教学相关工作均较满意，评价良好。

4.接受外部质量评估的类型、频率及效果

学校高度重视每年教育主管部门的年报、年检工作，立足事实，及时反应实际问题，历年检查结果为合格。

（二）师资保障

2020年，学校严格执行有关规定，规范教师教学过程，严格教师教学纪律，明确教学督导的工作职责。学校继续教育有授课教师67人，全部来自全日制普通高等教育，师生比约为1∶11，可以满足学生的学习需求。继续教育学院专职管理与服务人员13人，平均年龄44岁，其中中共党员9人、具有研究生学历的2人，本科学历10人。各二级学院均由一位院领导分管成教工作，并配有专职辅导员。

（三）教学资源建设情况

我校在进行专业教学资源库的建设时，成立了资源库建设项目的组织机构和团队。资源库建设是一项建设周期长，涉及内容复杂、多样的系统工程，为了项目的顺利实施和推进，学校建立校长牵头的领导小组，全面领导项目的建设工作。聘请行业技术专家担任项目负责人，组建由企业专家、职教专家、技术工程师、优秀教师组成项目建设团队，确保项目质量。加大资金投入，保障项目需求。学校通过专项资金、校企合作、市场置换、项目申报等多种渠道筹集专业教学资源库建设所需资金，将建设专项资金纳入年度财务预算，保证建设的需要。

通过专业教学资源库建设，构建校企协调运行机制，全面提升了示范专业实力。在资源库建设过程中，示范专业与相关行业拳头企业取得高层次合作，双方在校企交流、师资培训与共享、人才培养、学生就业辅导、学生实习就业及职业发展等多个方面开展研讨与合作，校企共同修订人才培养方案，共同培养技术优秀人才。完善了校企协同育人机制、协同开发机制、协同发展机制，强化了校企合作的激励机制，人才培养质量大大提高，尤其是学生较强的技能水平和职业能力，使企业获得更大的经济效益和竞争实力；而企业则帮助学校提高影响力、提升办学质量、扩大办学效果，增强专业的综合实力。

通过专业教学资源库建设，紧密联系产业，创新了人才培养模式。专业资源库建设坚持"人才培养与企业需求相结合、专业教师与能工巧匠相融合、理论教学与技能培训相融合、教学内容与工作任务相融合、能力考核与技能鉴定相融合、校园文化与企业文化相融合"，逐步完善"校企合作"的人才培养模式。最大限度提升学生的职业能力、创新能力、创业能力和职业拓展能力。

学校新修订的各专业各课程均配套相应地教学大纲、自学指导书、教学课件和试题库。

（四）信息化建设

继续教育招生专业分布广，人数多，给集中面授辅导带来许多困难。学校为打造学院品牌，提升继续教育教学质量，做好面向学生的教育教学服务工作。2017年学校利用专项资金搭建远程教育教学平台，为网上服务学生提供保障。目前平台正在测试运行中。建成后，不仅能保障教学信息传递畅通也能为学生提供了丰富的课程资源和学习资源。班级群的教学活动必须有教学平台课程资源的支持，学校将公共优质课程资源整合到本院教学平台中，为学生提供丰富的学习资源。根据学期教学计划，每周每门课程的课时安排，有效地链接到班级群动态中。同时积极做好日常和实时答疑辅导，在面授辅导、实践环节、形成性考核、小组学习等方面进行积极引导，通过丰富的在线学习活动提高学生学习积极性。同时，充分利用学院教学平台，采取组织师生见面会，利用平台和小组学习机会进行师生交流，利用教师教学课件等方式进行继续教育活动，将会取得良好的教学效果。

（五）经费保障

学校继续教育学院不设财务人员，执行学校大财务管理制度。2020年，学校严格按照上级物价部门的相关规定，在招生简章上明确学费标准，并进行公示，并严格执行"收支两条线"管理规定。

五、社会贡献与改革创新情况

（一）学校继续教育服务国家战略、经济社会发展与学习型社会建设的情况与经验

（二）学校继续教育资源面向校内、社会开放服务情况

学校稳步推进普通高校学历继续教育改革发展，加强内涵建设，规范办学行为，进一步完善质量保障体系，不断提升办学质量和声誉。积极推进我校结合自身优势，瞄准社会需求，大力发展非学历继续教育，面向社会提供多形式的培训服务。

学校积极推动全民终身学习、加快学习型社会建设，积极的建立良好的社会氛围。全民终身学习活动周已经成为营造这一氛围的重要平台。今年，学校进一步提高了对举办活动周重要意义的认识，并就举办活动周进行了周密的部署和安排。今后学校大力宣传全民终身学习对提升人民群众生活质量的重要作用，宣传建设学习型社会对建设创新型国家、实现全面建成小康社会目标的重要意义，努力使终身学习理念深入人心，进一步统一思想、凝聚共识，为形成全民学习、终身学习的学习型社会营造良好氛围。

（三）学校继续教育与其他高校、行业、企业、国际机构等的合作情况

（1）我校分别是西安交通大学继续教育学院、陕西中医药大学继续教育学院教学站点。

（2）分别和西安海棠医药科技集团、杭州虞美人健康管理有限公司、上海俏佳人医疗美容门诊部股份有限公司、玲珑丽人美容养生会所连锁机构、杭州娇芙达生物科技有限公司等多家单位进行合作。

（四）学校继续教育特色与经验

特色和经验：为实现"品牌特色内涵发展"战略，继续教育将重点"去同质、重特色、育品牌"，积极倡导本校优秀师资用好本校继续教育大平台讲好海棠经验、输出一流成果更好服务社会，引导继续教育由"又快又好"向"又好又快"发展。

六、问题与对策建议

（一）学校继续教育发展与人才培养质量方面存在的问题及对策

1. 加强师资队伍建设，推进"双师素质"培养工程

师资队伍建设是我院常抓不懈的工作，今后应积极组织开展"双师素质"教师能力培训，并鼓励教师结合自身专业特点，参加社会组织的认证类培训，加入行业协会组织。大力推进产学研结合，将教学、和企业应用紧密结合，通过产学研结合提升教师的社会服务能力。

2. 强化学生实践创新能力培养，加强学生创新创业教育

学生创业意识不强，举措不太显著，很多同学还是处于创业的浅意识状态，对创业的意识不清，目标不明，一种创新创业的文化热潮还没有形成，学生的参与主动性还不强。

学院根据省委、省政府关于创新创业的一系列指示要求，按照"工作推进系统化、项目扶持社会化、平台建设有形化、创业服务专业化"的路子，切实加强工作顶层设计，深入做好青年创业培训、项目遴选、基地建设、融资对接等工作，为促进青年创新创业发展，以"构建提高大学生创业能力体系；搭建连锁式孵化创新创业平台；推动海棠企业和海棠学院协同发展"为目标，做到有项目、有机构、有培训、有孵化、有资金、有成果，发挥企业办学优势。

（二）学校下一步开展继续教育工作的思路、目标和举措

为了做好全面提升教学质量，强化过程衔接，加强教学管理，推进网络教学建设，具体工作思路及措施如下：

1. 继续做好教学管理规范工作

进一步修订和完善成人高等教育教学管理规章制度，优化人才培养方案，充分利用省、校两级监管平台，强化面授、自学和考核等过程的监管，尤其是严格期末考试管理，不断完善各个环节的规范与衔接，确保考试工作有序进行。

2. 大力推进网络教学相关建设

争取专项资金支持，开发网络教学平台，购置先进的录播设备，建设高水平的录播

环境，引进网络教育专业管理人员，打造专业建设团队和课程服务团队，购买和开发网络课程资源，制定网络教学资源建设规范，构建混合式教学模式。

（三）对"办好继续教育"的建议

完善职业教育和培训体系，深化产教融合、校企合作。加快专业建设，实现高等教育内涵式发展。建立健全继续教育学生资助制度，使绝大多数城乡新增劳动力接受高中阶段教育、更多接受高等教育。支持和规范社会力量兴办教育。加强师德师风建设，培养高素质教师队伍，倡导全社会尊师重教。办好继续教育，加快建设学习型社会，大力提高国民素质。

西安医学高等专科学校继续教育发展报告

一、学校情况

（一）学校概况

西安医学高等专科学校是经教育部批准设立，陕西省教育厅主管的一所全日制医学类普通高等专科学校。学校坐落于西安市高新区秦渡街道，占地783亩，建筑面积42.4万平方米，现有来自全国各类在校生10000余人，设有护理系、口腔医学系、临床医学系、药学系、医学技术系、继续教育学院、基础部、思政部、体育部等五系一院三部。基本形成覆盖医、护、药、技等多个专业领域，结构合理、特色鲜明的专业布局。

（二）学校继续教育总体规划与办学定位

在学校章程里明确提到把人才培养作为办学的根本任务，坚持"德术并重、全面发展"的教育理念，培养适应区域社会发展和卫生行业发展需要的医药卫生技术技能型人才；学校以全日制专科学历教育为主，积极开展继续学历教育和非学历教育，不断提高人力培养质量，在提高人才培养质量的基础上，坚持立德树人育人原则，加强学生思想品德教育，职业道德教育和法制教育，稳定了学生思想，引导学生树立了正确的世界观，人生观，价值观。

（三）学校继续教育办学体制与管理机制

继续教育学院是学校负责继续教育等工作组织管理的职能部门，对全校成人高等学历继续教育、非学历继续教育工作统一管理。继续教育学院也是学校开展继续教育的办学实体，组织、指导、监督学校二级院系开展招生、教学和服务工作，在行政及业务上直接由学校统一指导管理。

二、专业设置

目前成人教育开设有专科层次的护理、医学检验技术、医学影像技术、药学等四个专业。专业结构、数量布局合理，符合学校的办学定位和发展规划。并每年4月中旬就开设专业上报全国高等学历继续教育专业管理和公共信息服务平台。

三、学生情况

(一) 总体规模

高起专各专业招生人数、在学人数及当年毕业生人数

专业名称	专业代码	2019	2020	2021	在学人数	当年毕业生人数
护理	520201	6	6	0	12	6
药学	520301	4	0	0	4	4
医学检验技术	520501	26	7	0	33	26
医学影像技术	520502	45	12	3	60	45
合计		81	25	3	109	81

(二) 人才培养模式与教学基本情况

学院严格按照各专业人才培养方案组织教学活动，实行统一管理，建立了一支专兼结合的相对稳定的成人高等教育师资队伍，并完备的办公场所和教学条件，实验设备先进，器材齐全，完全满足教学需要。

学院目前有管理人员15人，分工负责招生宣传、新生录取、学籍管理、教务教学、财务管理、教学督导等全院继续教育工作的组织协调、统筹管理工作。

四、质量保证

学院学历继续教育管理规范、制度健全，建立了一系列管理规章制度，工作流程和操作规范，办学质量保障体系较为完善，有效地保证了各项工作的有效推进。

学院在内部质量保障的基础上，不断强化继续教育宏观指导和质量监管，坚持以问题为导向，规范办学行为，建立健全管理制度，为更好地办好继续教育打好良好的基础。通过在教育主管部门的年检评估中，都获得了好评。

学院继续教育办学资金主要来源于学费收入。严格按照报省教育厅备案的成人高等教育学费标准收费。收支基本平衡，运行良好，确保学费收入主要用于教学，充分发挥资金效益。

五、教育培训

目前学历继续教育在校生共有109人，2020年向社会输送毕业生81人。

2020年短期培训全年共培训2310人次，学员结业后活跃在各行业、企业，直接支持了行业、企业发展。

我校继续教育全面推进校企合作、推动专业建设与企业升级相对接、课程内容与行

业标准相对接、教学过程与生产过程相对接,很好地支持了国家战略、经济社会发展与学习型社会建设。

六、特色创新

便于提高管理效率,学校将继续教育实行统一管理,有利于规模、质量和效益的有机统一;有利于规范办学,注重质量,提升整体办学形象;有利于紧跟国家、行业、区域经济社会发展需要,紧贴市场,注重服务;有利于加强合作,加强资源共享,减少资源重复建设。

我校在医学行业办学多年,熟悉行业内人才的需求和专业特色,经过长期积累,使我校涌现了一批行业内的优质、品牌专业和教学团队。继续教育依托校本校力量,利用行业特色专业的优势,采取送教上门、对口支援、下乡义诊。结合办学行业内的人才实际需要联合制定人才培养方案,在专业培训过程中改进了教学方式方法和流程,采用线上线下混合式教学模式,为拓宽学生知识面、开阔学生视野,在教学计划中特别设置了课程讲解专业操作技术、专业前景展望和专业应用现状剖析。

七、问题对策

(一)问题

(1)生源竞争日益激烈,招生难度大。

(2)由于社会生活、工作节奏快,工学矛盾突出。

(3)教师队伍建设有待进一步加强。

(4)办学条件有待持续改善。

(二)对策

(1)持续改善办学条件,提高教学质量,加大招生宣传力度。

(2)加强师资队伍建设与培训,开发和优化课程体系。

(3)继续加强校园信息化建设与应用水平。

(4)在培训方面进一步确定培训目标,围绕我省经济转型发展开展各项特色培训。

陕西开放大学继续教育发展报告

一、学校情况

（一）学校概况

陕西开放大学前身为陕西广播电视大学，成立于1979年，是省政府主办、全省唯一最早运用现代教育技术开展远程开放教育的成人高校。2020年11月，经陕西省人民政府批准，陕西广播电视大学更名为陕西开放大学。

学校现有9所地市分校、107个教学点，各级各类学历教育在校学生15.5万余人，累计培养了47万余名本专科毕业生，实施各类培训53万余人次。40余年来，学校积累了丰富的办学经验，为促进高等教育大众化，提高全省人口文化素质作出了积极贡献。

（二）继续教育总体规划与办学定位

以习近平新时代中国特色社会主义思想为指导，以立德树人为根本任务，主动适应国家教育现代化发展趋势、陕西省经济社会发展和"追赶超越"的要求，坚持终身教育、教培一体、混合教学和持续发展的办学理念，立足陕西，面向西部，学历教育与非学历教育并重，不断完善覆盖全省和全体社会成员的办学体系、教学体系、管理体系及运行机制，凝聚系统力量，深化综合改革，更好地为构建终身教育体系、建设学习型社会做贡献。

（三）继续教育办学体制与管理机制

办学系统在纵向上由"两层五级"组成，第一个层次包括总校、各市级开放大学和市级开放大学县级分校三级，第二个层次为各乡镇、街道教学中心和各村学习中心两级；在横向上，学校根据地方产业结构调整和行业发展需要，与相关厅局、行业协会、大中型企业合作，建立了若干行业、企业学院。

管理体系由党群、行政、教学、教辅、科研、保障等机构组成，对全省开大系统办学进行管理与服务。全省各级开大在行政上受当地教育行政部门领导，教学业务上实施分级管理，接受上一层级开放大学指导。

二、专业设置

开设成人教育本专科共71个专业，开放教育本专科共104个专业，涵盖15个大类。不断完善学科专业建设规划，积极推动以管理学、经济学、教育学、工学为主要学科的10个中高本教育贯通专业为重点的专业建设。

三、人才培养

（一）学历继续教育

2020年全校继续教育招生人数46620人，在学人数145829人，毕业人数37092人。成人教育招生人数2839人，在学人数11519人，毕业人数9834人；2020年开放教育招生人数43781人，在学人数134310人，毕业人数27258人。

（二）非学历继续教育

学校充分利用系统办学和教育资源优势，以提高职业素质和能力为目标，开展多层次、多规格、多种形式的非学历继续教育培训，2020年培训共计1819人次，为服务区域经济发展做出了贡献。

四、质量保证

（一）制度建设

2020年，学校在加强教育教学管理、新时代思想政治工作、思政课建设等方面出台了一系列规章制度，并对各类制度进行不断修订和完善。

（二）师资保障

截至2020年底，校本部共有正式在编和聘请教职工650人，其中专职授课教师159人，高级职称51人，硕士以上学位92人；兼职授课教师423人，高级职称164人，硕士以上学位309人；管理人员68人，高级职称32人，硕士以上学位32人。全省办学体系共有各类专兼职教师3100余名。

（三）资源建设

学校制定《资源建设三年规划》《资源建设管理办法》等资源建设的制度和体系。"陕西终身职业教育资源库"入库资源超过9300部。我校自建的《言语交际与人际沟通》获得"国家级精品在线课程"，11门课程荣获陕西省首届"精品在线开放课程"，1门课程获得"MOOC中国杯"优质课程，1门课程获得继续教育精品在线开放课程。出版印刷立项教材13部。

（四）合作办学及校外站点建设和管理

学校按照国家开放大学和省教育的有关规定不断加强对校外教学站点的建设和管理，严格执行"准入退出"机制。学校现有学历教育教学点105个，其中市级分校9个，县级电大76个，行业工作站和直属教学点20个。2020年撤销3个开放教育教学点。

（五）内部外部质量保障

学校设立了省校、分校、教学点三级质量保障机构，配置了专门人员，建了多项质量保障制度，形成了覆盖全省电大系统开放教育教学过程的教育质量保障与监控体系。

建立了由国家开放大学、省教育厅评估为核心的外部质量保障机制。

（六）信息化建设

学校建有以郭杜校区为中心的基础网络光纤链路，形成具有防火墙、入侵检测、网络认证、双中心等安全通畅的基础网络环境。现有门户网站群、教务管理系统、课件点播系统、远程考试系统、电子图书系统、电子期刊系统、OA办公系统、即时通信系统、远程视频会议系统、办公自动化系统、固定资产管理系统、财务管理系统、学分银行管理系统等应用系统。

（七）经费保障

2020年，学校经费收入共计8,931.31万元，年经费支出共计9,078.61万元，主要用于教学、管理、资源建设、信息化建设、基础设施以及上缴国家开放大学、下拨基层，为教学各项工作顺利开展提供有力保障。

五、社会贡献

（一）继续教育服务国家战略、行业及经济社会发展与学习型社会建设

学校服务国家"西部大开发""乡村振兴"战略和"一带一路"建设，服务陕西省"追赶超越"和"三个经济"，设有陕西省社区教育指导中心、陕西省全民终身学习远程服务管理中心。2020年，举办了陕西省社区教育工作人员培训班，承办了"2020年全民终身学习活动周陕西总开幕式"，开展50余次社区教育活动。2020年陕西省学分银行新增个人账户20972个，目前已累计注册开户76705个，学分银行的影响力和认同度稳步提升。

（二）继续教育资源面向全省、社会开放服务

我校在全国性MOOC平台建成上线在线精品开放课程50余门，全国848所院校的15万余名学生免费注册学习。我校开发了近400余门课程资源，引入各类资源近万个，能够满足20万人同时在线和每天500万人次访问。2020年，我校及时在资源库首页设立"疫情防控"专栏，引进40讲的"新型冠状病毒防控教程"在线课，播放量达7.6万人次；在资源库引进疫情防控文本资源40多件，播放量达4.6万人次。

学校依托陕西省社区教育指导中心，扎实开展社区教育工作。"三秦终身学习港"学习平台特色资源持续更新，平台访问量336万余次，注册用户89593余人。省政协副主席杨冠军来校参加"省政协首个委员活动日走进省电大"活动，举办《民法典》专题讲座。获批"陕西省幼儿园幼儿音乐教育专项技能提升"等4个国培项目、"高中英语""幼儿园园长"2个省培项目。

（三）对口支援、教育帮扶

积极推进"双百工程"和"两联一包"工作。开展各类扶贫培训720余人次。采购

扶贫农产品30余万元。投入30余万元帮助汉滨区贯沟村、大荔县三合村和定边县黄湾村修建设"农家书屋"、改造村部等；开展农民培训基地扶贫项目，投入资金47万元，帮扶10个农民培训基地。国家开放大学"长征带"教育精准扶贫工程商洛山阳、镇安两个受援教学点的各项工作持续扎实推进。

六、特色创新

（一）实践特色与模式创新

一是建构教学资源建设"321"模式，重塑线上与线下相结合的高等继续教育教育混合式教学新形态，不断提升人才培养质量，构建"终身职业教育资源库"，形成了"'三开发、二引进、一构建'的职业教育资源建设321模式"。

二是建构在线开放课程开发"七环节"模式，形成由学习指导、课程讲授、资料阅读、复习思考、练习、测试、评价反思七环节课程在线资源建设模式。

（二）教育教学研究与成果

全年先后组织申报校外各类纵向科研项目10余类，获批省教育厅、社科联、体育局、西安市社科规划办等课题40项。其中组织申报陕西省教育科学规划课题36项，获批23项，立项数量名列全省高校第10位。2020年争取横向课题6项。各类校外科研项目经费总计34.5万元。校级科研课题立项重点项目8项、一般项目16项。加快启动首批4个校级科研创新团队建设工作，教职工公开发表论文357篇，其中被核心期刊或重要数据库收录53篇；出版著作15部，获专利授权7项。

陕西兵器工业职工大学继续教育发展报告

一、学校继续教育办学定位与管理体制

（一）学校概况

陕西兵器工业职工大学创建于1974年3月，为教育部[（1982）教工农字39号文]批准备案的公办A类成人高等学校。学校依托大型兵工企业集团，采取统一管理，分散办学的模式，坚持为兵工企业和社会用人单位培养高素质的应用型、技能型人才为宗旨，积极推行质量立校、特色兴校、追求卓越的办学理念，坚持从严治教、从严治学、从严治考的方针，坚持厚基础、强能力、重实践、高素质的人才培养模式和"勤奋、进取、求实、创新"的八字校训。建校以来，共为兵工企业和社会用人单位培养了3.6万余名学生，毕业生中绝大多数已成为企事业单位的生产、技术、管理骨干，有的已成为厂（所）级领导干部。

（二）学校继续教育工作的总体规划、办学定位等情况

我校中期专业建设与发展规划，确定了我校高等继续教育的指导思想、基本原则、总体规划和建设目标。

我校是一所成人高校，举办过五年普通高职（经陕西省教育厅批准，2001年开始举办普通高等职业教育，2005年停止招生。）我校章程及整体发展规划均指继续教育。

我校要培养面向企业和社会第一线需要的"下得去、留得住、用得上"，实践能力强、具有良好职业道德的高技能型人才的办学指导思想，全面贯彻党的教育方针；坚持教育为兵器企业和陕西地方经济社会发展服务，立足兵器，面向陕西，以培养具有创新精神和实践能力的高技能人才为目的；努力将我校建设成为省内一流、在全国有一定影响的成人院校的奋斗目标。根据学校的办学指导思想和总体发展规划，我校专业建设的基本思路是：强化基础，注重实践，增强工科优势，突出兵器特色。根据陕西省产业结构调整和优势产业发展的需求，结合我校现有专业的特色和优势，建立以工为主，工、管协调发展的专业体系。

（三）学校领导定期研究继续教育并解决问题情况

校领导非常重视，及时研究解决发展过程中遇到的各种问题。在年度工作计划中，强调在稳步发展高等学历继续教育同时，抓住机遇大力发展成人脱产教育，抓住我校可以脱产学习的优势。

（四）学校继续教育规章制度建设情况

学校继续教育规章制度比较健全，随着经济社会的发展，教学改革的不断深入，及时完善和修订某些不能满足当前需要的规定或条款。2005年2月制订《陕西兵器工业职工大学学生手册》，做到学生日常管理有章可循。2012依据省教育厅文件，与12月制订《陕西兵器工业职工大学学生管理规定》。2014年7月制定陕西兵器工业职工大学中期专业建设与发展规划（2014年—2017年）。2017年9月制定《陕西兵器工业职工大学学籍管理规定》。

二、学历继续教育办学情况

（一）总体规模

2020年招收新生共计91名，均为脱产。其中药学45人、护理29人、计算机应用技术7人、会计2人、经济信息管理1人、机械制造与自动化2人、汽车检测与维修技术2人、建设工程管理3人。2020年毕业生共计204人。目前我校在册学生312人。

在校学生生源分析：

（1）性别：男171人，女141人。

（2）年龄：20岁以内174人；21~30岁125人；31~40岁13人；40岁以上0人

（3）职业：我校学生85%为初高中毕业，脱产学习在校学生。另15%有企业职工，医院护士。

（4）生源地：我校生源以西北地区几个省份为主，近两年开始西藏及贵州招生，2020年开始广州，山东，海南三个省份招生。

（二）基本建设情况

目前，设有电子商务、机械制造与自动化、计算机应用技术、汽车检测与维修技术、数控技术、药学、护理、建设工程管理、经济信息管理共11个专业，分脱产和业余两种学习形式。

我校在人才培养目标与定位、师资队伍建设、教材建设、继续教育教学模式建设等方面做出了有益的探索与实践。我校有专职教师194人，其中双师型教师43人，副高33人。聘请校外教师27人，其中3人正高。管理人员由学校统一聘任、管理和培训。

（三）规范管理情况

1. 严格执行教育行政部门相关政策和规定，做好范招生、考试与毕业管理等方面的工作

根据《教育部关于做好2020年全国成人高校招生工作的通知》和省招办《关于做好2020年成人高校录取新生入学复查工作的通知》要求，我们依据《陕西兵器工业职工大学新生入学复查实施方案》对2020年录取的新生进行了认真复查。严格执行教育

行政部门相关政策和规定，遵守我校章程和教育厅的要求和精神，严格考风考纪，严格成绩管理和学籍管理。全程监控教学管理各个环节，努力保障学历继续教育人才培养的质量。

2.学习支持服务管理制度与标准建设、执行方式与效果等情况

我校各项规章制度比较健全，管理人员长期从事继续教育，经验比较丰富业务比较熟练。学校重视管理制度和标准建设，严格按照规定要求管理各分校。规范开展招生宣传，认真按要求做好学生管理、教学管理和学籍管理。不存在虚假宣传、违规收费、欺骗误导学生现象。

3.内部质量保证的机制建设及实施效果

我校严格按照学校有关管理制度，各职能科室之间相互配合、相互监督，并适时修订完善内部管理制度，各项工作有序进行，取得较好的效果。

三、问题与对策建议

（一）我校成人高等教育和继续教育与企业相结合，与企业发展相适应

我校依托陕西兵各军工企业，是与企业联办的一种新型的校企结合的办学模式，采取统一管理，校企合作、分散办学、工学结合，资源共享，优势互补，互惠互利。兵工企业技术先进，设备精良，人才济济，为学生实习、实践和动手能力的培养提供了优越的条件。企业根据每年成人毕业生的专业安排实习场地，指派工程技术人员进行指导。师傅手把手传授操作技能，使学生学到了真本领，是其他学校无法比拟的。

我校由于与企业联办，因而成人高等教育的招生计划、招生专业都纳入各企业年度工作计划，企业总经理和分管教育的主要领导经常到学校了解教学情况，解决教育教学工作中存在的问题。我校设立技能签定站，在抓好理论教学的基础上，强化学生实践能力和职业技能的培养，推进《双证书》制度，鼓励学生在取得学历证书的同时获取职业资格证书。

（二）学校下一步开展继续教育工作的思路、目标和举措

1.总体建设目标

通过增设新专业适当扩大学校规模，到2021年，在籍人数控制在600人左右。专业设置比较齐备，专业设置与人才培养符合社会需要，专业数量与学校规模相适应，各学科门类均衡发展，工科类专业发展稳定，特色专业优势明显，重点专业水平较高，专业内涵建设深化。

2.新专业建设目标

目前我校已有专科专业11个，2020年申报1个新专业，现正在审批阶段。到2021年，力争使专业总数达到12个左右。加强实用性专业建设，围绕我校专业布点，利用学科

交叉与融合，开设新专业。

3. 传统专业建设目标

传统专业面临老化、市场需求面窄等新问题。为使专业建设适应社会经济发展的需要学校要从改革课程体系和调整专业侧重点两个方面对一些传统专业进行调整改造，进一步提高其教学水平，使学生所学在工作中运用。

（三）建议

一是成人高等教育要依托企业，面向市场，走校企联合办学之路；二是办学形式要多样化，可采取"订单式"培养，"半工半读"形式等；三是专业设置要与企业发展相适应，根据企业需要设置专业；四是把学校置身于企业，进一步增强学生的实践动手能力，提高学生创新能力、分析问题与解决问题的能力；五是明确办学理念，突出办学特色，走内涵发展的道路，全面提升教育教学质量，这是学校生存的重要条件，更是成人高校培养高技能人才的重要前提。

西安电力机械制造公司机电学院继续教育发展报告

一、学校情况

（一）学校概况

学院始建于1957年，是一所可独立颁发国民教育大专学历的成人高等院校，隶属于国务院国资委直接管理的中央企业——中国西电集团有限公司。处于西安市西咸新区沣东新城新校区占地面积131078.49㎡，校舍建筑面积109604.8㎡、实训场所建筑面积36277㎡。

（二）学校继续教育总体规划与办学定位

学院编制有《五年发展规划纲要》、《三年滚动发展规划》，以战略目标为引领，以转型发展为主线，统筹推进全面从严治党管党、全面依法治校、全面深化综合改革，学制教育与职工培训并举，构建"三系五中心"架构，确立学院发展定位与目标：立足西电，服务社会，将学院发展成为陕西地区综合性高技能人才培养基地。

（三）学校继续教育办学体制与管理机制

通过内部管理机制创新，在教学培训部门开展"运营成本总控、部门增收自创"管理模式，对系部进行"人工成本、场地面积及实习耗材成本总控"，鼓励系部努力增加办学规模及经营创收，建立起以激励为主、成本可控、办学质量有保证的运营机制。

二、专业设置

（一）学历继续教育专业设置情况

开设电气自动化技术、数控设备应用与维护、数控技术、焊接技术与自动化，模具设计与制造、发电厂及电力系统、汽车检测与维修技术、会计信息管理、物业管理、数字媒体应用技术等14个专科成招继续教育专业。

（二）学历继续教育专业调整情况

2020年学历继续教育专业没有调整。

（三）专业人才培养方案制订及调整情况

学院对照行业发展、产业升级、企业需求和职业标准确定人才培养目标，积极探索"1+X"证书试点，根据职业技能等级标准和专业教学标准要求，将证书培训内容有机融入专业人才培养方案，优化课程设置和教学内容，统筹教学组织与实施。

三、人才培养

（一）学历继续教育情况

学院在校生 1500 余人，全校教学班级共计 37 个，主要分布在机电类专业，学院主要生源 95% 的学生来源于陕西省。

（二）非学历继续教育情况

积极响应政府号召，疫情期间开展线上培训，累计实现报名人数 18300 人，培训合格人数 14930 人，培训合格率达到 81.6%，参与单位 118 家，培训班 238 个。学院主动参与省内开展的未就业农民工和贫困劳动力培训，全年共培训合格人员 1523 人，其中扶贫培训合格 1130 人。

（三）人才培养中的思政教育

学院以"致力于为企业培养优秀品质与职业技能兼备的高素质技能人才"为人才培养目标。方案制订与实施应坚持将立德树人融入思想道德教育、文化知识教育、技术技能培养、社会实践教育各环节。积极构建"思政课程+课程思政"格局，推进全员全过程全方位"三全育人"，实现思想政治教育与技能培养的有机统一。

（四）学生学习效果

学校按照 ISO9000 质量管理体系要求，组织家长满意度和学生满意度调查，满意度达 97% 以上，毕业生合格率在 98% 以上。组织 25 名学生参加 9 项陕西省中职技能大赛，二等奖 3 名，三等奖 5 名。

四、质量保证

（一）制度建设

完善建立由 200 余项教学管理、预算管理、学籍管理、资产管理、风险管控等管理制度和教育教学质量保障体系。建立健全了安全管理体系，落实安全责任制度，教育教学及管理服务制度，制度体系健全，管理规范，保证学生日常生活、学习和实习安全。

（二）师资保障

学院共有教职工 260 人，其中专任教师 110 人，聘请校外兼职教师 16 人占专任教师的 15%，"双师型"教师 79 人占 76%，高级职称 46 人占全体教工的 18%。专任教师本科以上学历占 99%，研究生学历占 23%，高级职称占 32%。学院师生比为 1∶15。

（三）资源建设

学院办公设施设备齐全，配备有直饮净水系统、澡堂、洗衣房、热水房、餐厅、超市等生活设备，足球场、篮球场、体育器材、社团活动等文体设备完备，校园无线网络系统通信设备、交通设备、全方位监控保安设备等数量充足，安全和健康指标达到国家标准。

（四）设施设备

建有专业实训室60余个，数控机床、工业机器人、工业自动控制、电气自动化、高压电器、汽车维修等教学实训设备4000多台套，设备总值达3500余万元符合国家相关要求。

（五）内部质量管理

建立质量管理体系，按照"抱诚信施教情怀，求知识技能兼顾，创持续改进氛围，期学校顾客双赢"的质量目标，根据"重视基础、严格要求、注重动手能力培养"的原则，严格教育教学管理、深化教学改革、发挥校企合作的优势，实行学业证书、职业资格证书并重的目标，突出综合素质教育。

（六）信息化建设

学院建成了覆盖昆明路校区和西咸校区网络工作环境，总带宽200兆，学院网已形成了覆盖两校区教学、行政办公、学生宿舍等区域的所有建筑物，高速安全的1000兆主干，实现了学院网用户的IPv4普遍访问和学院信息资源的IPv4相关服务。学院立足学院网，提供稳定的门户网站服务、数字化学院系统、Email服务等公共基础服务。

（七）经费保障

学院作为央企办学，实行企业化管理，不享受政府及举办企业的办学经费支持，开办资金为4,000万元。办学经费来源主要依靠学生学费、住宿费，承接培训项目、收取管理费和承包商户租金收入等。

五、社会贡献

（一）继续教育服务国家战略、行业及经济社会发展与学习型社会建设情况

依托位于西咸新区这个国家级自由贸易试验区的区位优势，学院统筹资源，建设精益管理、高压电器、智能制造、智慧社区培训中心，围绕本区域的企业技术进步与产业升级，以做精、做强、做出品牌，开展面向社会的订单式培训、定岗培训、定向培训业务，为本地区企业职工技能与管理提升做好培训服务与支持。

（二）继续教育资源面向校内、社会开放服务情况

陕西省总工会、陕西省人力资源和社会保障厅共同选定为"陕西省职业技能培训竞赛基地"，以及世界技能竞赛陕西省"机电一体化""电子技术""原型制作""网络安全"项目省级集训竞赛基地，"工业控制"项目国家级集训基地。承担陕西省职业技能大赛，竞赛专业涵盖维修电工、钳工、焊工、汽车维修等7个工种。

（三）对口支援、教育帮扶情况

2020年，开展对麟游县汽车维修职业技能和电气技术师资培训，约200人，为麟游、

凤翔所属中学劳动技能课程教师、骨干教师、班主任等40人进行了劳技专业课程教学策划与设计能力培训。对凤翔县组织培训、送课入校、研学交流等活动共3次，培训师生共计150余人。

六、特色创新

（一）实践特色与模式创新

依托西电、服务行业、面向社会，围绕输变电制造开展专业建设，构建了以高压电器类专业为特色、机电类专业为骨干、服务类专业为发展重点的专业体系。

独具特色的"企中建校、校中有企"办学格局。"企中建校"：学院园区周边形成了以集团公司子企业为主体；"校中有企"：在校园内部，建有以校办工厂发展而成的，学院参股的企业——西安豪特电力开关制造有限公司，该企业同时担负学院"生产实训中心"职责。

（二）国际交流与合作情况

2020年，学院无国际交流与合作。

（三）教育教学研究与成果等情况

参加省、市、区的教育教学竞赛，并在学校内开展教师教学竞赛、创意大赛、教案比赛等活动。每年制定教学改革计划与方案，科研工作与教育教学紧密结合，2020年完成学院教科研立项22项，优秀教研成果申报18项，"互联网+"课程教学设计方案评选推荐课程4项，3位教师教学设计获二等奖，1位老师获三等奖。

七、问题挑战

（一）面对的新挑战、新需求

在招生竞争激烈，招生人数连年下降，导致校生规模逐年下降。

（二）存在的主要问题及原因

学院属于央企办学，经费主要靠自收自支，无论是从资金、人员，还是机制体制，目前很难突破，支撑性政策较少，学院组织运营与管理成本较大，影响学院长远发展。

八、对策建议

（一）发展对策

一是学历教育方面，优化招生方式方法，不断拓展招生区域，强化全员招生，确保在校生规模的基本稳定。

二是培训工作方面，建设"智能制造、高压电器、智慧物业、精益管理"四大培训中心为载体，全面实行市场化的培训运营管理机制，利用信息化的工具，提高培训管理服务水平，转变服务方式，为企业提供全价值链的培训服务。

（二）政策建议

学院作为中央企业办学背景，希望后期从政府层面，给予政策和办学资金上给予支持。

陕西省建筑职工大学继续教育发展报告

一、学校情况

陕西省建筑职工大学是1982年4月经陕西省人民政府批准成立，教育部备案的一所建设类公办成人高等学校。2000年由省教育厅批准开始普通高职招生。学校隶属于陕西建工集团，2000年经建设部培训资质评审委员会评定为建设类一级资质培训机构；2011年经陕西省人力资源和社会保障厅评定为陕西省建筑工程专业技术人员继续教育基地；2011年由中华人民共和国住房和城乡建设部授予建筑工程专业一级注册建造师继续教育培训资格。

目前，西安常宁新校区已建成，占地445亩，建筑面积30万平方米。2021年9月投入使用，新校区的建成将加快学校转制为"陕西建筑工程职业技术学院"的步伐。

二、专业设置

学校继续教育分为学历继续教育和非学历继续教育。学历继续教育办学层次为高起专，学习形式有业余教育与成人脱产两种形式。非学历继续教育的学习形式主要是现场教学与网络培训的混合教学模式。

学校发挥建筑类院校的专业特色，依托陕建集团行业优势，认真落实《高等学历继续教育专业设置管理办法》，目前共有专业8个。土建类专业5个：分别为建筑工程技术专业（脱产、业余）、土木工程检测技术（业余）、工程造价（脱产、业余）、园林工程技术（脱产、业余）、建筑装饰工程技术（脱产、业余）；资源环境和安全类专业1个：安全技术与管理（脱产、业余）；城市轨道交通类1个：城市轨道交通技术专业（脱产、业余）1个；道路运输类1个：道路与桥梁工程技术（脱产）1个。

三、人才培养

（一）学历继续教育情况

我校高起专成人高考脱产招生2020年录取人数共14人，其中建筑工程技术8人，工程造价4人，建筑装饰工程技术1人，安全技术与管理1人。2020年在校生人数51人，其中建筑工程技术32人，工程造价12人，建筑装饰工程技术2人，安全技术与管理5人。毕业人数共33人，其中建筑工程技术13人，工程造价8人，建筑装饰工程技术3人，安全技术与管理 1 人，护理 4 人，临床医学 4 人。

我校与西安建筑科技大学联办的专升本函授 2020 年招生录取人数共 120 人，其中土木工程技术 65 人，工程管理 55 人。2020 年在校生人数 443 人，其中土木工程 201 人，工程管理 237 人，安全管理 5 人。毕业人数共 177 人，土木工程 70 人，工程管理 107 人。

（二）非学历继续教育情况

立足建设部建设类一级资质培训机构平台，2020 年我校非学历继续教育应用网络培训与现场教学的混合教学模式。年度总班次 42 期，学习总人次 14862 人。其中专业技术人员继续教育面授培训 31 期，总人次 8307 人；网络培训人数 4201 人次；住房和城乡建设领域施工现场专业人员职业培训面授培训 11 期，总人次 2354 人。

四、质量保证

（一）制度建设

根据近几年继续教育发展实际情况，先后制定了《陕西省建筑职工大学学生学籍管理规定》《陕西省建筑职工大学教学检查制度》《陕西省建筑职工大学学生实习实训安全管理规定》《陕西省建筑职工大学学生考试工作管理规定》等制度，规范继续教育学风考纪。制定《陕西省建筑职工大学课程思政工作实施方案》，推进课程思政建设。制定《陕西省建筑职工大学家庭经济困难学生认定工作办法》，进一步健全学生资助工作制度。

（二）师资保障

继续教育的授课师资由我校教师及企业高级工程师组成。学历教育授课教师中本校教师的比例为 100%，其中，副教授 27 人，占比 50.9%；讲师 21 人，占比 39.6%。具有研究生学位的教师为 33 人，占比为 62.3%。

（三）资源建设

我校分年度制定各专业的人才培养计划、分学期制定教学计划，教师依据课程标准编制学期授课计划、教案及多媒体课件等，实训课程编制任务书、指导书、总结报告等。2020 年度学校制作网络教学课件 108 个学时。

（四）合作办学及校外教学站点建设和管理情况

2020 年的学历继续教育中，我校继续与西安建筑科技大学进行土木工程、工程管理两个专业的专升本联合办学。针对非学历继续教育，与陕西省建设厅执业注册中心、陕西省人力资源与社会保障厅的继续教育网络平台合作，进行网授课程的录制。

（五）内部质量管理

学校健全组织机构，明确职能分工，建立"学校→教学处、教务处→专业科"三级质量保证组织。教学副校长负责制定学校及专业层面的质量保证政策；教学处负责审核专业人才培养方案、课程标准、保证专业建设的实施质量；专业科负责专业、课程质量的自我整改，编制专业标准、教学大纲；教务处负责课程考核，进行学生学业情况调查分析。

（六）信息化建设

学校正在积极筹划常宁新校区的智慧校园建设，已经和主管单位陕建集团就信息化服务需求、系统接口统计等具体工作进行对接。目前运用的信息化管理平台有 NC 综合管理信息系统、广讯通 OA 管理系统、陕西省教育厅协同办公平台等十余种。

非学历继续教育方面，投入 120 台专用计算机近百万元建立了继续教育信息化教室，配备施工现场专业人员取证考试信息管理系统和专用网络终端。

学校教学处、培训处组织校内"双师"教师队伍和校外行业专家建立了"陕建职工大学建设类继续教育网课资源库"，收录了《施工现场专业人员继续教育网络课程》《专业技术人员继续教育授课课件》《专业技术人员继续教育公需课网络课程》等课程，为学校继续教育信息化授课做好课程储备。

（七）经费保障

2020 年度学历继续教育学费收入 172.47 万元，较去年增加 60.04 万元。非学历继续教育培训费收入 665.98 万元，较去年增加了 217.67 万元。2020 年度的办学收入全部用于教学管理支出。

五、社会贡献

针对不同职称层次对继续教育的需求，我校分别举办了初、中、高级职称继续教育培训，同时编写适用于建筑行业专业技术人员能力提升及行业发展的课程教材。

为方便学员学习，我校坚持走线上网络学习和线下送教上门的路线。2020 年按照省建设厅互联网＋继续教育工作安排，录制公需课《弘扬延安精神、坚定理想信念》24 学时和专业课《建筑工程新技术及管理应用》56 学时。2020 年分别在宝鸡、汉中、榆林、安康举办了继续教育培训，培训 1172 人次。

面向陕西建工集团，选配我校具有丰富教学经验的骨干教师授课，自 2020 年 7 月至今，住房和城乡建设领域施工现场专业人员培训 11 期共计 2354 人次，测试人数 2320 人次，合格人数 1713 人，合格率 73.8%。

按照陕建集团脱贫攻坚事业和陕西省高教工委"双百工程"教育扶贫计划的部署，我校多渠道开展继续教育、消费扶贫帮扶工作，分别在安康市白河县和延安市子长县开展教育帮扶。学校为家庭经济困难毕业生，特别是建档立卡贫困家庭毕业生提供就业岗位，确保家庭经济困难毕业生百分百就业。

六、特色创新

学校设立教育科研立项基金,鼓励教职工开展成教研究。校级课题每两年申报一次,分为校级重点课题和校级一般课题,校级重点课题学校资助经费 0.2 ~ 0.3 万元,校级一般课题资助经费 0.1 ~ 0.2 万元。

截至 2020 年,学校已和多家公司实施校企合作,为陕建集团输送近 500 名学生,部分毕业生业已成为技术骨干,为陕建集团的高速发展做出了应有贡献。

七、对策建议

(一)明确培养目标

继续教育要明确培养目标,从人才的社会需求调查分析和职业岗位(群)分析入手,分解出哪些是从事岗位(群)工作所需的综合能力与相关的专项能力,然后对教学进行全面系统的规划,进而培养学生的人文素质、专业素质、创新素质。

(二)突出行业办学特色

继续教育要办出行业特色,我校依托陕建集团,立足陕西经济,顺应社会与行业的发展需求,培养出建筑行业高素质技能人才。

(三)创新继续教育模式

在办好学历继续教育的同时,要发展多种非学历继续教育。学生学习形式的机动性、应用性、衔接性方面要有所突破,比如增加网络授课的比例,增加学习方式的可操作性和灵活性。

(四)制定品牌化专业发展战略

在进行继续教育项目开发时,应立足于长远发展,依托自身学科优势以及相对成熟的项目,强化研发,形成一系列具有市场竞争优势的非学历继续教育专业品牌化项目群。

西安市职工大学继续教育发展报告

一、学校情况

西安市职工大学是由陕西省人民政府批准成立的公办成人高等学校，1980年建校。办学40多年来，为国家培养了万余名合格的大专学历人才，为职工提供了一条学历提升平台。西安市职工大学作为陕西省总工会、西安市总工会指定的职工素质建设工程主要阵地和重要平台之一，为全市职工提升学历层次、职业技能和综合素质提供多层次、全方位服务。学校坚持以"开放办学、服务企业、服务职工"为目标，以满足地方经济社会发展的需求为导向，大力开展非学历面授形式培训。

二、专业设置

西安市职工大学按照教育部成人高等学历教育专业设置工作的要求，开设的专业有电子商务、法律事务、汉语、护理、会计、机电一体化技术、机械设计与制造、计算机信息管理、计算机应用技术、建筑工程技术、临床医学、药学、旅游管理、文秘、应用化工技术、工业过程自动化技术、学前教育、城市轨道交通运营管理和铁道通信与信息化技术，共19个专业。

学校严格按照专业要求制定招生计划和报考条件，在2020年专业设置调整中，将计算机类专业由全日制两年制改为三年制。学校结合成人教育的特点，通过市场调研、走访企业，修订并编制了成人高等学历教育5个专业的人才培养方案和课程教学大纲。

三、人才培养

（一）学历继续教育情况

各专业培养德、智、体、美全面发展，适应社会主义市场经济建设和现代企业管理的需要，具备较高的英语、计算机能力的应用型管理人才。学校始终坚持"以人为本，一切以就业为导向"的办学宗旨，营造高品位的校园文化。

西安市职工大学依托西安市总工会职工技术培训中心开展相关职业培训，学校以"走出校园、开放办学、服务企业、服务职工"为宗旨，以满足地方经济社会发展需求为导向，大力开展非学历面授形式培训。2020年依据西安市总工会《2020年全市工会干部教育培训计划》要求，完成21期培训任务，共培训工会专兼职工会干部、会员代表、职工代表 2280 人次。

四、质量保障

（一）学历继续教育

学校建立各职能部门《岗位职责》，既分工又合作，确保学校教育工作顺利开展。以提高办学质量为准绳，建立相应的学校管理制度，强化学校管理制度建设，确保各项制度的执行和落实。学校根据学生学习需求的多样化、学习条件的差异性以及实训条件，探索混合教学、引入网络教学方式和光盘辅助灯多种教学模式。学校实行全网络覆盖，所有教室全部安装投影仪，教师和学生随时能在教室、办公室、宿舍等利用网络资源学习。

为了加强师资培训，提高和保障教学质量，学校组织了有丰富教学经验的知名专家授课、中青年教师教学示范、督学督导、专家讲评等活动，传授教学经验，规范教学环节，探讨教学改革，提高师资水平。

2020年上级教育部门两次对学校进行年度检查评估，对学校的办学给予认可，连续几年年度检查均合格。

（二）非学历继续教育

学校开设的培训专业具有相对应的培训计划、培训大纲和培训教材，符合国家职业标准。制定了一系列制度，使培训管理制度化。学校具有一支良好的专兼职相结合的师资队伍，聘请校外具有专业技能的优秀教师，各专业领域高校专家学者，吸纳社会教学资源，加强干部培训师资力量，组成了实践与理论相结合的师资队伍。学校依托西安职教联合会会员单位和非会员单位的需求及市场需求，加强对外联系，拓展就业市场。

五、社会贡献

学校充分发挥地处"丝绸之路"起点的重要发祥地以及大西安中心城市建设优势，结合经济转型与产业结构调整的需要，采取长期与短期校企合作的方式，积极开展当前热点问题和民生问题等相关知识技能的行业培训。非学历教育培训方面，学校本着"面向社会、服务师生"的工作宗旨，发挥学校的服务职能，通过改革进一步提高站位，服务西安经济社会发展。

六、特色创新

（一）学历继续教育

学校认真贯彻全国职业教育大会精神，依据国家和陕西省中长期教育改革和发展规划纲要，主动适应现代职业教育发展的新形势及区域经济社会和行业发展的新要求，全面提高人才培养质量，积极响应劳动教育、思政教育、职业教育，各专业人才培养方案以落实新型职业教育理念为课程体系。

在西安市总工会的大力支持下,学校充分利用业余学习形式招生计划和现有资源,开展青年职工(农民工)"圆梦大学"行动。在管理过程中,不断总结经验,听取学员意见,逐步形成面授+线上教学模式,更好地解决了学员的工学矛盾。

(二)非学历继续教育特色创新

学校增强培训的灵活性和实效性。创新工会干部培训教学模式,创建一批具有西安市特色的工会干部教学实践基地。为企业职工(农民工)提供学历提升平台、职业技能和综合素质提升平台,提供多层次、全方位服务。

七、问题挑战

(一)学历继续教育

(1)为适应职业教育办学要求,招生面临压力。

(2)师资建设,加大教师业务培训,教师待遇提升有待进一步研究和思考。师资队伍建设薄弱,专业结构不合理,新的师资队伍建设进展满足不了教学需要。

(3)学校管理队伍梯队不合理,缺乏后备人才。

(二)非学历继续教育

(1)资金问题。政府补贴培训项目的资金回流较慢,有些培训半年后才能给予补贴。自2020年开始职业技能提升行动相关培训尚未启动,培训经费难以保障。

(2)生源问题。技能培训生源组织困难,企业培训职工工学矛盾突出。

(3)对外宣传力度不够,渠道不通畅。

(4)工会干部培训、职工培训品牌战略实现缓慢。工会干部队伍构成状况不明确。

(5)学校环境的改善,服务社会、服务工会、服务职工目标初步形成,职工开拓创新的意识有待加强。

八、政策建议

(1)结合国家政府职业教育大力发展的有利时机,及时制定、调整、改进学校职业教育的发展规划和政策。

(2)工作重点主要解决学校明显的薄弱环节,就是要进一步强化师资队伍建设,加快和促进教学管理信息化工作进程。

(3)创建职工大学工会干部培训品牌项目,完成西安市就业失业创业定点培训机构投标重点工作。

(4)根据学校实际,大胆引进和聘用人才,建立工会干部教育培训讲师团。加强人才培养质量保障体系的建设,着重加强学历教育"双师型"师资队伍建设,示范专业评价体系的建设、产学结合、校企合作建设、考评与实践适应能力考核体系建设等，保证技能型人才培养目标的落实。

（5）适应社会经济发展，对技能人才需要加强人才培养模式改革。

西安铁路工程职工大学继续教育发展报告

一、学校情况

（一）学校概况

西安铁路工程职工大学是1982年经铁道部教育司批准、原国家教委备案，由中国铁路工程总公司中铁一局集团公司主办、陕西省教育厅主管的独立设置的成人高校。2001年学校作为高等职业技术教育办学点开办高职教育，同时继续面向社会招生举办成人学历教育和非学历继续教育。学校现设有道路桥梁工程技术、铁道工程技术等13个高职高专专业和11个成人教育专业。学校现有全日制专科在校生1141余人，学校教职员工78人，其中专职教师19人，以及由集团公司各类专家、技术骨干组成的内训师队伍作为兼职教师、客座教授。学校建校30多年来已为我国铁路施工企业培养出大批合格的复合型、应用型技术管理人才。学校现已成为立足铁路基建系统，面向社会进行招生的以培养交通土建施工企业应用型技术管理人才为特色的成人高等院校。

（二）学校继续教育总体规划与办学定位

1. 在学历继续教育方面

作为一所独立设置的成人高校，坚持以习近平新时代中国特色社会主义思想为指导，以完善终身教育体系、服务全民终身学习为目标，贯彻落实党的教育方针，遵循高等教育发展规律，自觉服务国家发展战略和社会及企业发展需要，依托行业，采用多渠道办学方式，主动适应企业员工及人民群众高质量、多样化学习需求，着力培养职业型、技术型、创新型高素质人才，全面展现高等继续教育在新时代的新发展。

学校根据社会发展和行业企业发展需要，合理确定，调整专业设置。根据社会和学校实际，确定办学规模，拟定招生计划，按教育部门规定公平、公正、公开择优录取成人高等教育学生，同时根据社会和企业发展需要，开展职业技能培训和岗位资格培训。

2. 在非学历继续教育方面

我校围绕股份公司《中国中铁股份有限公司关于进一步加强技能人才队伍建设指导意见的通知》中确定的5年发展规划和集团公司人才培养发展规划，明确在做好学历继续教育的同时，把工作目标定位在服务企业上，切实落实上级企业有关培训的新要求，积极开展多渠道、多形式的各类培训工作。

（三）学校继续教育办学体制与管理机制的情况

我校具有独立法人资格，依法享有办学自主权，独立承担法律责任。学校实行中国共产党西安铁路工程职工大学委员会（以下简称"校党委"）领导下的校长负责制。校党委支持校长依法独立负责的行使职权，保证教学、科研、行政管理等各项任务的完成。学校历来重视规章制度的建设。先后制定了学校发展纲要、学校教学管理、学生管理、学校教师教学质量管理体系等一系列的规范性文件，为学校的发展起到了制度保障。

二、专业设置

（一）学历继续教育专业设置情况

1. 学校专业设置体现行业特色

学校隶属于中铁一局集团公司，专业设置围绕集团公司所涉及的专业领域及员工技术需要而进行的。目前我校继续教育专业主要有：铁道工程技术、道路与桥梁工程技术、建筑工程技术、工程造价、智能工程机械运用技术、建筑动画技术、机电一体化技术、铁道交通运营管理、计算机应用技术、铁道机车车辆制造与维护、铁道供电技术等相关专业。学校依托企业，为企业服务，这是我校在人才培养方面的出发点，也是落脚点。

2. 学校定位明确，发展规模稳定

基于依托企业服务企业的定位，学校不盲目扩大，招生规模稳定。规模稳定，一方面是受学校整体规模的客观情况制约，另一方面也是考虑企业发展的实际需要。

3. 专业的相近，有利于教学资源的充分使用

同时，也有利于教师队伍的建设。学校教师除了专职教师以外，另有一部分教师是从企业走上讲台的内训师。

（二）学历继续教育专业调整情况

随着社会的发展和集团公司业务领域发展及社会行业需求的变化，为进一步主动适应企业员工及社会学生多样化学习需求，服务国家发展战略，我校在原有传统专业的基础上申报了铁道机车车辆制作与维护及铁道供电技术等新专业。

（三）专业人才培养方案制定及调整情况

我校高等继续教育人才培养方案的制定以普通全日制学历教育专业设置培养方案为参照，人才培养目标与普通高等教育全日制培养目标一致，同时考虑到企业及行业用工需求，增设部分特色教学内容及课程，根据教育教学形式设置不同，调整业余及函授教育的面授课程及自学课程的比例，加大理论课教学，减少实践课时比例，以适应大多数学员实践技能水平较高，理论水平缺失的现状。

三、人才培养

（一）学历继续教育情况

1. 学历继续教育的年度招生人数、在学人数及当年毕业生人数

我校目前主要以高职高专和成人脱产，起点都是高起专。在校总人数1141人。2020年成人在学人数440人。其中铁道工程技术专业55人，道路与桥梁工程技术专业301人，智能工程机械应用技术66人，其他专业18人。

2. 在学学生来源分析（性别、年龄、职业、户籍、专业等分布情况）

学生来源主要来自陕西。其中陕西学生占97%。在校男生占84.5%，女生占15.5%。学生年龄都在20岁以内。绝大部分来源于农村。专业偏向于铁道工程技术、道路与桥梁工程技术、智能工程机械应用技术3个专业

3. 人才培养模式与教学基本情况

我校学历继续教育人才培养模式是全日制脱产学习，学历继续教育教学与我校高等职业技术教育教学同步进行。

（二）非学历继续教育情况

学校非学历教育工作主要依托企业，本着"主动适应、主动服务"的培训理念开展工作。2020年度，学校非学历教育的总班次为34期，总人次为2593人。其中党校6期，培训401人次，非学历继续教育的教学模式主要是面授。

（三）人才培养的思想教育工作

在学历和非学历继续教育中坚持以德树人，特别是在学历继续教育中，把政治素养放在首位。在课程设置中按照国家相关要求，认真开展"两课"教学，培养学生热爱社会主义，拥护中国共产党的领导，树立科学的世界观、人生观、价值观，具有勤奋敬业、遵纪守法、廉洁奉公、诚实守信的思想品德、社会公德和职业道德起积极作用。同时结合铁路建设行业的工作特殊性，我们加强学生的企业及行业文化教育，教育学生培养艰苦奉献的精神，对毕业生能够扎根企业、从事施工一线生产、服务发挥了积极作用。

（四）学生学习效果

1. 学生学习满意度

我校把服务学生放在首位，在生活中关心、在教学中严格，学校普通高职学生及全日制成人学历教育毕业生就业率一直在92%以上，且都在中国中铁、中国铁建、中国铁路公司各局这样的大型国有企业就业，所以我校学生在我校学习的满意度非常高。

2. 社会用人单位对毕业生的反馈评价

各用人单位连年到我校进行招聘，并提前到校预先圈定学生，就说明了我校用人单位对我校毕业生的评价。我校学生在用人单位签约后，流失和违约情况较少。原因是我

校学生能够吃苦耐劳，能够适应施工单位工作环境，能够胜任企业一线生产和服务的工作。

3. 毕业生成就

从我校毕业生的情况看，他们已经成为各用人单位生产和服务一线的主力军，经过他们的努力工作，绝大多数已经成为集团公司管理和技术方面骨干。一部分还成为企业高管。

四、质量保证

（一）制度建设

学校严格执行教育行政部门相关政策和规定，制定有一整套学历教育教学的相关管理制度，严格教学管理及学籍管理。随着学校学历继续教育的发展需要，学校将进一步完善继续教育的工作标准及流程，正在修订、制定相关管理制度及管理办法，涵盖学历继续教育招生办学、人才培养、经费管理、学生管理、考试毕业等内容，确保办学行为规范、有序、健康。

（二）学校师资

学校除有一支专职教师队伍以外，还拥有一支实力雄厚的内训师队伍。学校从事继续教育的专职教师19人，其中高级职称占47%，中级职称占53%，所有授课教师均有中级以上职称、本科学历。

（三）资源建设

在学历教育方面，学校教材的选取都选择规范性教材。在非学历继续教育方面，学校以铁道出版社、中共中央党校出版社为主。学校是脱产全日制学校，学校的教学模式主要是面授。在数字化教学方面，具有常规性的教学课件、教学视频作为面授教学补充。

（四）设施设备

我校是独立设置成人高校，学费收入及使用统一由学校财务管理，由学校统筹安排。学校的一切设施设备皆为教学、培训服务。学校具有足够学历继续教育学员和非学历继续教育学员学习和住宿的教学楼、实验室、宿舍楼。

（五）合作办学及校外教学站点建设和管理情况

2020年学校未设置任何校外教学站点。我校同时是石家庄铁道大学在陕设立的函授站，组织开展函授专升本教学工作。

（六）学习支持服务

2020年我校学历继续教育学生均为成人脱产教育学生，与普通高职全日制学生混合编班，按照全日制教学方式进行管理，与普通高职教育学生教学资源完全一致，同时学校加强专业能力建设，分别建立了铁路工程造价软件，公路工程造价软件，建筑工程造价软件，BIM 学习软件等演练室。2020 年受到疫情影响，学校积极开展线上教学，促进教学手段的更新，保证教学和教学管理中信息及时沟通和疑难的解决。

（七）内部质量管理。

学校历来注重教育教学质量，为了保证教学质量，建立了常规性的教务部门、教研室方面的常规检查制度；建立了包含教学管理、教研室和学生评价 3 个方面的教师教学工作质量评价体系；建立了实习单位（签约单位）的评价体系。学校建立了一整套教育教学管理的规章制度，以保证人才培养方案的落实。

（八）外部质量评估。

学校接受省教育厅主管部门的管理与检查，也接受中铁一局集团公司的管理与检查。根据上级单位及业务主管部门对我校的检查评估，及时整改，提高教育教学质量。

（九）信息建设

学校建立了学校网站、微信公众号、教务管理系统、微课、微信群、qq 群等信息化信息平台。同时根据学校学历继续教育的发展规划，学校正在进行继续教育管理平台的相关建设工作。

（十）经费保障

我校是独立设置成人高校，所以其学费收入及使用统一由学校财务管理。其使用也由学校统筹安排。学校的一切设施设备皆为教学、培训服务。

五、社会贡献

（一）学校继续教育服务国家战略、经济社会发展与学习型社会建设的情况与经验

学校属于企业主办，学校的发展和服务理应顺应国家战略和企业的发展并为其服务。为了建设学习型企业，集团公司党委在我校先后举办了学习十九大精神处级干部学习班，"不忘初心牢记使命"主题教育培训班，分别对集团公司下属分公司党委书记、纪委书记、党务工作人员等进行了分批次轮训，极大地促进了学员学习积极性，提高了学员政治思想觉悟，增进了集团公司干部员工凝聚力。为了主动适应社会经济的发展，学校广泛与企业合作，先后与中铁一局一公司、四公司、五公司、桥梁公司、电务公司、新运公司、建安公司、中铁二十局集团培训中心、中交二公局培训中心等签订了校企合作协议。进一步加紧了校企之间的联系。为学校的发展奠定了良好的基础。同时为了进一步加强学习型社会的建设，我校在集团公司的指导下，开展企业员工"学习地图"教学课程的开发与建设，为企业职工职业生涯规划提供学习支持，服务企业、国家发展战略。

（二）继续教育资源面向校内、社会开放情况

学校继续教育资源，不仅对我校学历继续教育或高职学生所共享，也对社会全面开

放我校 BIM 技术服务中心，不仅是我校学生学习的一个平台，还是中国图学学会授权的 BIM 技能考评点、中国建设教育协会 BIM 技能考评点。同时我校积极开展职业技能培训工作，推进学校职业技能培训和相关鉴定工作，积极承办企业及陕西省各项职业技能大赛，服务于企业，服务于社会，体现了自身社会价值和责任。

六、特色创新

（一）实践特色与模式创新

学校继续教育在学历教育及非学历教育方面采取灵活多样的办学形式，不断开拓创新，适应企业及行业经济发展对成人教育工作的要求，依托本校教育资源，举办多类型多层次的学历继续教育，同时结合行业背景和社会发展需要，不断发展特色专业，加强教学实践环节，坚持培训服务与职业技能鉴定工作相结合，充分发挥集团公司党校作用，积极开展多类型领导干部培训及党建基层培训；在此基础上，学校积极开展校企合作，为企业提供各项技术服务，2020 年校企合作新签合同额 191 万元。BIM 技能学习和取证培训 4 批次，共 300 人次。

（二）教育教学研究与成果等情况

我校作为中铁一局企业大学，承担着企业内部员工培训的职责与任务，2020 年根据集团公司人才培养计划，学校与公司人力资源部、培训中心等部门密切配合，积极参与开发了"学习地图"线上、线下课程开发，积极参与培训师资格认证，参与组织线下面授工作。目前，"学习地图"已开发面授课程 13 个模块 27 门课。

七、问题与对策

（一）学历继续教育方面

（1）如何充分发挥行业办学特色，使我校学历继续教育的专业设置及人才培养质量更好的得到社会的认可，服务于企业和国家对铁路基建行业发展战略的要求；

（2）随着学校普通高职学历教育的停止招生，学校学历教育转向成人继续教育方向，如何更好地发挥成人继续教育的优势，更好地为学生提供多种形式教育教学服务，完善终身教育体系，服务全民终身学习目标。

（二）非学历继续教育方面

如何在培训市场竞争不断加剧的情况下，充分发挥企业培训中心及党校职能，进一步做好集团公司员工及党员的教育培训，进一步加强校企合作，扩大合作规模、延伸服务空间，做好技术服务，扩大学校的社会影响力与知名度，拓宽办学渠道。

八、对策建议

高等继续教育是终身学习体系的重要支柱,应充分发挥成人高校举办高等继续教育的主渠道作用,围绕党的十九大和全国教育大会精神,稳步推进继续教育发展。以观念更新、机制创新为突破,继续拓宽继续教育办学渠道,鼓励成人高校与本科院校继续教育、网络教育的合作发展,推进普通高校、成人高校学习成果积累与转换工作,建立学分互认制度,实现不同类型学习成果的互认、衔接以及资源共享,实现函授、业余教育与现代远程教育的融合发展。

第二部分 2020年学校继续教育发展报告（摘编）

西安开放大学继续教育发展报告

一、学校概况

西安开放大学（西安广播电视大学）经陕西省人民政府 2020 年 12 月 17 日批准，正式更现名。作为我市唯一一所将促进终身学习作为使命，以现代信息技术为支撑，以"互联网+"为特征，专门从事远程教育的高等学校，学校始终坚持探索全新的发展道路，走特色办学之路，不断提升现代远程教育和继续教育实力，形成了学历教育、社区教育、干部教育、对外汉语国际教育、残疾人教育等多层次、全方位教育比翼齐飞的格局。打造了布局合理覆盖全市 13 个区县及 8 个开发区的"一主多辅""扁平化"办学网络，现有 4 所直属分校、临潼、长安、蓝田等区县分校及上林分校、莲湖工作站、大南门工作站等系统办学单位。

学校高等学历继续教育主要有两种类型：一是与国家开放大学合作办学的开放教育，有 27 个本科、40 个专科专业；二是学校自主办学的成人高等教育，有 39 个专科专业。

截至 2020 年底，学历教育在校生 9.43 万余人，累计培养各类应用型人才 18.3 多万人，培训各类人员 100 多万人次，为社会输送了大批实用性高等专门人才和岗位骨干。

二、专业设置

2020 年学校共开设开放教育专业共 67 个，其中开放本科（高中起点）专业 3 个；开放本科（专科起点）专业 23 个；开放专科（高中起点）专业 26 个；教育部"一村一名大学生计划"本科专业 1 个、专科专业 5 个；"新型产业工人培养和发展助力计划"专科专业 9 个。2020 年学校开设成人高等教育专业共 39 个。

三、学生情况

（一）学历继续教育情况

2020 年，学校共计招收学历继续教育学生 32349 人，在籍生数 102221 人，毕业生数 22515 人。

（二）非学历继续教育情况

2020 年，学校共开展各类培训项目 166 班次，全年共培训各级各类人员 341853 人次。

（三）学习情况

结合成人学习特点，学校采用集线上线下、集中分散、虚拟现实相结合的混合式教学模式，通过集中面授、网上教学、移动学习、统筹精品课等多种形式开展灵活多样化的教学活动。2020年全校共安排面授课382门次，利用小鹅通、腾讯会议、智慧教室、互动直播等平台面向全体学生开设线上直播课307讲，参与学生达到92185人次。2020年，学习网数据稳步增长，与2019年秋季相比，春季上线学生环比增长17.30%；行为总数环比增长46.20%，2020年秋季上线学生同比增长17.69%；行为总数同比增长57.25%。

（四）毕业生成就

在大西安中心城市的建设过程中，学生们积极贡献自己的青春和力量，涌现出了一批事迹突出的优秀毕业生。

四、质量保证

（一）制度建设

学校牢固树立依法治校的理念，不断完善适合学校改革发展需要的规章制度体系，形成了《制度汇编》并在实践中逐步更新，形成齐全、规范、统一的制度体系，有效地保障和促进了学校事业健康发展。

（二）师资保障

学校一直致力于建设专业化、高素质教师队伍，为转型发展积蓄人才动力。制订了《西安广播电视大学人才引进工作实施办法（试行）》等制度，进一步规范了学校人才引进工作，2020年吸纳引进高层次人才3名，全部补充到专职教师队伍中。2020年学校专兼职教师共872人。其中，专职教师48人，兼职教师824人。教师队伍中共有"双师型"教师336人。

（三）资源建设

2020年组织完成了260课时在线视频录制工作，较2019年（228课时）增加了14%。在加大常规资源建设的同时，不断丰富课程资源类型。建设完成了《JAVA语言程序设计》《国际教育新理念》等5门在线开放课程并投入使用，目前还有4门课程在建。建设完成了《儿科护理学》《学前教育政策与法规》等11门共120节微课，目前在建的还有《医学生物化学（本）》等12门课程。学校持续开发建设VR课程，2020年建设完成了《人体生理学》VR课程，《人文英语3》VR课程建设正在进行。

（四）内部外部质量保障

结合自身实际，以"智慧教育"为抓手，巩固完善了开放教育两级多层多维教学质量保证体系，运用"智慧学习质量监控与支持服务大数据平台"，实现了教学要素多层级画像的可视化呈现，并对教师教学、学生学习和考试、课程等应用情况进行预警，实现了学习质量监控全覆盖，确保教学质量。

（五）信息化建设

改善学校信息化硬件环境，有效支撑学校教学改革。学校共建有云教室4间，实景演播室1间，虚拟演播室2间；多媒体功能教室58间，其中智慧教室17间，具备多媒体功能的教室实现了全覆盖；拥有智慧学习体验区6个。

加强信息技术应用，改进人才培养模式，建立质量监控与支持服务大数据平台。

五、教育培训情况

2020年学校共计培养覆盖医药、法学、金融等143个专业专本科毕业生22515人，为服务建设大西安提供了所需的人力资源。

持续服务省、市干部教育。拓展干部网络教育课程资源、启用新版学习平台，陕西省干部网院学习平台注册人数已达40万余人，总访问量达6150万余人次；西安市干部教育学习平台注册学员6.5余万人，在线选学4.7万人。全年新增3个培训项目，培训突破17.7余万人次。"西安市职工素质教育网络课堂"项目，荣获全国终身学习品牌。

依托西安汉唐文化网络学院，完善"丝路·语言·文化"系列专题讲座及"逛西安说汉语""跟我学""跟我做""跟我看"等地域特色微课程系列，多途径、多方式展开宣传。目前汉唐网上注册人数6400余人，学习行为约12000余次，更好地传播了中国文化，讲好西安故事。

六、特色创新

（一）实践特色与模式创新

在践行"创优提质"战略过程中，西安开放大学办出了"西安"特色：一是构建了适合中心城市开大办学特色的扁平化办学模式；二是开展基于"培养优师，打造优课，全校同上一堂课"的教学改革；三是坚持以专业建设为核心，推进市级一流学科建设和开放大学体系共享专业建设；四是注重教育供给侧改革，改革专业设置和课程体系，完善丰富多元的课程菜单，提供多类型优质学习资源；五是以满足越发旺盛的继续教育需求为目标，向智慧学习模式转变，打造具有西安特色的"智慧学习体系"，构建了质量监控与支持服务大数据平台，设计实现教学要素多层级画像建模与可视化呈现，有效保障教学质量。

（二）国际交流与合作情况

2020年，西安汉唐文化网络学院与国家开放大学华侨学院、西北大学国际文化交流学院加强联系，推动合作工作不断进展。多次与国开华侨学院联系，协商国开华侨学院云平台建设相关事项，稳步推进该项工作进展。学院重视对外合作项目的推进与拓展。国际合作方面，对接国外院校，加强对外合作，开拓网络对外汉语教学，为与海外院校合办孔子学院或者孔子课堂的长足发展提供可能性奠定基础。国内合作方面，学院先后到西安关中民俗艺术博物院、西北大学国际教育学院就汉唐网院实践基地活动开展、线上线下合作教学事项、进行了深入的交流，为后续课程的开展奠定了良好的基础。

2020年，学院依托国家开放大学华侨学院西安分院，继续加强与国家开放大学华侨学院、成都开放大学华侨学院合作，在平台共建共享、资源共建共享等领域进行深度融合式合作，对扩大学院西安外域辐射影响起到了积极作用。同时，通过此项纵横合作，对讲好西安故事与中国故事起到了有利促进作用。

（三）教育教学研究与成果等情况

学校立足继续教育的人才培养、社会服务等职能进行研究探索，2020年度校内科研课题立项共计34项，其中重大攻关课题1项，重点课题5项，一般课题20项，青年课题8项。

2020年继续开展研究情况：陕西高等继续教育教学改革研究项目3项，陕西高等教育教学改革研究项目重点课题1项，西安市社会科学院规划基金课题1项，陕西省高等教育协会2019年度研究课题3项。学校2020年度结题科研课题21项。

2020年学校教师积极参与国内外远程教育各类研究成果评比，共获奖11项，其中一等奖3项，二等奖4项，三等奖2项，优秀奖2项。

七、存在问题

一是对学校转型发展顶层设计的中长期规划制定和战略研讨还不足。

二是非学历发展不足，非学历与学历不能并驾齐驱，创新性及开拓力度还不足。

三是队伍建设在数量、结构、质量上还需进一步加强，高水平师资队伍建设还存在短板。

八、对策建议

（一）完善开放教育体系顶层设计

形成比较完善和现代化的开放教育体系，从制度设计和相关工作流程上明确要求，树立范本，对开放大学体系规范工作起到指导作用。完善质量保证体系，确保教育教学质量提高。

（二）加强非学历教育拓展，促进与学历教育融合发展

一是保持学历教育稳步发展的同时，积极推进非学历教育发展。二是积极发挥学分

银行"立交桥"作用，持续推进单科课程注册试点，促进学历教育和非学历教育相融合。

（三）加强师资队伍建设

加快打造高水平师资队伍，培养和选聘一批质量拔尖的专家型教师，带动整个教师队伍。不断为教师寻求培训和业务提升的机会，使其能够在教学业务上获得更多指导和长足进步；加大对兼职教师的教学引导和培训，使其能够适应学校教学发展需要。

陕西航天职工大学继续教育发展报告

一、学校继续教育办学定位和管理体制

（一）学校概况

陕西航天职工大学是经国家教育部批准成立，陕西省教育厅主管，独立设置的一所全日制成人高等院校。建校40余年来，学校秉承航天传统精神，把握时代脉搏，为航天、为社会培养了大批的技术人才和优秀管理者。

（二）学校继续教育工作的指导思想和办学定位

学校继续教育工作坚持以习近平新时代中国特色社会主义思想为指引，贯彻党的教育方针，依托航天，充分利用现有的优势条件，办好做强职业教育。通过整合在陕航天职业教育资源，形成合力；同时，完善基础保障；提升人才技能；建设特色专业；培养优质学生；将学校打造成为一所具有航天特色的高端装备制造技能人才示范性职业院校；力争为我国建设成世界航天强国提供可靠的技能人才保障。

学校继续教育工作围绕应用型人才培养目标，积极探索具有成人特点的多样化人才培养模式的改革与创新，立足陕西，侧重西安，稳固发展学历教育，大力开展非学历继续教育，为服务地方经济建设提供人才支撑，更好地服务区域经济社会发展和航天事业发展。

（三）学校不断完善继续教育办学体制

学校始终将继续教育作为"以培养技能人才为中心，开展教学研究、教学改革和社会服务"的发展战略的主要组成部分，为开展继续教育工作提供了有力的政策支持和良好的发展环境。学校继续教育由分管校领导负责，主要组织机构由督导室、综合管理部、教育教学部、培训事业部、学生工作部、党群工作部、和后勤保障部组成。教育教学部和学生工作部是承担学生教育教学工作的一线中坚力量。督导室对教育教学和学生管理工作监督指导。

学校建立主要领导负责的教研委员会，规划、统筹、指导和协调继续教育工作。校领导经常性地深入各教学单位调查研究、听取汇报、分析形势，制定发展策略，对学校继续教育工作在发展规划、规范办学等方面提出了明确要求，对继续教育的专业建设和教学研究进行专项指导。

学校把发展继续教育纳入"十四五"发展规划，将其作为学校人才培养的重要组成

部分，强化学校服务行业和区域经济社会发展的功能，进一步健全学校教学功能、丰富学校办学形式、扩大学校办学影响、提升学校服务能力。

（四）学校不断强化继续教育规范办学

2020年，学校继续落实有关规定，特别是针对规范招生、质量管理等方面的制度进一步进行了修订和完善，有效改善我校继续教育的办学模式，提高了教学质量，赢得了良好的社会声誉。

二、学历继续教育办学情况

（一）总体规模

2020年，学校13个专业共招生4676人，在校6963人，毕业人数1304人。

全年开展非学历继续教育项目128个，举办管理、技能、社区教育、思政教育等各类培训班139期，总培训人数13036人。

（二）基本建设情况

1. 学科建设

学校结合教育、培训工作的发展需求，在校内成立"教学研究委员会"指导学科建设和教科研发展，指导职工培训项目的开发和实施。

学校继续教育在服务航天事业和陕西区域经济社会发展的过程中，已形成以"机电一体化"、"数控加工技术"等专业为核心的航天装备制造专业群；以"电子商务"、"物业管理"等专业为核心的现代服务专业群；以"工业机器人技术"等专业为核心的智能制造专业群。专业布局愈加清晰，发展方向更加明确。

学校新建成15000平方米的综合楼已投入使用，新建现代化培训教室15间，多功能报告厅1间，挂牌成立"何鸿燊重型火箭发动机现代产品人才培养基地"；新购买10台数控车和5台5轴四联动加工中心，从而达到具备加工中心9台，数控车床22台，普通车床22台，线切割4台，普通铣床4台，各种磨床4台，钳工工作台80个工位，完成实训中心的数字化升级改造，建成数控机床维修实训区、工业机器人实训区；通过设施重新布设和智能物联，建成陕西省标杆性的智能制造教学竞赛基地：CAXA智能制造一体化车间和智能制造一体化体验中心；并以建成且全面投入使用的"航天六院安全体感培训教育中心"、"航天科普馆"、"航天工匠馆"作为素质教育的有力抓手，厚植航天精神，落实习近平总书记"旗帜鲜明加强思想政治教育、品德教育，加强社会主义核心价值观教育"的教育精神。

2. 师资建设

学校组建"陕西航天职工大学技能专家委员会"，聘请徐立平、杨峰等省内外大国工匠、技能大师、技能专家近20位。聘请西工大、西交大等高校教授，航天、航空、兵器等企业总师、副总师为兼职导师，形成以学术前沿引领学科发展方向，生产一线提供技能导向的师资保障体系。

我校与中国航天科技集团公司第九研究院十六研究所决定共同建设"工业机器人技术专业"，协同开展课程建设、师资培养、实验室建设、职业培训和社会服务，提高专业人才培养质量，更好地服务地方经济社会发展。

（三）规范管理情况

学校始终把提高继续教育办学质量作为所有工作的核心，坚持规范办学，致力于构建学校内控和外部监督体系，组建教师、学生、管理人员共同参与的多维度教学质量监控和保障体系。

学校继续教育的师资大部分来自于自有专职教师，师生比约为1:18,可以满足学生的学习需求。学校严格执行《陕西航天职工大学教师教学工作基本规范》和《陕西航天职工大学教学工作考核制度》的有关规定，规范教师教学过程，严格教师教学纪律，明确教学督导组的工作职责。

（四）学生学习效果

1. 学生学习满意度

学校坚持对课堂教学质量进行评价。从教学态度、教学内容、教学方法、教学效果等四个方面对校内在校生发放课堂教学质量评价表1000余份，回收有效评价表841份，结果显示在校生认为课堂教学质量为优的占72%，良占26%，中占2%。从教学水平、教学方法、教学管理、教学态度、课程设计、毕业后作用大小、学生管理、学习风气等九个方面对毕业生发放课堂教学质量评价表400余份，回收有效评价表343份，结果显示毕业生认为课堂教学质量为优的占68%，良占29%，中占3%。通过对课堂教学质量进行评价，充分显示出学校成人高等教育的教学内容设计合理，学生管理严谨，学习风气优良，在校生及毕业生对教学质量的满意度较高。

2. 社会用人单位对毕业生的反馈评价

学校从课程设置、学以致用、教学管理、教学质量等四个方面对用人单位发放课堂教学质量评价表150余份，回收有效评价表116份，结果显示用人单位认为学生培养质量为优的占78%，良占20%，中占2%。

三、非学历继续教育发展情况

学校紧扣时代脉搏，抓住机遇、深化改革，在当前航天职工非学历继续教育和职业培训方面，树立三大理念、主抓六大项目，基本形成全方位现代化航天技能技术人才培训教育体系。梯段订制、终身培训；创新引领、科技当先；产教融合、军民共享。

四、社会贡献与改革创新情况

学校自成立以来,为驻陕航天及其他军工单位输送技能人才5000余人。其中,供职于西安航天发动机有限公司和西安航天动力研究所的学生达到3000余人,供职于航天六院其他单位及驻陕的航天单位的学生总计达到约2000人。1人获得中华技能大奖,2人获批成立国家级技能大师工作室,2人获批成立集团公司级技能大师工作室,17人获得全国技术能手,11人获得航天技能大

奖,30余人获得航天技术能手,一大批毕业生成长为高级技师、技师等技能骨干人才,其中,以杨峰、张勇峰、曹玉玺等同志为代表的优秀校友更是在我国"载人航天"、"探月工程"等诸多重大项目的发动机制造方面为我国航天事业发展做出了重要贡献,堪称"大国工匠"。

五、下一步工作思路与举措

(1)扩大招生宣传,优化专业布局,稳固招生规模。

(2)强化过程衔接,加强教学管理,推进信息化教学建设。

(3)积极拓展职业技能提升项目,红光沟项目,拓宽培训渠道。

陕西省宝鸡教育学院继续教育发展报告

一、学校情况

宝鸡教育学院是1983年经省政府批准成立，并报教育部审查备案的一所集学历教育、教师继续教育、教育管理干部培训为一体的成人高等师范专科学校。三十多年来，培养专科、本科毕业生二万多名。学院现有教职工102人，其中专任教师71人，具有正高级职称者1人，副教授职称者16人，讲师35人，硕士研究生及以上14人，市级拔尖人才1人。学院各类教学设施及食宿条件齐全，有充足的图书资料、实验实训设施、设备，能满足继续教育及各类社会培训服务。

1997年开始，学院由学历补偿教育向中小学教师继续教育转轨，近年来，平均每年培训在职教师均在5000多人次以上，培训中小学校长300多名，培训社会各界专业技术人员近万名。

学院先后被命名为"省级精神文明单位"、"陕西省语言文字工作先进集体"、市级"园林式单位"、市级"文明单位"、市级"治安模范先进单位"和"陕西省中小学教师校长培训示范基地、宝鸡市思想政治工作队伍培训研修基地"，连续多年被评为省、市级继续教育和校长培训工作先进单位。

二、专业设置

因宝鸡教育学院工作业务逐渐转型，学历继续教育逐步减少，非学历继续教育规模不断扩大。2020年经济信息管理、语文教育、数学教育、英语教育、物理教育、现代教育技术、法律文秘、小学教育等专业学生毕业，2021年只有函授学习形式的学前教育专业。

三、人才培养

非学历继续教育发展情况：

（1）2020年度，学院共计组织非学历继续教育教师培训24400人，其中线上10221人，线下集中4334人，专业技术公需课培训9845人。

（2）学院主要面向在职教师开展非学历继续教育，涉及市培、省培、国培。全年共承办各级各类校（园）长和教师集中、面授培训30个项目，集中培训4334人。其中，国培项目7个，培训437人，承办域外甘肃省天水市清水县、甘南回族自治州2个项目，安康市定向培训1个项目；省培项目4个，培训3039人；市培项目19个，培训858人，其中定向为金台区体音美兼职教师进行业务提高培训79人，超负荷圆满完成市局下达的目标任务。积极拓展领域，完成校园足球、法制安全等专项社会类培训135人。

（3）在非学历继续教育教学中采用集中面授，现场指导，远程辅导，网络培训等混合式培训模式，内容丰富，形式灵活，针对性强，培训效果较好，学员满意度高。

四、质量保证

（1）学院现有副教授12人，讲师27人，博士研究生1人，硕士研究生9人，研究生课程结业23人。学院先后派多名教师赴全国著名高校研修学习，参加国家教育部举办的骨干教师培训、新课程培训培训者培训和各学科的专业培训。通过学术研讨会、学术交流会、学术报告会等形式，提升教师教科研水平。有6名教师先后获省级教师教育先进个人、省级教师教育专家、省级师德先进个人称号，有10人获宝鸡市拔尖人才、宝鸡名师、宝鸡市骨干教师荣誉称号。

（2）我院建筑面积约43000平方米，有容纳1200人的公用讲座厅1个，能容纳200人同时听课的报告厅2个，有多媒体教室21个，有学员公寓楼1幢。有配套的教育服务、休闲娱乐，图书阅览，文化体育设施，为学生的学习和生活提供一流的设施和服务。

（3）学院建立第三方质量评估机制，对所有培训项目进行质量评估。

五、社会贡献

（1）服务社会、热心公益。举办家庭教育公益大讲堂5期，受众达64万人次，在家庭教育微信公众号推送文章240多篇，阅读近245万人次。

（2）迎难而上，自觉担当，对外社会服务工作可圈可点。积极组织落实国培、省培、市培及远程培训项目43个，全市涉及参训人数近3.4万多人；完成了面向全社会的2661人的教师资格认定及证书发放，圆满完成试点县太白县教师资格证定期注册3911人；主动适应变局，探索开启开通了首次网上和手机端普通话测试报名，完成10个批次1460人的测试任务。精心组织施训，在做好防疫安全前提下，面对培训机构竞争激烈新形势，举办全市专业技术人员继续教育公需课校内和校外培训班56期80多班次，培训9845人。

（3）资源开放，服务社会。9月22日上午，宝鸡市教育科学馆正式开馆，全馆分"问道""赋能""筑梦""护航""巡天""求索""天问""幻境""滋兰"九个馆室9个区域，全方位向社会免费"开放、共享"，为师生服务，为社会服务。

（4）扶贫帮扶，送教到村小。为深入推进教育扶贫，落实"扶贫先扶智"的发展战略，实现优质教育资源共享，全面提升乡村教师教育教学能力，关爱留守儿童健康成长，促进城乡教育一体化发展。10月26日，宝鸡教育学院组织优秀教师下基层，前往扶风县召公镇后董村后董小学开展了"教育扶贫"进校园活动。

六、特色创新

（1）学术引领，培植学术立院生态。学术文化是学院的"软实力"和重要财富，学院厚植学术文化，培育学术精神，积淀人文情怀，引领内涵发展。我们以问题导向，"学术思维"引领，以研促训，有效激活创新管理。组建不同专业方向的主攻团队，共同体结盟，打造多样化的专业队伍。成立课程研发中心，通过多个课题、课程研发小组，全面构建具有时代前沿性的课程和课题研发，如师德、心理健康等课程体系。

（2）创新融合，构建新的培训服务管理体系。疫情对我们培训院校来说是大考。为了化危为机，适应变局，主动迎接学院发展的新挑战。一是沉着应对，寻找转危为机之策。主动作为，面对疫情下的师生焦虑情绪，学院率先线上推出系列心理调适访谈节目及致家长学生信，社会反响热烈。二是把握前沿，科学统筹培训。以"急需、实用、有效"为原则，及时调整年度教师培训项目、方案与计划，落实将师德师风教育培训贯穿所有培训。三是甄选平台，线上培训实时直播。

（3）擦亮品牌，内涵发展强队伍。我院作为唯一的"陕西省中小学教师校长培训示范基地"，全心全意致力于教师教育，举院一致做好培训项目，凝心聚力创建培训品牌，多措并举搭建平台，引领教师队伍成长。

七、问题挑战

学校继续教育发展与人才培养质量方面存在的问题及对策：学院是一所成人高等院校，近几年，学历教育严重萎缩。目前主要是从学历教育向非学历教育转型。学院在市教育局的大力支持下，聚力于教师在职培训，每年完成国培、省培和市培教师培训1万多人次（含远程辅导）。目前，学院规模偏小，各项高校管理制度与目前办学实际有脱节情况，特别是针对专业教师培训工作者的研究、制度建设、管理机制尚不完善，职称制度、工资制度和高校、基础教育学校都不同，影响制约着学院进一步发展。

八、政策建议

（一）学校下一步开展继续教育工作的思路、目标和举措

学院下一步工作重心将继续转向在职教师培训，做实做精各类教师培训项目，大力实施名师战略和品牌战略，把我院建设成为西部有影响的教师培训基地。一是要加大人才队伍建设，为学院可持续发展储备人才；二要创新工作机制，激发员工工作热情；三是加强实训基地建设，为学员专业成长服务；四是加大科研力度,服务教师继续教育工作；

五是加强培训管理，确保培训实效。

（二）对"办好继续教育"的建议

（1）更新教育观念，突破原始定位。根据社会的需求搞好职业技术教育、在职人员岗位培训。其次要不断强化开放办学的思想，要充分与企业、社会建立更为密切的关系，把学校办成教学、科研和经济建设的联合体，提高高校成人教育在市场经济条件下的办学效益和造血功能，提高为社会服务的功能。

（2）优化教育结构，扩展社会功能。通过提高学习者的职业素质、生产技能和岗位能力，拓宽其就业渠道，促进本领提升，增强学习者的自身价值，从而实现并扩展成人教育的社会功能。

（3）希望能够针对不同学校的定位、师生情况，出台不同的各项管理制度。

图书在版编目（CIP）数据

陕西高等学校继续教育发展研究 / 陕西省高等继续教育学会编；许春霞主编 .－－ 西安：西北大学出版社，2021.11
　ISBN 978-7-5604-4859-6

　Ⅰ.①陕⋯ Ⅱ.①陕⋯ ②许⋯ Ⅲ.①高等学校—继续教育—研究报告—汇编—陕西—2020 Ⅳ.① G72

中国版本图书馆 CIP 数据核字（2021）第 220893 号

陕西高等学校继续教育发展研究

主　　编	许春霞
出版发行	西北大学出版社
地　　址	西安市太白北路 229 号
邮　　编	710069
电　　话	029-88303059
经　　销	全国新华书店
印　　装	陕西向阳印务有限公司
开　　本	787mm×1092mm1/16
印　　张	21.25
字　　数	435 千字
版　　次	2021 年 11 月第 1 版　2021 年 11 月第 1 次印刷
书　　号	ISBN 978-7-5604-4859-6
定　　价	60.00 元

本版图书如有印装质量问题，请拨打电话 029-88302966 予以调换。